文化自信视域下汉代儒家哲学思想的当代价值阐释

梁晓辉　刘贵生　著

中国纺织出版社有限公司

图书在版编目(CIP)数据

文化自信视域下汉代儒家哲学思想的当代价值阐释 / 梁晓辉，刘贵生著. -- 北京：中国纺织出版社有限公司，2023.10
ISBN 978-7-5229-0959-2

Ⅰ.①文… Ⅱ.①梁…②刘… Ⅲ.①儒家—哲学思想—研究 Ⅳ.①B222.05

中国国家版本馆CIP数据核字（2023）第229319号

责任编辑：王 慧　　责任校对：高 涵　　责任印制：储志伟

中国纺织出版社有限公司出版发行
地址：北京市朝阳区百子湾东里A407号楼　邮政编码：100124
销售电话：010—67004422　传真：010—87155801
http://www.c-textilep.com
中国纺织出版社天猫旗舰店
官方微博http://weibo.com/2119887771
三河市宏盛印务有限公司印刷　各地新华书店经销
2023年10月第1版第1次印刷
开本：787×1092　1/16　印张：11
字数：213千字　定价：98.00元

凡购本书，如有缺页、倒页、脱页，由本社图书营销中心调换

　　本书是一部关于董仲舒思想在当代社会中的意义和应用的研究论文。董仲舒作为西汉时期的儒家思想家和政治家,他的思想对于中国古代文化的发展和演进起到了重要的推动作用。本论文旨在通过文化研究的角度,深入探讨董仲舒思想的基本内涵、时代背景及其在当代社会中的价值和意义。

　　第一章"董仲舒思想的典型呈现及其意义阐释"分为六节,探讨了董仲舒思想的核心概念和主要内容,包括民本、治国理政、重贤奉贤以及对先秦儒家义利思想的继承与发展,同时也解读了董仲舒"贵微重始"说的内涵及其现实意义。

　　第二章"文化研究与董仲舒思想"旨在介绍文化研究与董仲舒思想的基本维度和理论品格。本章探讨了文化研究的基本概念和方法,以及董仲舒思想作为一种文化现象的特点和内涵。

　　第三章"董仲舒思想的当代价值蕴藉"探讨了董仲舒思想在当代社会中的重要性和应用,包括生命关怀与人文精神、生态观念与共同体意识、家国情怀和民族凝聚力,以及批判思维与理性自觉。

　　第四章"时代语境下董仲舒思想的雅俗路径"分为三节,详细阐述了董仲舒生活时代的文化样态、"独尊儒术"与雅俗分流的确立,以及当代语境和人文精神对董仲舒思想的影响和重要性。

　　第五章"董仲舒思想对当代教育的启示"分为三节,探讨了董仲舒思想对当代教育的智慧和影响,包括基于"立身处世"的人才成长理念,以及在"明师"理念下的树人观念。

　　在结语部分,笔者对全文进行了总结,并强调董仲舒思想在当代社会中的重要性和现实意义,强调了董仲舒思想对于塑造人文精神、促进社会和谐、培养优秀人才以及构建可持续发展的生态环境的价值和作用。最后，笔者提出了一些具体的建议和展望，以引导董仲舒思想在当代社会中的应用和发展。

通过对董仲舒思想的全面研究和分析，本书揭示了其深厚的文化底蕴和当代价值，为当代社会的发展和进步提供启示和借鉴。同时，希望通过本书中的探讨，能够进一步激发大众对董仲舒思想的研究兴趣，推动其在当代社会中的应用和传承，为构建一个和谐、进步的社会做出积极的贡献。

著者
2023 年 5 月

目录 CONTENTS

第一章　董仲舒思想的典型呈现其意义阐释 1

　　第一节　董仲舒及其思想的概述 1

　　第二节　民本 2

　　第三节　治国理政 6

　　第四节　重贤奉贤 16

　　第五节　对先秦儒家义利思想的继承与发展 20

　　第六节　董仲舒"贵微重始"说的内涵及其现实意义 27

第二章　文化研究与董仲舒思想 35

　　第一节　文化研究的基本维度与理论品格 35

　　第二节　董仲舒思想的文化属性 49

第三章　董仲舒思想的当代价值蕴藉 61

　　第一节　生命关怀与人文精神 61

　　第二节　生态观念与共同体意识 71

　　第三节　家国情怀和民族凝聚力 73

　　第四节　批判思维与理性自觉 80

第四章　时代语境下董仲舒思想的雅俗路径············85

第一节　董仲舒生活时代的文化样态············85

第二节　"独尊儒术"与雅俗分流的确立············90

第三节　当代语境与当代人文精神············106

第五章　董仲舒思想对当代教育的启示············123

第一节　董仲舒思想的教育智慧············123

第二节　基于"立身处世"的人才成长理念············133

第三节　"明师"理念下的树人观念············149

结语············163

参考文献············165

第一章　董仲舒思想的典型呈现其意义阐释

第一节　董仲舒及其思想的概述

董仲舒（前179—前104年）是中国汉代的一位重要思想家和政治家。他出生于一个儒家学者家庭，自小接受了严格的儒家教育。董仲舒是汉武帝时期的重要政治顾问和官员。

董仲舒的思想被称为"董氏新学"或"董家学派"，对后世的儒家思想和政治理论产生了深远的影响。他对儒家经典进行了深入研究和解读，尤其对《尚书》《礼记》和《春秋》有着深厚的造诣。董仲舒试图在儒家传统的基础上进行创新，提出了一系列新的理论观点，使儒家思想更贴近社会现实和时代需求。

董仲舒的思想主张包括以下几个重要方面：首先，他强调了人与自然、人与天命的关系，提出了"天人感应"和"天人合一"的观点，认为人应当顺应自然法则，与天地万物保持和谐共生的关系。其次，他重视人的修养和道德修炼，主张以德治国，认为只有通过道德的引导和教化，才能实现社会的和谐与进步。此外，他也关注社会的治理和文化的作用，主张以文化来管理和治理社会，通过教育和文化的引导，培养人的品德和才能，促进社会的发展和进步。

董仲舒在政治上也有重要的贡献，他主张建立稳定的政治秩序和官僚制度，提出了"三公九卿"制度，并努力改革政治体制，推动汉朝的政治发展。他在汉武帝时期担任要职，并积极参与国家的决策和政策制定。

董仲舒是一位思想深邃、学识渊博的儒家学者和政治家。他的思想对于儒家思想的发展和演进具有重要影响，在中国古代思想史上占有重要地位。他以其独特的思想观点和政治见解，为后世儒家学者和政治家树立了榜样。他的思想和学说不仅影响了当时的政治实践和社会风气，也对后世的文化、政治和教育产生了深远的影响。

董仲舒的思想在后世儒家学派中占据重要地位，被广泛传承和发扬。他对儒家经典的解读和阐发，对儒家学说的发展起到了重要的推动作用。他提出的"天人感应"和"天人合一"的观点，被视为中国传统哲学中宇宙观的重要组成部分。他对道德伦理的强调，对于后世儒家思想的道德教育和伦理规范建设产生了深远的影响。

此外，董仲舒还对政治理论和政治制度进行了重要的思考和探索。他提出了"三公九卿"制度，强调建立稳定的政治秩序和官僚制度，对汉朝政治的发展产生了积极的影响。他的政治观点为后世的政治改革和制度建设提供了重要的借鉴和参考。

总的来说，董仲舒是中国古代儒家思想和政治理论的重要代表之一。他的思想融合了儒家传统和个人的创新，对中国古代文化的传承和发展做出了重要贡献。他的思想不仅影响了当时的政治实践和学术发展，也对后世的文化、政治和教育产生了深远的影响，为中国传统文化的繁荣和儒家学说的延续做出了重要贡献。

第二节 民本

在董仲舒的政治哲学中，民本思想占有非常突出的地位，一方面他充分吸收先秦儒家的民本思想，另一方面又多方借鉴融合了道、法、墨、阴阳五行等各家思想中有关民本思想的成分，形成了更加系统完备的民本学说，尤其是从天人关系的认识高度将民本思想提到了自然哲学的层面，这就为现实政治中民本思想的深入推广提供了强有力的理论支撑，体现出自觉的理性精神和实践品格。

一、爱民

董仲舒认为，统治者要想获得民众的支持，首要前提是爱民，这也就是先秦儒家所一再强调的"仁"。

"仁"是儒家民本思想的出发点，也是儒家思想的核心。董仲舒在《春秋繁露》中，围绕"仁"作了多处阐发："《春秋》为仁义法，仁之法在爱人"（《春秋繁露·仁义法第二十九》），"爱在人，谓之仁"（《春秋繁露·仁义法第二十九》），"君子求仁义之别，以纪人我之间，然后辨乎内外之分，而著于顺逆之处也。是故内治反理以正身，据礼以劝福；外治推恩以广施，宽制以容众"（《春秋繁露·仁义法第二十九》）。很明显，董仲舒继承了孔孟关于"仁"的观点，《论语·颜渊第十二》记有孔子学生樊迟和孔子的对话，"樊迟问仁。子曰：'爱人'"。

"推恩"的思想则直接来源于孟子，"故推恩足以保四海，不推恩无以保妻子"。从历史来看，"尧受命，以天下为忧，而未以位为乐也，故诛逐乱臣，务求贤圣，是以得舜、禹、稷、卨、咎繇。众圣辅德，贤能佐职，教化大行，天下和洽，万民皆安仁乐谊，各得其宜，动作应礼，从容中道"（《汉书·董仲舒传》），"尧视民如子，民视尧如父母"（《春秋繁露·暖燠常多第五十二》），故尧死后，百姓如丧考妣，天下有三年停止奏乐。相反，桀、纣虽是圣王之后，然皆"骄溢妄行。侈宫室，广苑囿，穷五彩之变，极饰材之工，困野兽之足，竭山泽之利，食类恶之兽。夺民财食，高雕文刻镂之观，尽金玉骨象之工，盛羽旄之饰，穷白黑之变。深刑妄杀以陵下，听郑、卫之音，充倾宫之志，灵虎兕文采之兽。以希见之意，赏佞赐馋。以糟为丘，以酒为池。孤贫不养，杀圣贤而剖其心，生燔人闻其臭，剔孕妇见其化，斮朝涉之足察其拇，杀梅伯以为醢，刑鬼侯之女取其环。诛求无已，天下空虚，君臣畏恐，莫敢尽忠，纣愈自贤。周发兵，不期会于孟津者八百诸侯，共诛纣，大亡天下"（《春秋繁露•王道第六》）。董仲舒认为，商纣王没有一点爱民之心，跟百姓争利，对于孤苦贫病之人不闻不问，最终导致身死国灭。同样地，还有"楚灵王、晋厉公生弑于位，不仁之所致也"（《春秋繁露•俞序第十七》）。

不仅如此，而且从礼仪上来讲，有爱民行为的君王往往会得到世人的尊重。在邲之战中，楚庄王因为悯念郑国百姓而放弃对郑国的进攻，因而获"君子"之称；晋国却因"无善善之心，而轻救民之意"而被人视为"夷狄"（《春秋繁露•竹林第三》）。董仲舒认为"《春秋》之法，凶年不修旧，意在无苦民尔；苦民尚恶之，况伤民乎！伤民尚痛之，况杀民乎？故曰：凶年修旧则讥，造邑则讳，是害民之小者，恶之小也；害民之大者，恶之大也，今战伐之于民，其危害几何！考意而观指，则春秋之所恶者，不任德而任力，驱民而残贼之；其所好者，设而勿用，仁义以服之也"（《春秋繁露•竹林第三》）。苦民、伤民、杀民等害民行为在董仲舒眼里，都是《春秋》所憎恶的。

再者，从天人合一的角度来讲，"春夏之阳，秋冬之阴，不独在天，亦在于人。人无春气，何以博爱而容众"（《春秋繁露•天辨在人第四十六》），"春，爱志也"（《春秋繁露•天辨在人第四十六》）。董仲舒认为，四时中的春天体现的是天对万物的关爱，故此君主也应该效天而施行仁爱，这就将爱民的道理提到与自然法则并行的高度。

二、养民

在爱民的基础上，董仲舒进而提出安民养民的观点："生育养长，成而更生，终而复始，其事所以利活民者无已。天虽不言，其欲赡足之意可见也。古之圣人见天意之厚于人也，故南面而君天下，必以兼利之"（《春秋繁露•诸侯第三十七》），"天常以爱利为意，以养长为事，春秋冬夏皆其用也。王者亦常以爱利天下为意，以安乐一世为事"（《春秋繁露•王道通三第四十四》），从自然的角度来看，天总是通过春夏秋冬四季的有序运行来生养万物，故此，统治者也应该效法天意，以抚养人民为主要职责。国以民为本，民以食为天，要使人民安居乐业，首先要解决吃饭问题。传统中国向来是以农立国，很早就形成了以农为本的思想。作为周民族的始祖后稷，他的主要功劳便是教人学会种植庄稼，解决最基本的生存问题，其后继者一贯重视农业，《诗经》中的好多诗歌即是赞美周朝统治者重视农业的盛况。如《周颂•噫嘻》的"噫嘻成王，既昭假尔；率时农夫，播厥百谷"即是歌颂周成王以身作则亲自带领百姓耕种的情景。在《春秋繁露•五行相生第五十八》中，董仲舒从司农尚仁的角度出发，赞美召公"知地形肥饶美恶，立事生财，因地制宜……亲入南亩之中，观民垦草发淄，耕种五谷。积蓄有余，家给人足"。

除了鼓励农业生产之外，统治阶级对农民轻徭薄赋也是休养生息的重要措施。"五帝三王之治天下，不敢有君民之心，什一而税"(《春秋繁露·尧舜不擅移汤武不专杀第二十五》)，结合史实，董仲舒认为，三皇五帝在位期间，他们丝毫不敢有过分剥削压榨民众的想法，赋税只收取农民收成的十分之一。故此，他肯定汤武为至圣大贤就在于"其德足以安乐民"(《春秋繁露·尧舜不擅移汤武不专杀第二十五》)，在此他引用荀子的话"天之生民，非为王也；而天立王，以为民也"(《春秋繁露·尧舜不擅移汤武不专杀第二十五》)，只是将荀子原话中的"君"替换为"王"。古代社会，由于生产力的落后，粮食等生活资料的生产极为有限，因而，统治阶级往往利用手中的权力盘剥农民，这就很容易导致社会的不公，所以早在春秋时期，孔子就提出"不患寡而患不均，不患贫而患不安"(《论语·季氏》)的观点，贫富悬殊太大了，社会就会不安定，"大富则骄，大贫则忧。忧则为盗，骄则为暴，此众人之情也"(《春秋繁露·度制第二十七》)。

有鉴于此，董仲舒建议统治者"于众人之情，见乱之所从生，故其制人道而差上下也，使富者足以示贵而不至于骄，贫者足以养生而不至于忧，以此为度而调均之。是以财不匮而上下相安，故易治也"(《春秋繁露·度制第二十七》)，就是在肯定社会等级差别的前提下，尽力调和并缩小贫富差距，以此实现社会的和谐稳定。如果说，前面所言，只是董仲舒从历史和现实的角度提出了均贫富的观点，那么更为有力的是董仲舒还从天人关系的角度论证了均贫富思想的合理性。"天不重与，有角不得有上齿，故已有大者，不得有小者，天数也。夫已有大者，又兼小者，天不能足之，况人乎？故明圣者像天所为制度，使诸有大俸禄，亦皆不得兼小利、与民争利业，乃天理也。"(《春秋繁露·度制第二十七》)董仲舒通过观察动物的形体，发现上天在给动物进行分配的时候，分配了角的就不再分配上牙，给了大的就不再给小的，如果重复分配，天就会有所不足。因此，英明的君主就应该效法天的作为，朝廷给发了俸禄的，就不应该再贪图小利，那样就会导致与民争利，是天理难容之事。故此，董仲舒赞美鲁国国相公仪子拔葵出妻的行为以及"吾已食禄，又夺园夫红女利乎"的言论，因此公仪子在董仲舒眼里是真正的贤人君子。

三、顺应民意

董仲舒还特别强调君主要顺应民意正道行事。"故圣人之治国也，因天地之性情、孔窍之所利，以立尊卑之制，以等贵贱之差。设官府爵禄，利五味，盛五色，调五声，以诱其耳目；自令清浊昭然殊体，荣辱踔然相驳，以感动其心。务致民令有所好，有所好，然后可得而劝也，故设赏以劝之；有所好，必有所恶，有所恶，然后可得而畏也，故设罚以畏之。既有所劝，又有所畏，然后可得而制"(《春秋繁露·保位权第二十》)，董仲舒认为，圣人治理国家，必须根据天地的性情、民众的喜好来确立尊卑制度和贵贱差别，必须根据民众的喜好和憎恶来培养良好的道德风尚。

"亲近来远，同民所欲，则仁恩达矣"(《春秋繁露·十指第十二》)，君主亲近身边的人，招徕远方的人，行为做事要顺应百姓的愿望，用现在的话来说就是急人民之所急，想人民之所想，全心全意为人民服务，这样，恩德就会遍及天下。舜、禹、汤、文王四个时代，所作之乐各不相同，但作乐之法却同，即"各顺其民始乐于己也"（《春秋繁露·楚庄王第一》），也就是他们都顺应了各自时代百姓对他们所行之事的肯定。"为政而宜于民者，故当受禄于天"，董仲舒认为，如果国君时时刻刻为民众着想，做一切事情都从民众利益的角度出发，那么上天也会照顾他。"至于殷纣，逆天暴物，杀戮贤知，残贼百姓。伯夷、太公皆当世贤者，隐处而不为臣。守职之人皆奔走逃亡，入于河海。天下秏乱，万民不安，故天下去殷而从周。文王顺天理物，师用贤圣，是以闳夭、大颠、散宜生等亦聚于朝廷。爱施兆民，天下归之。"历史上，商纣王倒行逆施残害百姓，所以百姓都远离他；而周文王顺应天意，重用贤臣，安抚百姓，所以天下的人都归附他。在《天人三策》中，董仲舒肯定汉武帝"亲耕籍田以为农先，夙寤晨兴，忧劳万民，思维往古，而务以求贤，此亦尧、舜之用心也"的行为，这些正反两方面的例子都一再强调国君要顺应民意才能使国家长治久安。

除了实际事务中的忧劳万民，国君还必须加强自身的道德修养以感化民众。在《春秋繁露·仁义法第二十九》，董仲舒借用孔子的话说，"治民者，先富之而后加教"，认为在解决了基本的物质生活后，就应该对百姓进行道德教化，但道德教化的前提是君主首先要做好表率。"君者，民之心也；民者，君之体也。心之所好，体必安之；君之所好，民必从之。故君民者，贵孝弟而好礼仪，重仁廉而轻财利。躬亲职此于上，而万民听，生善于下矣"（《春秋繁露·为人者天数第四十一》），董仲舒用身体来打比方，比喻国君和民众的关系，认为如果国君是人的心脏，那么民众就是人的身体，心脏舒适了，身体自然就安康，因此，国君所喜好的事物，民众也乐于随从。进一步推广，如果国君重视孝弟礼义廉耻而轻视金银财宝等物质财富，那么百姓也就乐于学习国君的行为，从而形成良好的社会风气。"夫仁、谊、礼、知、信五常之道，王者所当修饬也；五者修饬，故受天之晁，而享鬼神之灵，德施于方外，延及群生也"，作为一国之君，凡事都应该遵循仁义礼智信五常之道，也就是以正道来行事，那么他就会得到上天的帮助，他的恩德也会普及天下万物。"君命顺，则民有顺命；君命逆，则民有逆命"（《春秋繁露·为人者天数第四十一》），如果君主顺应天意以仁爱来行事，百姓也会行仁爱之事，否则如果君主倒行逆施，就会招致百姓的反抗。

综上所述，董仲舒的民本思想一方面主要受先秦儒家思想的影响，另一方面，他又受到阴阳五行等其他学说的影响，进而从天人感应的高度给予了民本思想以坚实的理论支撑，这就使得其民本思想不仅有历史和现实的依据，而且还上升到"圣人法天而立道"的自然之理的高度，大大丰富了民本思想的内涵，不仅在实践中对君主推行民本政治有着具体的指导意义，而且从天理上对君主民本政策的施行起着不可取代的规范和制约作用。

第三节 治国理政

作为一代大儒，董仲舒的思想是丰富而复杂的，然而万变不离其宗，他的思想始终是围绕着治国理政这一儒家的核心要义而展开的。在《春秋繁露》中，他曾明确指出："《春秋》二百四十二年文，天下之大，事变之博，无不有也。虽然，大略之要，有十指。十指者，事之所系也，王化之所由得流也。"通过对纷繁复杂的历史事件的梳理，董仲舒认为《春秋》主要从十个方面揭示了推行王道教化的主要方略："举事变，见有重焉，一指也；见事变之所至者，一指也；因其所以至者而治之，一指也；强干弱枝，大本小末，一指也；别嫌疑，异同类，一指也；论贤才之义，别所长之能，一指也；亲近致远，同民所欲，一指也；承周文而反之质，一指也；木生火，火为夏，天之端，一指也；切刺讥之所罚，考变异之所加，天之端，一指也。"遵循这十指，则百姓可安，得失可明，根本可正，上下可安，是非可辨，百官有序，教化可立，仁恩可达，四时有常，天理可循。概括起来，就是讲仁爱，重道义，就会阴阳和谐，万物有序。结合《春秋繁露》以及董仲舒的其他篇章，本节主要从以下三个方面对董仲舒的治国理政思想作粗浅的分析。

一、以仁义为核心的民本思想

民本思想是传统儒家政治哲学中的一个重要内容，早在中国最早的史书《尚书》中就有"民为邦本，本固邦宁"的重要论断。春秋时期，孔子明确提出"仁"，其核心就是爱人，从统治者的角度来说就是爱民："民以君为心，君以民为体……君以民存，亦以民亡。"孔子认为，国君与人民是互相依存的关系，失去了人民的支持，国君也就失去了存在的基础。此后，孟子在继承孔子"仁"说的基础上，进一步提出了"仁者""王道"等鲜明的治国理念："民为贵，社稷次之，君为轻"，将孔子的君民相互依存关系进而提升为"民贵君轻"的重要论断，这就大大突出了民众的重要地位。紧承其后的荀子更是以舟水的比喻形象地阐述了君民二者的关系："君者，舟也；庶人者，水也。水则载舟，水则覆舟。"

董仲舒在充分吸收先秦儒家民本思想的基础上，又多方借鉴融合了道、法、墨、阴阳五行等各家思想中有关民本思想的成分，形成了更加系统完备的民本学说。董仲舒认为，统治者要想获得民众的支持，首要前提是爱民，这也就是先秦儒家所一再强调的"仁"。"仁"是儒家民本思想的出发点，也是儒家思想的核心。在《春秋繁露》中，董仲舒围绕"仁"作了多处阐发："《春秋》为仁义法，仁之法在爱人"（《春秋繁露·仁义法第二十九》），"爱在人，谓之仁"（《春秋繁露·仁义法第二十九》），"君子求仁义之别，以纪人我之间，然后辨乎内外之分，而著于顺逆之处也。是故内治反理以正身，据礼以劝福；外治推恩以广施，宽制以容众"（《春秋繁露·仁义法第二十九》）。很明显，董仲舒继承了孔孟关于"仁"的观点，《论语·颜渊第十二》记有孔子学生樊迟和孔子的对话，"樊迟问仁。子曰：'爱人'"。"推恩"的思想则直接来源于孟子，"故推恩足以保四海，不推恩无以保妻子"。从历史来看，"尧受命，以天下为忧，而未以为为乐也，故诛逐乱臣，务求贤圣，是以得舜、禹、稷、卨、咎繇。众圣辅德，贤能佐职，教化大行，天下和洽，万民皆安仁乐谊，各得其宜，动作应礼，从容中道"（《汉书·董仲舒传》），"尧视民如子，民视尧如父母"（《春秋繁露·暖燠常多第五十二》）。从天人合一的角度来讲，"春夏之阳，秋冬之阴，不独在天，亦在于人。人无春气，何以博爱而容众"（《春秋繁露·天辨在人第四十六》），"春，爱志也"（《春秋繁露·天辨在人第四十六》）。董仲舒认为，四时中的春天体现的是天对万物的关爱，故此君主也应该效天而行仁爱，这就将爱民的道理提到自然法则的高度。

爱民不是一句口号，而是要落实到具体的行动上，故而董仲舒进一步提出了安民养民的重要主张："生育养长，成而更生，终而复始，其事所以利活民者无已。天虽不言，其欲赡足之意可见也。古之圣人见天意之厚于人也，故南面而君天下，必以兼利之"（《春秋繁露·诸侯第三十七》），"天常以爱利为意，以养长为事，春秋冬夏皆其用也。王者亦常以爱利天下为意，以安乐一世为事"（《春秋繁露·王道通三第四十四》），从自然的角度来看，天总是通过春夏秋冬四季的有序运行来生养万物，故此，统治者也应该效法天意，以抚养人民为主要职责。在董仲舒眼里，真正爱民的君主应该是"正其道不谋其利，修其理不急其功"（《春秋繁露·对胶西王越大夫不得为仁》），他认为，圣君为民兴利，就如同春天的温润之气催动小草生长一样，是非常自然的事情。故此，他赞美召公亲自进入田地视察并鼓励民众积极开荒种田的行为。除了鼓励农业生产之外，统治阶级对农民轻徭薄赋也是休养生息的重要措施。"五帝三王之治天下，不敢有君民之心，什一而税"（《春秋繁露·尧舜不擅移汤武不专杀第二十五》）。结合史实，董仲舒认为，三皇五帝在位期间，他们丝毫不敢有过分剥削压榨民众的想法，赋税只收取农民收成的十分之一。故此，他肯定汤武为至圣大贤就在于"其德足以安乐民"（《春秋繁露·尧舜不擅移汤武不专杀第二十五》），在此他引用荀子的话"天之生民，非为王也；而天立王，以为民也"（《春秋繁露·尧舜不擅移汤武不专杀第二十五》），只是将荀子原话中的"君"替换为"王"。

董仲舒还特别强调君主要顺应民意正道行事。"故圣人之治国也，因天地之性情、孔窍之所利，以立尊卑之制，以等贵贱之差。设官府爵禄，利五味，盛五色，调五声，以诱其耳目；自令清浊昭然殊体，荣辱踔然相驳，以感动其心。务致民令有所好，有所好，然后可得而劝也，故设赏以劝之；有所好，必有所恶，有所恶，然后可得而畏也，故设罚以畏之。既有所劝，又有所畏，然后可得而制"（《春秋繁露·保位权第二十》），董仲舒认为，圣人治理国家，必须根据天地的性情、民众的喜好来确立尊卑制度和贵贱差别，必须根据民众的喜好和憎恶来培养良好的道德风尚。"亲近来远，同民所欲，则仁恩达矣"

(《春秋繁露·十指第十二》），君主亲近身边的人，招徕远方的人，行为做事要顺应百姓的愿望，用现在的话来说就是急人民之所急，想人民之所想，全心全意为人民服务，这样，恩德就会遍及天下。舜、禹、汤、文王四个时代，所作之乐各不相同，但作乐之法却同，即"各顺其民始乐于己也"（《春秋繁露·楚庄王第一》），也就是他们都顺应了各自时代百姓对他们所行之事的肯定。"为政而宜于民者，故当受禄于天"，董仲舒认为，如果国君时时刻刻为民众着想，做一切事情都从民众利益的角度出发，那么上天也会照顾他。"至于殷纣，逆天暴物，杀戮贤知，残贼百姓。伯夷、太公皆当世贤者，隐处而不为臣。守职之人皆奔走逃亡，入于河海。天下耗乱，万民不安，故天下去殷而从周。文王顺天理物，师用贤圣，是以闳夭、大颠、散宜生等亦聚于朝廷。爱施兆民，天下归之"。历史上，商纣王倒行逆施残害百姓，所以百姓都远离他；而周文王顺应天意，重用贤臣，安抚百姓，所以天下的人都归附他。

二、积贤任贤的重贤思想

自古及今，人才都是时代发展的领军人物，是推动社会变革的重要力量。春秋战国时期，百家争鸣，思想活跃，但无论哪家思想，都无一例外地将人才放到了重要的位置。儒家的孔子一生办学授徒，相传有弟子三千，贤人七十二，而这七十二贤人正是孔子为社会培养的精英人才；墨家的墨子在《墨子》中专门有"尚贤"一章，鲜明地提出"尚贤者，政之本也"，认为重视贤才是治国的根本。同样，董仲舒对历史上重贤的现象给予了充分的关注。在《天人三策》第二策中，董仲舒说尧受命以来，"诛逐乱臣，务求贤圣，是以得舜、禹、稷、卨、咎繇"，周文王"顺天理物，师用贤圣，是以闳夭、大颠、散宜生等亦聚于朝廷。爱施兆民，天下归之，故太公起海滨而即三公也"。在《春秋繁露·玉英第四》中，董仲舒对齐桓公"知恐惧，敬举贤人，而以自覆盖"的行为表示极大的肯定。在《春秋繁露·俞序第十七》中，董仲舒认为孔子作《春秋》目的就是"上探天端，正王公之位，万民之所欲，下明得失，起贤才，以待后圣"，将发现贤才并重用贤才看作是孔子作《春秋》的主要目的。孔子"举贤才"的思想不仅在《春秋》中有明确的交代，在《礼记·中庸》里也有类似的表达："为政在人……文武之政，布在方册"，认为为政的根本就在于"人"，这"人"并不是普通的平民百姓，而是文能经邦武能定国的治世良才。

结合史实，董仲舒充分肯定了贤才的重要作用。"任贤臣者，国家之兴也"（《春秋繁露·精华第五》），董仲舒认为，只有重用贤臣，国家才能兴旺发达。"体国之道，在于尊神。尊者，所以奉其政也；神者，所以就其化也，故不尊不神，不神不化。夫欲为尊者，在于任贤；欲为神者，在于同心。贤者备股肱，则君尊严而国安；同心相承，则变化如神；莫见其所为而功德成，是谓尊神也"，作为一国的君主，要想顺利施政，首先要使自己具有尊贵和神圣的地位，而尊贵和神圣地位的确立，离不开重用贤人且君臣上下同心，重用贤人且上下同心，不是信口开河，而是建立在深厚的理论基础上。对此，董仲舒从天人感应的角度作了类比论证："天积众精以自刚,圣人积众贤以自强;天序日月星辰以自光,圣人序爵禄以自明。天所以刚者,非一精之力;圣人所以强者,非一贤之德也。故天道务盛其精,圣人务众其贤,盛其精而壹其阳,众其贤而同其心。壹其阳,然后可以致其神。同其心,然后可以致其功。是以建治之术,贵得贤而同心",从天的角度来看,天之所以刚健有力,是因为积聚了众多的精气,天之所以光芒万丈,是因为合理排列日月星辰的顺序;天既如此,则人事亦不例外。故此,圣人(亦即君主)亦须积聚众多贤才以使自己变得强大,合理安排众多贤才的爵禄等级以使自己变得明智。这里,董仲舒特别强调了众贤的力量,认为只有广泛地延揽和积聚贤才,且上下团结一心,才能取得应有的成效。为了证明这个道理,在《天人三策》第二策中,董仲舒列举了尧的事例,在众多贤人的辅佐之下,尧治理下的社会是"教化大行,天下和洽,万民皆安仁乐谊,各得其宜,动作应礼,从容中道",一片太平祥和的景象。

董仲舒还指出了君主为得到贤才应有的素养。

首先,作为一国之君,必须有崇高的德行才会吸引贤才。"其德足以安乐民者,天予之,其恶足以贼害民者,天夺之"(《春秋繁露·尧舜不擅移汤武不专杀第二十五》),君主具有高尚的德行,上天才会将国家托付于他,否则上天就会将国家从他的手里夺走。"至德以受天命,豪英高明之人辐辏归之"(《春秋繁露·观德第三十三》),泰伯有与天地齐等的完美德行,所以天下的人都归附于他;钟离会盟之时,吴国国君没有被以国君的身份安排入席,原因就是他的德行不够。"故德侔天地者,皇天右而子之,号称天子"(《春秋繁露·顺命第七十》),具有天子称号的人,其德行跟天地一样高,上天也帮助他,并且将其当作自己儿子来看待。

其次,国君必须礼贤下士,诚恳待人。"治身者以积精为宝,治国者以积贤为道……夫欲致精者,必虚静其形;欲致贤者,必卑谦其身。形静志虚者,精气之所趋也;谦卑自卑者,仁贤之所事也。故治身者,务执虚静以致精;治国者,务尽谦卑以致贤。能致精,则合明而寿;能致贤,则德泽洽而国太平"(《春秋繁露·通国身第二十二》)。董仲舒认为养身与治国有着相通的道理。要保养好身体,最重要的是积蓄精气,要积蓄精气,必须让身体处于恬淡寡欲的状态,只有形体安宁内心恬淡的人,精气才会归附于他,有了精气,就会内外通达,延年益寿。治理国家的根本之道是积聚贤人,积聚贤人最好的做法就是君主必须放下架子谦卑待人,贤才才会甘心来为他效劳,有了贤才的帮助,君主的恩泽就会普及天下,那样才会国泰民安。再次,君主对于贤臣必须根据他们各自的才能,给予相应的职位,然后上下同心,各尽其责,才能把国家治理好。"国以君为主……贤积于其主,则上下相制使……则百官各得其所……然后国可得而安守也"(《春秋繁露·通国身第二十二》),"贤者备股肱,则君尊严而国安;同心相承,则变化如神;莫见其所为而功德成"(《春秋繁露·立元神第十九》),用贤才来做君主的辅佐,才会保证君主自己的尊严和国家的安宁,君臣上下同心协力,国家的治理就会顺风顺水日见成效。

三、以德善为核心的教化思想

作为熟谙《春秋》的学者，董仲舒明于治乱，深刻认识到教育的重要作用，他用史实来强调教化的必要性："圣王之继乱世也，扫除其迹而悉去之，复修教化而崇起之。教化已明，习俗已成，子孙循之，行五六百岁尚未败也"，历史上的商汤、周文王在灭掉暴虐的夏桀、商纣王以后，都是彻底清除其留下来的恶习，重新制定礼乐，自上而下加强教化，才使得整个社会人心向善，逐渐形成了良好的社会风尚，这也是国家得以长治久安的最重要的保证。反之，如果不注重教化，那么整个社会没有正确的方向指引，人们就很容易走上邪路，各种歪风邪气违法犯罪的现象也就层出不穷了，国家就很容易陷入危机。尤其在利益面前，更是需要用教化加以提防。"夫万民之从利也，如水之走下，不以教化堤防之，不能止也"。为了进一步论证教化的必要性，董仲舒还从人性起源的角度作了深刻的论述。在《春秋繁露·深察名号第三十五》中，他认为人的身体来自天，天兼有阴阳二气，因此人自然也有仁爱和贪婪两种习性，既然天道中的阴阳需要调控，那么人身上的情欲也需要加以节制。接着董仲舒提出了他关于的人性著名理论"性待善"，他将人性比作禾苗，性善比作谷米，谷米虽由禾苗产出，但禾苗不等同于谷米，相应地，善出自人性，但人性不等同于善，"善与米，人之所继天而成于外，非在天所为之内也"，善和米虽然都出自天，但是最后的成型还需要后天的加工，如禾苗成为谷米需要脱粒、脱壳等一系列工续，性善也需要后天的"加工"，这个"加工"就是实行教化。因此董仲舒说"性待教而为善"，王的使命就是对万民实行教化。

如何实行教化，董仲舒的观点是："兴太学，置名师，以养天下之士"，即在朝廷设立太学，并配置全国最有名望的老师，作为培养国家栋梁的重要手段。对于太学的重要性，董仲舒多次强调，"养士之大者，莫大乎太学；太学者，贤士之所关也，教化之本原也"，认为天下培养人才的机构，没有比太学更重要的了。太学既是培养贤才的重要场所，同时也是实施教化的源头，一旦源头发生了问题，所有的一切都将前功尽弃。同时，董仲舒还认为，不光朝廷要兴办太学，而且还要进一步扩大到各诸侯国，各个州县，"立太学以教于国，设庠序以化于邑"，自上而下形成全面重视教育兴办学校的良好态势。

学校办起来了，名师请进来了，学生也招来了，那么老师教什么，学生学什么，就成了最关键的问题。在这方面，董仲舒同样给出了明确的答案："古者修教训之官，务以德善化民"。何谓德善，这是一个含义极为丰富的概念，用董仲舒自己的话来说就是"渐民以仁，摩民以谊，节民以礼"，"夫仁、谊、礼、知、信，五常之道"，大致而言，就是要有仁爱情怀，要知道礼义廉耻，懂得尊卑上下。如果全民都从这几方面做起，那么好的社会风尚就形成了："教化大行，天下和洽，万民皆安仁乐谊，各得其宜，动作应礼，从容中道"。从推广教育要达到的最终目的来看，安仁、乐谊、应礼、中道就是其主要表现，因此，反推教学内容，那就不外乎以仁义礼智信为主要内容的儒家等经典。在《春秋繁露·身之养重于义第三十一》中，董仲舒在对人性兼有义与利分析的基础上，认为虽然

"义之养生人,大于利而厚于财",但是普通人根本认识不到这点,现实中常常是"忘义而殉利,去理而走邪",结果最后往往落得身败家亡。出现这种情况的原因并不是人为自己考虑得不周到,而是他的认识有局限,就像让婴儿在枣与金之间作出选择,他肯定是要拿枣。因此圣人的职责就是"事明义以照耀其所闇","先王显德以示民,民乐而歌之以为诗,说而化之以为俗",这样整个社会就会"不令而自行,不禁而自止",最终走上"大治之道"。不管"明义"也好,"显德"也罢,实际都指向了推行教化的主要目标。

以民为本,重用贤才,重视教化,以上三个方面都是董仲舒治国理政思想中的重要内容,时至今日,这些思想对于我们当下的治国理政仍然有极大的现实意义。十八大以来,党和政府制定的一系列政策莫不是从民生的角度出发。全面建成小康社会的路上,习总书记提出了"一个民族都不能少";至于以立德树人为核心的社会主义核心价值观早已内化为人们的自觉行为,成为新时代育人树人的主要内容和目标。

四、从《天人三策》看董仲舒的治国理念

《天人三策》是《汉书·董仲舒传》中的一部分,班固在这篇传记中除了记述董仲舒一生的主要事迹外,还不辞劳烦地记录了董仲舒对汉武帝三次策问的具体内容,可见,班固对《天人三策》是特别厚爱的。因为这些内容集中体现了董仲舒的治国思想,而且文字也比较多,后人遂将其抽取出来,并常常以书名来称代。关于这三次对策发生的背景,主要与汉初的政策和汉武帝本人的雄才大略有关。汉代建立以后,面对的是多年战争以后留下的一个烂摊子,社会现状是满目疮痍一穷二白,为了尽快恢复元气,发展生产,汉初统治者主要实行轻徭薄赋休养生息的政策。经过半个多世纪的努力,到公元前140年汉武帝继位时,整个国家的面貌发生了很大的改观,经济得到了全面的复苏。据司马迁《史记·平准书》所载:"汉兴七十余年之间,国家无事,非遇水旱之灾,民则人给家足,都鄙廪庾皆满,而府库余货财"。但在经济发展的同时,也出现了一系列严重的社会问题。由于汉初统治者在政治思想领域主要以黄老思想为指导,而黄老思想最大的特点是无为而治,这种思想在立国之初,对于稳定局面,缓和阶级矛盾,满足广大人民正常生活需求方面有着积极的作用,但是随着社会的发展,新的社会问题的出现,其解决实际问题的局限性就逐渐凸显出来。首先,在政治上,国内一些诸侯王无视景帝时期七国败亡的现实,仍然仗着自己实力的膨胀,不愿服从中央管辖,武帝即位之初,仍有"淮南、衡山、江都王谋反迹件";民族关系方面,北边的匈奴和南方的西南夷时刻侵扰汉朝边境,给国家的统一安定造成了巨大的威胁。其次,经济上,由于法网宽疏,一些富裕起来的阶层"役财骄溢,或至兼并豪党之徒,以武断于乡曲。宗室有土公卿大夫以下,争于奢侈,室庐舆服僭于上,无限度",贫富差距不断加大,阶级矛盾日益突出。最后,思想上,宽松的政治,使得整个社会出现了"师异道,人异论,百家殊方,指意不同,是以上亡以持一统,法制数变,下不知所守"的混乱局面,治国没有一个统一的思想,法度常变,自上而下无所适

从。凡此种种，都成了摆在汉武帝这个初出茅庐的小皇帝面前的棘手难题。于是作为一代雄主，汉武帝在经受了祖母窦太后长达六年的压制后，终于独揽朝纲，大刀阔斧地进行改革，实行新的政治制度。针对现实中的种种困惑，武帝决定首先从思想上廓清治国的迷雾，而能够给出这个问题答案的首推当世的硕德耆宿。元光元年（公元前134年），汉武帝下令各郡国大力荐举贤良，前后有百数计，董仲舒正是在这个时候得以觐见武帝。在针对众多贤良的策问中，董仲舒最终脱颖而出，通过三问三答，董仲舒全面系统地开出了治国的良方，尤其是其提出的"诸不在六艺之科孔子之术者，皆绝其道，勿使并进，邪辟之说灭息，然后统纪可一而法度可明，民知其所从"，被后人概括为"罢黜百家，独尊儒术"的建议为武帝所采纳，成为影响中国封建社会两千多年统治思想的主流，直至今日，仍有借鉴意义。概括起来，董仲舒的治国理念主要表现在如下几个方面。

（一）治国是一个长期的过程，不能一蹴而就

在策问一中，汉武帝说，自即位以来"凡所为屑屑，夙兴夜寐，务法上古者，又将无补与"，在策问二中，认为自己"夙寤晨兴，惟前帝王之宪，永思所以奉至尊，章洪业，皆在立本任贤"，故"亲耕籍田以为农先，劝孝弟，崇有德，使者冠盖相望，问勤劳，恤孤独，尽思极神，功烈休德未始云获"，为治理国家付出了很大的精力，但现实状况仍是"阴阳错缪，氛气充塞，群生寡遂，黎民未济，廉耻贸乱，贤不肖混淆，未得其真"。对于武帝的这些困惑，董仲舒首先认为，一个王朝的兴衰成败一般来说都是一个长期的过程，上古的尧、舜、文王等圣明君主，他们或者"日行其道"，或者"日致其孝"，或者"日昃不暇食"，从早到晚没有一刻的松懈，最终才"善积而名显，德章而身尊"。尧即位后，诛乱臣、求圣贤，在舜、禹、稷、卨、咎繇等众多贤才的辅佐之下，历经七十多年才使得"教化大行，天下和洽，万民皆安仁乐谊，各得其宜，动作应礼，从容中道"，所以孔子说，"必世而后仁"，意思就是一个圣明君主，要使一个国家走上正轨，至少需要三十年的时间。其次，汉王朝接手的秦朝是一个自古少有的"以乱济乱"的朝廷，"其心欲尽灭先王之道，而颛为自恣苟简之治"，其"遗毒余烈"，直至武帝时仍未灭绝。因此，要完全肃清暴秦的遗毒，这就比其他王朝需要更长的时间，花费更大的功夫，付出更多的精力，需要更大的耐心。因此，董仲舒劝告汉武帝必须坚持不懈，努力行道，"强勉学习，则闻见博而知益明；强勉行道，则德日起而大有功"，这是改变现状走向希望的唯一有效的途径。同时，董仲舒还认为，只要统治者不是特别无道的君主，上天总会尽可能地帮助他扶持他，并且用孔子的话"德不孤，必有邻"来进一步给汉武帝打气。最后，董仲舒再次引用西周宣王的史实来进行劝勉。周宣王之父周厉王是一个典型的暴君，自己荒淫无度，还不准百姓议论他的是非，同时也听不进召公等人的意见，最终被流放至彘。宣王继位后，政治上重用召穆公、尹吉甫、仲山甫、程伯休父、虢文公、申伯、韩侯等一大帮贤臣；军事上借助诸侯之力，任用南仲、召穆公、尹吉甫、方叔先后讨伐猃狁、西戎、淮夷、徐国和楚国，终于使得周王朝重新呈现出文王武王时期的兴盛局面，也留下"宣王中兴"的历史

功绩。

宣王治国的事例充分证明了"夙夜不解行善"是最为有效的做法。故孔子曰:"人能弘道,非道弘人"。

(二)作为统治者,应在各方面做万民的表率

从《春秋》"元年春王正月"的分析中,董仲舒得出了王道的开端就是正,"正者,王之所为也",王者"上承天之所为,而下以正其所为",作为一国之君,首先需要摆正其身份,而后效法上天,端正自己的行为。天道的根本在于阴阳,阳为德,阴为刑,"天之任德不任刑",故"王者承天意以从事,故任德教而不任刑"。从历史来看,尧、舜施行仁德,人民就安居乐业,尽享天年,而桀、纣施行暴政,人民就贪鄙浅薄,寿短命促。老百姓是什么样的人,在很大程度上与在上的统治者的主要表现有关。"故为人君者,正心以正朝廷,正朝廷以正百官,正百官以正万民,正万民以正四方,四方正,远近莫敢不壹于正",这与《大学》中所倡导的修身、齐家、治国、平天下正是一样的道理,都是强调先从自身做起,从身边做起,由内到外,由近及远,最终使得"四海之内闻盛德而皆徕臣,诸福之物,可致之祥,莫不毕至,而王道终矣"。除了最高统治者,董仲舒认为,各级政府官员也应该是自己管辖之地百姓的表率。"今之郡守、县令,民之师帅,所使承流而宣化也",他们的职责一方面是忠实领会君王的旨意并在实际工作中坚决贯彻实施,努力做好百姓的表率,同时,他们也要以自己的正道直行感染并教化百姓。如果各级官吏没有忠实地履行臣下应尽的职责,那么君王的仁德就得不到宣扬,君王的恩泽也就难以惠及到千家万户。

要做好表率,首先从日常生活中做起,正确处理好义和利的关系是其中最切实也最有效的途径。对各级统治阶级来说,最基本的一点就是不与民争利。为了阐明这个道理,董仲舒从"天"的角度说起:"夫天亦有所分予,予之齿者去其角,傅其翼者两期足,是所受大者不得取小也",意思就是说上天创造万物的时候,如果给予了某种动物牙齿,就不再给它锋利的角,例如老虎、狮子等一些肉食动物;如果给予了翅膀,就只能有两只脚,像大多数飞禽就是如此。董仲舒认为,"圣人法天而立道,亦溥爱而无私,布德施仁以厚之,设谊立礼以导之",在他的眼里,君主和各级官吏就应当做百姓心中的圣人,他们应该效法上天作为立身处世的准则,而上天主要以生养万物为主要职责,因此,自上而下的统治阶级也应当对百姓遍施仁爱,让百姓能够安居乐业尽享天年,"故受禄之家,食禄而已,不与民争业,然后利可均布,而民可家足"。在这方面,董仲舒特别推崇春秋时鲁国的国相公仪子。公仪子回到家里,看见妻子正在织布,大为生气,就将妻子赶走了;吃饭的时候,看见饭桌上摆的是自己家园子里种的蔬菜,也大为恼火,一口气出去把园子里的菜全给拔掉了。这就是著名的"拔葵出妻"的故事。从人之常情的角度来看,我们似乎觉得公仪子未免做得有点过分,但是如果从追求整个社会的利益公平来讲,公仪子的做法就自有其道理:"吾已食禄,又夺园夫红女利乎",自己在朝廷已经有了一份俸禄,基本可以

维持一家人的生活了，如果家人还要另外再自己织布种菜，自给自足，那普通百姓织出来的布、种出来的菜就没有人去买了，他们的生活就会陷入困境。因此，董仲舒认为，"居君子之位，当君子之行"，作为各级政府官员，就应当做公仪子这样的人。

（三）大力形成重视教育的良好风尚

作为熟谙《春秋》的学者，董仲舒明于治乱，深刻认识到教育的重要作用，他在对策中多次强调在治理国家时必须重视教化。在对策一中，董仲舒首先借用史实来加以印证："圣王之继乱世也，扫除其迹而悉去之，复修教化而崇起之。教化已明，习俗已成，子孙循之，行五六百岁尚未败也"，历史上的商汤、周文王在灭掉暴虐的夏桀、商纣王以后，都是彻底清除其留下来的恶习，重新制定礼乐，自上而下加强教化，才使得整个社会人心向善，逐渐形成了良好的社会风尚，这也是国家得以长治久安的最重要的保证。反之，如果不注重教化，那么整个社会没有正确的方向指引，人们就很容易走上邪路，各种歪风邪气违法犯罪的现象也就层出不穷了，国家就很容易陷入危机。尤其在利益面前，更是需要用教化加以提防。"夫万民之从利也，如水之走下，不以教化堤防之，不能止也"。对于如何实行教化，董仲舒也给出了明确的答案："兴太学，置名师，以养天下之士"，在朝廷设立太学，并配置全国最有名望的老师，作为培养国家栋梁的重要手段。对于太学的重要性，董仲舒多次强调，"养士之大者，莫大乎太学；太学者，贤士之所关也，教化之本原也"，认为天底下培养人才的机构，没有比太学更重要的了。太学既是培养贤才的重要场所，同时也是实施教化的源头，一旦源头发生了问题，所有的一切都将前功尽弃。同时，董仲舒还认为，不光朝廷要兴办太学，而且还要进一步扩大到各诸侯国、各个州县，"立太学以教于国，设庠序以化于邑"，自上而下形成全面重视教育兴办学校的良好态势。

学校办起来了，名师请进来了，学生也招来了，那么老师教什么，学生学什么，就成了最关键的问题。在这方面，董仲舒同样给出了明确的答案："古者修教训之官，务以德善化民"。何谓德善，这是一个含义极为丰富的概念，用董仲舒自己的话来说就是"渐民以仁，摩民以谊，节民以礼"，"夫仁、谊、礼、知、信，五常之道"，大致而言，就是要有仁爱情怀，要知道礼义廉耻，懂得尊卑上下。如果全民都从这几方面做起，那么好的社会风尚就形成了："教化大行，天下和洽，万民皆安仁乐谊，各得其宜，动作应礼，从容中道"。从推广教育要达到的最终目的来看，安仁、乐谊、应礼、中道就是其主要表现，因此，反推教学内容，那就不外乎以"仁义礼智信"为主要内容的儒家等经典。

此外，必须适时进行改革。策问一中，汉武帝道出了自己心中的困惑：他常常"夙兴夜寐，务法上古者，又将无补与"，针对其困惑，董仲舒认为汉王朝从秦王朝手里接手的国家是一个典型的烂摊子，如同朽木和粪墙一般，如果一味延续秦王朝的做法，即使再高明的人也无能为力，正如孔子所言"朽木不可雕也，粪土之墙不可圬也"。习惯于混乱年代生活的人，往往是上有政策下有对策，即使用再严酷的法律来制裁，也没有多少效果。因此，董仲舒认为，"为政而不行，甚者必变而更换之，乃可理也"，在此他打了一个比方，乐器中的琴和瑟，往往是需要相互配合演奏才能取得和谐的效果，如果两者不能有机协调，那就必须彻底拆卸后重新安装调试，这样才可能合奏出美妙的乐曲。反之，如果一味地在有问题的琴瑟上纠缠不清，那么即使再高明的演奏家也不能演奏出动听的曲调。同样，作为一个破绽百出的国家，需要改革时不改革，即使再高明的君主也无法将国家治理好。面对汉兴七十余年而不治的现状，董仲舒建议汉武帝"不如退而更换；更换则可善治，善治则灾害日去，福禄日来"。

在策问三中，针对汉武帝"三王之教所祖不同，而皆有失，或谓久而不易者道也，意岂异哉"的困惑，董仲舒一方面非常肯定地告诉汉武帝，治国的基本原则历经上千万年都是没有问题的，如果国家出现了弊病，那只能是治国者违背了这些基本原则，另一方面，时代不同，形势不同，各朝各代治理国家的具体措施也就有所不同，如果一味延续前代的做法来治理，那就只能是胶柱鼓瑟，适得其反了。董仲舒认为"先王之道必有偏而不起之处，故政有眊而不行，举其偏者以补其弊而已矣"，从历史上来看，上古的帝王建立新政以后，都有"改制作乐而天下洽和"的情况，如夏商周三代，他们都分别根据实际情形，进行了相应的改革。制度方面，改正朔，易服色，以顺天命；思想上，夏朝崇尚忠，商朝崇尚敬，周朝崇尚文，三代各有侧重。他们的治国之道之所以不同，并不是一定要追求与众不同，而是根据变化了的实际情况，采取相应的变革措施来加以补救当时的不足，"三王之道所祖不同，非其相反，将以救溢扶衰，所遭之变然也"。正因为所处时代不同，所以在治理国家方面，也就出现了虞舜"垂拱无为"和周文王日理万机而"日昃不暇食"的差异，究其原因，是舜面对的是一个治世，故此他只需沿袭尧的做法，继续任用尧所重用的人，但周文王面对的是商纣王遗留下的一个乱世，为了纠正其弊病，需要付出更大的精力和耐心，因而他就必须大刀阔斧地进行改革，使从前被商纣王疏远的贤人重新回到政权中来。因此，董仲舒最后认为"继治世者其道同，继乱世者其道变"，汉继大乱之后，其治国之道必须改变，具体做法就是"宜少损周之文致，用夏之忠者"。

除此，董仲舒还认为，朝廷在选官用人方面，也要进行改革。从汉初至武帝以来，各级地方官员多是由大官子弟担任，但这些官僚子弟往往为富不仁，很少有贤良之人，况且对官吏的提拔任用不是以他的政绩为依据，而是以其任职时间的长短来考量，这种做法极不合理，也与古代的用人制度违背。因此，董仲舒建议各级地方官员要从治下的吏民中慎重选拔，将被推荐之人送到朝廷任职，并且同时对其进行考核，如果合格的话，就留下来继续任用，相应地，行使推荐的官员也要受到奖赏，反之，被推荐之人就要被黜免，与之相关的推荐官员也要被处罚。总之，好的用人制度是"量才而授官，录德而定位"，这样贤良之人才会真正受到重用。

综上，在《天人三策》中，董仲舒围绕治理国家从多个层面展开了较为系统的阐述，既有思想层面的策略，又有具体措施的操作，既谈及了政治、经济、法律等方面的问题，也涉及了思想、教育、文化等方面的内容，正如有学者指出的那样："董仲舒不仅为西汉王朝提供了改革的理论基础,还提出了指导思想以及政治、经济、法律、教育、吏治等方面的具体建设措施和主张"。其观点或者借助"天意"即自然现象来加以引申,或者以史为鉴,从历代王朝兴衰成败的事例中阐幽发微,言必有据,令人信服。可以说《天人三策》集中体现了董仲舒《春秋繁露》的主要成果,是"董仲舒思想的精华",纵观董仲舒的这些治国理念,时至今日,仍有极大的借鉴意义。

第四节 重贤奉贤

自古及今,人才都是时代发展的领军人物,是推动社会变革的重要力量。传说中的黄帝会造指南车,并利用指南车打败了南方的蚩尤,为华夏民族的融合奠定了基础;神农氏遍尝百草,学会用草药给人治病的同时也开启了中华民族农耕的历史;伏羲氏教人结网捕鱼,极大地改善了人们的生活;此后的尧、舜、禹等无不是以某一方面的特长而成为众人的首领的。社会的发展在很大程度上与这些杰出人才的贡献分不开,所以很早以来,人们就形成了重贤的思想。春秋战国时期,百家争鸣,思想活跃,但无论哪家思想,都无一例外地将重视人才放到了重要的位置。儒家的孔子一生办学授徒,相传有弟子三千,贤人七十二,而这七十二贤人正是孔子为社会培养的精英人才;墨家的墨子在《墨子》中专门有"尚贤"一章,鲜明地提出"尚贤者,政之本也",认为重视贤才是治国的根本。战国时期著名的四公子以及秦国的国相吕不韦等人都大量地招揽门客,特别是到了后期,以"横成则帝秦,众成则楚王"策略为代表的苏秦、张仪等纵横家更是几乎成了决定天下大势的不可忽视的力量:"故苏秦相于赵而关不通。当此之时,天下之大,万民之众,王侯之威,谋臣之权,皆欲决苏秦之策。不费斗粮,未烦一兵,未战一士,未绝一弦,未折一矢,诸侯相亲,贤于兄弟。夫贤人在而天下服,一辞撙衔,横历天下,廷说诸侯之王,杜左右之口,天下莫之能伉"。刘邦能在风起云涌的秦末大起义中最后打败强大的项羽建立汉室基业,其高明之处就在于善于吸纳和运用人才,最有名的"汉初三杰"即是其中的代表,出自韩信口中的"善将将"正好说明了刘邦会重用人才的高明之处。得益于对《春秋》及前代史实的谙熟,董仲舒在其主要代表性著作《春秋繁露》和《天人三策》中,就君王的治国之道,特别突出地强调了重贤的思想。

一、关注重贤现象

董仲舒对历史上重贤的现象给予了充分的关注。在《天人三策》第二策中,董仲舒说尧受命以来,"诛逐乱臣,务求贤圣,是以得舜、禹、稷、卨、咎繇",周文王"顺天理物,师用贤圣,是以闳夭、大颠、散宜生等亦聚于朝廷。爱施兆民,天下归之,故太公起海滨而即三公也"。司马迁《史记·五帝本纪第一》记载尧重用的贤臣主要有舜、禹、皋陶、契、后稷、伯夷、夔、龙、倕、益、彭祖等人，关于周文王用贤的史实在《史记·周本纪第四》是这样记载的：（文王）"礼下贤者，日中不暇食以待士，士以此多归之。伯夷、叔齐在孤竹，闻西伯（即文王）善养老，盍往归之。太颠、闳夭、散宜生、鬻子、辛甲大夫之徒皆往归之。"在《春秋繁露·玉英第四》中，董仲舒对齐桓公"知恐惧，敬举贤人，而以自覆盖"的行为表示极大的肯定。齐桓公重用贤人的事例当以管仲为典型，据史载，管仲原本是齐桓公的哥哥公子纠的辅佐，在齐桓公与公子纠争夺君位的过程中，管仲一箭射中齐桓公的衣带钩，亏得齐桓公乘机装死躲过一劫，否则春秋的历史恐怕要重新改写，故此齐桓公和管仲之间可谓积怨颇深。但后来为了王霸大业，齐桓公还是虚心听取了鲍叔牙的建议，对管仲不仅不计前嫌，反而拜他为相。在管仲任相期间，齐桓公还积极采纳他的建议，重用了史称"桓管五杰"的隰朋、宁戚、王子成父、宾胥无、东郭牙，这五人分别在外交、农业、军事、司法、进谏等方面具有卓越的才能。在《春秋繁露·俞序第十七》中，董仲舒认为孔子作《春秋》目的就是"上探天端，正王公之位，万民之所欲；下明得失，起贤才，以待后圣"，将发现贤才并重用贤才看作是孔子作《春秋》的主要目的所在。孔子"举贤才"的思想不仅在《春秋》中有明确的交代，在《礼记·中庸》里也有类似的表达："为政在人……文武之政，布在方册"，认为为政的根本就在于"人"，这里的"人"并不是指普通的平民百姓，而是文能经邦武能定国的治世良才。

二、结合史实，重视贤才

董仲舒结合史实充分肯定了贤才的重要作用。"任贤臣者，国家之兴也"（《春秋繁露·精华第五》），董仲舒认为，只有重用贤臣，国家才能兴旺发达，对此，董仲舒举了鲁僖公的例子。鲁僖公虽然在混乱中即位，但是他亲近重用季友，因而在季友辅政的二十多年间，鲁国内无臣子作乱，外无诸侯侵凌，国家一片安宁的景象。在《春秋繁露·立元神第十九》中，董仲舒进一步从统治者的角度阐述了重贤的意义。"体国之道，在于尊神。尊者，所以奉其政也；神者，所以就其化也，故不尊不神，不神不化。夫欲为尊者，在于任贤；欲为神者，在于同心。贤者备股肱，则君尊严而国安；同心相承，则变化如神；莫见其所为而功德成，是谓尊神也"，作为一国的君主，要想顺利地施政，首先要使自己具有尊贵和神圣的地位，而尊贵和神圣地位的确立，离不开重用贤人且君臣上下同心，重用贤人且上下同心不是信口开河，而是建立在深厚的理论基础上。对此，董仲舒从天人感应的角度作了类比论证："天积众精以自刚，圣人积众贤以自强；天序日月星辰以自光，圣人序爵禄以自明。天所以刚者，非一精之力；圣人所以强者，非一贤之德也。故天道务盛其精，圣人务众其贤，盛其精而壹其阳，众其贤而同其心。壹其阳，然后可以致其神；同其心，然后可以致其功。是以建治之术，贵得贤而同心"，从天的角度来看，天之所以刚健有力，是因为积聚了众多的精气，天之所以光芒万丈，是因为合理排列日月星辰的顺序；天既如此，则人事亦不例外，故此，圣人（亦即君主）亦须积聚众多贤才以使自己变得强大，合理安排众多贤才的爵禄等级以使自己变得明智。这里，董仲舒特别强调了众贤的力量，认为只有广泛地延揽和积聚贤才，且上下团结一心，才能取得应有的成效。为了证明这个道理，在《天人三策》第二策中，董仲舒列举了尧的事例，在众多贤人的辅佐之下，尧治理下的社会是"教化大行，天下和洽，万民皆安仁乐谊，各得其宜，动作应礼，从容中道"，一片太平祥和的景象。

在肯定重用贤才的积极作用时，董仲舒也从反面论述了不重用贤才的后果。在《春秋繁露·精华第五》中，董仲舒说："所任非其人，谓之主卑国危。万世必然，无所疑也"，"是故任非其人，而国家不倾者，自古及今，未尝闻也"。鲁庄公因为没有早用季友，而使国家陷入危难，"庆父不死，鲁难未已"说的就是鲁庄公所用非贤导致的严重后果。宋殇公因为没有一直重用孔父，结果落得个自身被华督残杀的下场。不重用贤人，不仅会陷国君自身于可悲的结局，而且更主要的是危及国家的命运。在《春秋繁露·王道第六》，董仲舒说，吴王因为不采纳伍子胥的建议，结果导致了亡国；秦穆公因为刚愎自用，听不进百里奚和蹇叔的忠言，结果秦军大败于崤山；虞公不接受宫之奇的劝谏，结果最后为晋国所灭，留下了"唇亡齿寒"的深刻教训。在《天人三策》第二策中，董仲舒一针见血地揭示了商朝灭亡的根本原因就在于商纣王"逆天暴物，杀戮贤知，残贼百姓。伯夷、太公皆当世贤者，隐处而不为臣。守职之人皆奔走逃亡，入于河海。天下秏乱，万民不安，故天下去殷而从周"。

三、君主如何能得贤才

董仲舒还指出了君主为得到贤才应有的素养。首先，作为一国之君，必须有崇高的德行才会吸引贤才。"其德足以安乐民者，天予之，其恶足以贼害民者，天夺之"（《春秋繁露·尧舜不擅移汤武不专杀第二十五》），君主具有高尚的德行，上天才会将国家托付于他，否则上天就会将国家从他的手里夺走。"至德以受天命，豪英高明之人辐辏归之"（《春秋繁露·观德第三十三》），泰伯有与天地齐等的完美德行，所以天下的人都归附于他；钟离会盟之时，吴国国君没有被以国君的身份安排入席，原因就是他的德行不够。"故德侔天地者，皇天右而子之，号称天子"（《春秋繁露·顺命第七十》），具有天子称号的人，其德行跟天地一样高，上天也帮助他，并且将其当作自己儿子来看待。

其次，国君必须礼贤下士，诚恳待人。"治身者以积精为宝，治国者以积贤为道……夫欲致精者，必虚静其形；欲致贤者，必卑谦其身；形静志虚者，精气之所趋也；谦卑自卑者，仁贤之所事也。故治身者，务执虚静以致精；治国者，务尽谦卑以致贤。能致精，则合明而寿；能致贤，则德泽洽而国太平"（《春秋繁露·通国身第二十二》）。董仲舒认为养身与治国有着相通的道理。要保养好身体，最重要的是积蓄精气。要积蓄精气，必须让身体处于恬淡寡欲的状态，只有形体安宁内心恬淡的人，精气才会归附于他，有了精气，就会内外通达，延年益寿。治理国家的根本之道是积聚贤人，积聚贤人最好的做法就是君主必须放下架子谦卑待人，贤才才会甘心来为他效劳，有了贤才的帮助，君主的恩泽就会普及天下，那样才会国泰民安。

最后，君主对于贤臣必须根据他们各自的才能，给予相应的职位，然后上下同心，各尽其责，才能把国家治理好。"国以君为主……贤积于其主，则上下相制使……则百官各得其所……然后国可得而安守也"（《春秋繁露·通国身第二十二》），"贤者备股肱，则君尊严而国安；同心相承，则变化如神；莫见其所为而功德成"（《春秋繁露·立元神第十九》），用贤才来做君主的辅佐，才会保证君主自己的尊严和国家的安宁，君臣上下同心协力，国家的治理就会顺风顺水日见成效。

四、如何培养和选拔贤才

董仲舒对于如何培养和选拔贤才也提出了具体的措施。"养士之大者，莫大乎太学；太学者，贤士之所关也，教化之本原也"（《天人三策》第二策），董仲舒认为，要得到贤才，首先要注重培养，培养人才的主要渠道就是开办学校，学校是推行教化的源头和培养人才的关键所在。因此，董仲舒建议汉武帝首先要兴办太学，且配备高明的老师，学生接受教育后，要通过层层的考核，最后选出杰出的人才。对于如何考核，从哪些方面进行考核，考核中应该注意的事项，董仲舒给出了明确的建议："臣愚以为使诸列侯、郡守、二千石各择其吏民之贤者，岁贡各二人以给宿卫，且以观大臣之能；所贡贤者有赏，所贡不肖者有罚。夫如是，诸侯、吏二千石皆尽心于求贤，天下之士可得而官吏也。遍得天下之贤人，则三王之盛易为，而尧、舜之名可及也"（《天人三策》第二策）。董仲舒认为，各级官吏是行使考核的主要责任人，君主应该要求他们每年向上推荐二人在朝廷做事，并观察被推荐之人是否符合贤人的标准，如果被推荐之人确实名副其实，君主对行使推荐之官员进行相应的奖赏，否则，不仅将被推荐之人斥退，而且行使推荐之人也要连带受到处罚。这样就在很大程度上避免了各级官员的徇私舞弊，有效地为朝廷选拔实至名归的贤才。同时，董仲舒针对考核人才中长期存在的弊端，提出了自己的建议，"毋以日月为功，实试贤能为上，量材而授官，录德而定位"（《天人三策》第二策），即考核不能以做官的时间长短来决定官员的功绩大小，而是应注重考核其从事实际事务的能力和水平，选拔人才应该根据他的才能大小和品行高低来安排其职位，"故小材虽累日，不离于小官；贤才虽未久，不害为辅佐"（《天人三策》第二策）。在《春秋繁露·十指第十二》，董仲舒对于如何选拔贤才，也给出了明确的说法，"论贤才之义，别所长之能……则百官序矣"，即选拔贤才，应该区别各自的特长，然后据此安排相应的官职。

围绕培养人才，董仲舒对于学校的教学内容也有明确的建议。他参照古代的人才培养标准，提出了"以德善化民"的教学原则，具体做法就是"渐民以仁，摩民以谊，节民以礼"，也就是用儒家传统的仁、义、礼、知、信等来进行施教，"夫仁、谊、礼、知、信，五常之道"，认为如果全民都从这几方面做起，那么好的社会风尚就形成了："教化大行，天下和洽，万民皆安仁乐谊，各得其宜，动作应礼，从容中道"。

董仲舒通过对《春秋》治乱之道的深刻体察和分析，充分认识到圣君贤臣联手治国的重要性，因此，在《春秋繁露》中，他多次提出求贤、用贤、养贤等重要话题，尤其在有幸受到汉武帝的关注后，不失时机地通过《天人三策》向汉武帝传达这种思想，言辞恳切，态度诚挚，在很大程度上也影响到汉武帝的用人政策。而董仲舒本人也正是通过策对，在众多人才中脱颖而出，被汉武帝先后两次委以诸侯王国相的重职。不仅如此，即便在董仲舒晚年退休回家后，朝廷每当遇到棘手问题时，总要派出重要官员向其请教，寻求解决措施。史载"仲舒在家，朝廷如有大议，使使者及廷尉张汤就其家而问之，其对皆有明法"。

纵观历朝历代，我们不难发现一个规律，那就是"得人才者得天下"。东汉后期的群雄逐鹿中，原本弱小的曹操正是凭着"唯才是举"求贤若渴的心态，所以手下人才济济，在跟其他军阀势力对抗的过程中，曹操总显得游刃有余。唐太宗李世民在隋末大起义中，也是虚怀若谷，不避嫌隙，多方接纳人才。当了皇帝后，他有感而发地提出了自己治国所依赖的三面镜子，其中的"以人为镜，可以明得失"就突出了贤臣在治国中的重要作用。魏征死了，他失去了一个贤臣，从而悲叹自己失去了一面明镜。当今，全国上下都在习近平新时代中国特色社会主义理论的指导下为实现中华民族繁荣富强美丽的中国梦而日夜奋斗，这就更离不开各类人才的齐心协力共同奋斗。"国家振兴，人才先行"，董仲舒的重贤思想其实早已深入人心，而且随着社会的不断发展和国际竞争的日趋激烈，这种思想将更加持久地闪耀着智慧的光芒，成为推动整个社会发展的强大动力。

第五节 对先秦儒家义利思想的继承与发展

义利是日常生活中一个常见的话题。一般来说，义往往与道义相关，体现思想境界、道德品质等，属于形而上的范畴；而利更多指向物质利益，与人们的穿衣吃饭、物质追求等密切相关，属于形而下的范畴。这样看来，本可以是并行不悖的两种价值追求，但在现实生活中，又似乎有着不可调和的矛盾，因为"鱼和熊掌不可得兼"的关系，人们就只能选择其中之一，而这选择，往往也就成了君子与小人的分水岭。先秦儒家的代表人物孔子、孟子、荀子围绕义利关系有着多方面的论述，到了西汉，董仲舒在继承前人观点的基础上，又结合阴阳五行等思想，进一步丰富了二者的内涵，在很大程度上，对后人义利思想的形成和发展有着重要的指导作用。

一、先秦儒家的义利思想

先秦的很多著作都不同程度地谈到过义利问题。历史散文如《尚书》《国语》《左传》

《战国策》等，诸子散文如《老子》《墨子》《管子》《韩非子》等儒家之外的其他著作都可以散见有关义利的表述。相比之下，对后世有更深远影响的当属儒家的代表人物孔子、孟子、荀子等人，兹将其各自的主要观点作一比较系统的梳理。

（一）孔子的义利思想

首先，孔子在义利关系问题上是明显的重义轻利或者先义后利。

《论语·子罕》说"子罕言利与命与仁"，就是说孔子很少谈与利益有关的话题。然而现实中的绝大多数人却是更看重物质利益，所以孔子曾经感慨地说自己活了一大把年纪了，很少看见过刚毅的人，这里的刚毅主要是指能够不为物质利益所打动的品格，当有人说申枨这个人就是一个刚毅的人时，他说"枨也欲，焉得刚"（《论语·公冶长》），孔子认为申枨这个人贪欲很大，根本不配刚毅之称。从另一个角度来说，没有贪欲，才能称得上是刚毅，这也是成语"无欲则刚"的主要来源。从政治的角度来说，"无欲速，无见小利。欲速则不达，见小利则大事不成"（《论语·子路》），孔子认为统治者如果过分贪图小利就不能成就大事，如果一定要言利，那也只能是"因民之所利而利之"（《论语·尧曰》），反之，则"鸣鼓而攻之"（《论语·先进》）。与此相对的是孔子对那些能够坚守道义的人物则不吝赞美之词："回也其庶乎，屡空。赐不受命，而货殖焉，亿则屡中"（《论语·先进》）。颜回和子贡都是孔子的高足，但两人现实中的处境截然不同，颜回安贫乐道，一门心思想的是自身德行的修养问题，因而对于生活中家徒四壁、吃了上顿没下顿的状况毫不在意；而子贡却不肯安于上天的安排，积极发挥自己的聪明才智经商，所以家产万贯，很是富有。对此巨大的生活差异，孔子却不止一次地赞美颜回："贤哉回也，一箪食，一瓢饮，在陋巷，人不堪其忧，回也不改其乐。贤哉回也"（《论语·雍也》），可见孔子对于义利的取舍态度。

其次，孔子也并不完全排斥利，肯定利是人与生俱来的本性。他说："富与贵，是人之所欲也"（《论语·里仁》），认为对功名富贵的向往和追求是人的基本欲望，但是孔子又特别强调获取富贵的前提必须是符合道义，故此他又说："不义而富且贵，于我如浮云"（《论语·述而》），这就又回到先义后利的落脚点上。因此当子路问孔子怎样做就是一个完美的人时，孔子说："见利思义，见危授命，久要不忘平生之言，亦可以为成人矣"（《论语·宪问》），鲜明地将"义"作为制约"利"的一个基本原则。

最后，孔子将如何对待义与利作为君子与小人的评判标准。"君子喻于义，小人喻于利"（《论语·里仁》），"君子怀德，小人怀土；君子怀刑，小人怀惠"（《论语·里仁》），孔子认为，君子看重的是道义，是自身的修养和德行，而小人则看重的是物质财富。虽然孔子口中的君子小人往往更多是指人身份地位等级的差别，但相应地也由此衍生出在言谈举止道德人品方面对人的评价。孔子特别强调君子在道义方面的修养，他说："君子之于天下也，无适也，无莫也，义之与比"（《论语·里仁》）、"君子义以为质，礼以行之，孙以出之，信以成之，君子哉"（《论语·卫灵公》）、"君子有九思：视思明，听思聪，色思温，貌思恭，言思忠，事思敬，疑思问，忿思难，见得思义"（《论语·季氏》）、"君子义以为上"（《论语·阳货》），认为"义"是君子安身立命待人接物的根本，对那些"群居终日，言不及义，好行小慧"（《论语·卫灵公》）的人感到失望和惋惜，其所担忧的是"德之不修，学之不讲，闻义不能徙，不善不能改"（《论语·述而》），从维护统治者自身的利益来说，孔子的忠告也是"上好义，则民莫敢不服"（《论语·子路》）。

（二）孟子的义利思想

孟子的义利思想鲜明地继承了孔子重义轻利的观点，同时由于战国中后期日益严重的逐利行为，所以孟子更加关注义，由此也提出了一些更为鲜明具体的观点。

首先，对于统治者，孟子直言不讳地说不谈利，只谈仁义。当孟子去见梁惠王的时候，梁惠王满心欢喜地问："叟！不远千里而来，亦将有以利吾国乎"（《孟子·梁惠王章句上》），没想到孟子却义正词严地说："王！何必曰利？亦有仁义而已矣"（《孟子·梁惠王章句上》），接着孟子指出如果一个国家自上而下都追逐利，其结果就会导致国家危亡，反之，若自上而下都倡导仁义，则国泰而民安。同样在遇到宋荣子准备以"利"劝说秦楚之王的时候，孟子还是那句话"何必曰利？"（《孟子·告子下》），认为"怀利以相接，然而不亡者，未之有也"（《孟子·告子下》），因此他建议宋荣子用仁义来对秦楚之王进行说服，"怀仁义以相接也，然而不王者，未之有也"（《孟子·告子下》），两相对照，二者孰轻孰重，不言自明。

其次，孟子将"义"提到了安身立命的高度。他说："仁，人之安宅也；义，人之正路也"（《孟子·离娄上》）、"仁，人心也；义，人路也"（《孟子·告子上》），将仁义并列，认为仁是人最安全的住宅，义是人最正确的道路，如果将二者丢掉了，那就无异于自暴自弃。孟子主张"士穷不失义"（《孟子·尽心上》），作为士人，即使走到穷途末路，也不能失去义，在孟子眼里，义的分量是超过生的，仁人志士当"舍生而取义"（《孟子·告子上》）。

最后，孟子对于"利"，即物质财富，也不是不分场合一律拒绝。毕竟作为生存之本，必要的物质还是不可或缺的。"一箪食，一豆羹，得之则生，弗得则死"（《孟子·告子上》），当宋国君主送给孟子七十镒钱的时候，孟子坦然接受了，在薛国，薛国君主送给他七十镒钱的时候，他同样也坦然地接受了，因为这是为了生存的需要。但是君子爱财取之有道，当齐国君主送给孟子好金一百镒的时候，他却没有接受，因为他认为自己当时没有接受这些财富的理由，而没有理由地接受就是一种被收买的行为，是违背义的行为，故此，他毅然拒绝了齐王的馈赠，这也正如孟子所言："万钟则不辨礼义而受之，万钟于我何加焉"（《孟子·告子上》）。

（三）荀子的义利思想

战国后期稍后于孟子的荀子一方面继承了孔孟重义轻利的观点，另一方面又从人性、治乱、养生等方面对义利作了进一步的论述。

首先，荀子从修身的角度指出了义重于利的观点："志意修则骄富贵，道义重则轻王公；内省而外物轻矣。传曰：'君子役物，小人役于物'。此之谓矣。身劳而心安，为之；利少而义多，为之"（《荀子·修身》），荀子认为，一个人如果重义就可以傲视王侯，不为外物所羁绊，利少义多可以活得心安理得。"君子之求利也略，其远思也早，其避辱也惧"（《荀子·修身》），君子不看重利，还可以全身远祸。"君子养心莫善于诚，至诚则无它事矣，唯仁之为守，唯义之为行"（《荀子·不苟》），荀子认为，君子养心的关键在于真诚无伪，真诚无伪的关键在于坚守仁义正道，这样便从源头上为修养身心找到了突破口。从内心来说，人人都"好荣恶辱，好利恶害"（《荀子·荣辱》），然而只有"先义而后利者荣，先利而后义者辱"（《荀子·荣辱》）。

其次，荀子从治国的角度指出了义重于利的观点。荀子认为义利是人生来具有的共性，"义与利者，人之所两有也"（《荀子·大略》），但若从治国的角度来看，若整个国家一味唯利是图，就会形成上下相诈、分崩离析的局面，最后导致国家的灭亡；反之，"上好礼义，赏贤使能，无贪利之心"（《荀子·君道》），那么"四海之民不待令而一"（《荀子·君道》），王霸大业也就水到渠成，这也就是"义胜利者为治世，利克义者为乱世"（《荀子·大略》）。因此，要想实现治世的局面，作为统治阶层内部的人，自上而下都应该不言利，也就是不与民争利，这样百姓就不会为财富所困，就能安居乐业，整个社会和谐稳定。

再次，从人性的角度来看，以义制利是必须的。"今人之性，生而有好利焉"（《荀子·性恶》），荀子认为，好利是人生来的本性，但若一味顺着本性去行事，就会导致争夺、混乱和暴力，要避免出现这种现象，就必须用礼义来矫治。"古者，圣王以人之性恶，以为偏险而不正，悖乱而不治，是以为之起礼义、制法度，以矫饰人之情性而正之，以扰化人之情性而导之也"（《荀子·君道》），古代的圣王针对人性恶的现象，制定礼义、法度来纠正人性中的恶，用礼义、法度来引导人向善，这样社会才能得到有效的治理。

最后，重利还是重义也是区分俗人、俗儒和雅儒、大儒的关键。"不学问，无正义，以富利为隆，是俗人者也"（《荀子·儒效》），荀子认为，不学无术，不讲正义，一心只想着以发财为目的的生活，这就是俗人。同时，是否有义也是人之所以为人的显著标志之一，"水火有气而无生，草木有生而无知，禽兽有知而无义；人有气、有生、有知，亦且有义，故最为天下贵也"（《荀子·王制》），跟万物相比，水火有气但无生命，草木有生命但无知觉，禽兽有知觉却无道义，而人却是既有气、有生命，也有知觉，尤其是讲究道义，因此，人是万物之中最贵重的。荀子的这个观点，不仅突出了义在人生活中的重要性，而且从本体的角度对人提出了严格的界定，大大突破了普通的修身、养心、治国等一切外在的范畴。

综上，以孔子、孟子、荀子为代表的先秦儒家对义利作了多方面的论述，尽管其观点各有侧重，但无一例外地都强调重义轻利，先义后利，这些都为汉代董仲舒的义利观奠定了基础。

二、董仲舒的义利思想

西汉董仲舒在其主要著作《春秋繁露》和《天人三策》中，在继承前人主要观点的基础上，又结合史实和其他各家思想，对义与利及其二者之间的关系作了进一步的探讨，在许多方面都深化了前代儒家的认识，显示出独到的哲学思考。

首先，一方面董仲舒从治国的角度继承了先秦儒家义重于利的观点。"君民者，贵孝弟而好礼义，重仁廉而轻财利。躬亲职此于上，而万民听，生善于下矣"（《春秋繁露·为人者天》）、"尔好谊，则民乡仁而俗善；尔好利，则民好邪而俗败"（《董仲舒集》），董仲舒认为，统治者重视孝悌礼义廉耻而轻视财富利益，百姓就会乐于听从他的安排，整个社会就会形成人心向善的良好社会风气。另一方面，董仲舒又将义重于利的认识提到养生的高度，这就进一步扩展了先秦儒家的认识。董仲舒认为，义利是人与生俱来的，二者各有其用处，"利以养其体，义以养其心"（《春秋繁露·身之养重于义第三十一》），但养身跟养心相比，养心又重于养身，这样就很自然地得出"义之养生人大于利"（《春秋繁露·身之养重于义第三十一》）的结论。像孔子的弟子原宪、曾参、闵子骞等人虽然很贫贱，但是能够坚守道义，安贫乐道，所以内心很是快乐；相反有些人，"甚有利而大无义，虽甚富，则羞辱大恶，恶深，祸患重，非立死其罪者，即旋伤殃忧尔，莫能以乐生而终其身"（《春秋繁露·身之养重于义第三十一》）。

其次，董仲舒对于"利"也并不是一概否定的，而是分别从统治者对待自身和对待百姓两个方面提出了"不谋其利"（《春秋繁露·对胶西王越大夫不得为仁第三十二》）和"爱利天下"（《春秋繁露·王道通三第四十四》）两个截然不同的观点。从统治者自身来说，应该是"终日言不及私……夫处位动风化者，徒言利之名尔，犹恶之，况求利乎"（《春秋繁露·玉英第四》），董仲舒认为，《春秋》特别记载了鲁庄公在棠地观鱼这件事，其实是表达对鲁庄公的不满和批评。作为一国之君，其主要职责应该是以身作则，用良好的德行来感染教化百姓，而不是言利求利。同样，晋国想向虞国借道来灭掉虢国，用晋国的玉璧和北屈的好马来贿赂虞国君主，虞国的君主因为贪财，听不进大夫宫之奇的劝阻，借道给晋国的军队，结果导致身死国灭。在董仲舒眼里，真正爱民的君主应该是"正其道不谋其利，修其理不急其功"（《春秋繁露·对胶西王越大夫不得为仁第三十二》），因此他对于胶西王称赞越王勾践、谋士范蠡和文种为越国的三仁表示反对。但是从如何对待民众来说，董仲舒却是主张重利，"无衣食，则忘其所以养"（《春秋繁露·立元神第十九》），国以民为本，民以食为天，解决衣食问题是任何时期都不能忽视的第一要务。"故圣人之为天下兴利也，其犹春气之生草也"（《春秋繁露·考功名第二十二》），董仲舒认为，圣君为民兴利，就如同春天的温润之气催动小草生长一样，是非常自然的事情。故此，他赞美召公亲自进入田地当中，视察并鼓励民众积极开荒种田，这样在他的重视下，家家户户都丰衣足食，整个社会呈现出一派安定祥和的大好局面。如果说重视百姓的衣食问题也是先秦儒家所一再强调的，那么从天人合一的哲学高度来加以阐述，则是董仲舒的进一步发挥。在《春秋繁露·王道通三第四十四》篇，董仲舒说："天常以爱利为意，以养长为事，春秋冬夏皆其用也。王者亦常以爱利天下为意，以安乐一世为事"，他认为天对万物总是以爱护养育作为主要职责，那么相对应地，君王也应该是以爱护百姓使之能够安居乐业为其主要职责，这样为百姓谋利求利就是很自然的事情了。在《春秋繁露·诸侯第三十七》中，董仲舒进一步指出，"生育养长，成而更生，终而复始，其事所以利活民者无已。天虽不言，其欲赡足之意可见也。古之圣人见天意之厚于人也，故南面而君天下，必以利兼之"，董仲舒在这里明确指出，天虽然不说话，但生育抚养民众是天的分内之事，古代的圣人看见天是如此厚待民众，因此当了君主以后，就一定效法天来行事，以丰厚的物质财富来养育百姓。除了统治者为百姓谋利之外，董仲舒也对民众自己主动求利表示认可："夫皇求财利常恐乏匮者，庶人之意也"（《董仲舒集》），毕竟，作为最基层的民众，穿衣吃饭对他们来说是最主要的事情。

再次，董仲舒针对现实中利益不均的现象，鲜明地提出了调均的原则。春秋时期，孔子曾提出"不患寡而患不均"（《论语·季氏》）的思想，《诗经·大田》里也说，"彼有不获稚，此有不敛穧，彼有遗秉，此有滞穗，伊寡妇之利"，收割庄稼时地里遗留的谷穗不要全部收走，而要给孤苦无依靠捡拾谷物为生的寡妇留一部分，这也是一种最朴素的人道主义。董仲舒认为，君子如果做了官，就不应该再种庄稼，如果已经有了猎物了，就不要再下河捕鱼，吃饭也不要山珍海味一齐上，这些都是为了防止与民争利。因此，董仲舒对春秋时鲁国的国相公仪子"拔葵出妻"的行为表示高度认可。董仲舒认为，"受禄之家，食禄而已，不与民争业，然后利可均布，而民可家足。此上天之理，而亦太古之道"（《董仲舒集》）。为了进一步揭示利益均衡的道理，董仲舒进一步从天人关系的角度加以阐述："天不重与，有角不得有上齿，故已有大者，不得有小者，天数也。夫已有大者，又兼小者，天不能足之，况人乎？故明圣者像天所为制度，使诸有大俸禄，亦不得兼小利、与民争利业，乃天理也"（《春秋繁露·度制第二十七》），就是说，天给万物进行分配的时候，不会重复地给予，对于动物来说，分配了角的就不再分配上齿，对于人来说，分配了大的利益，就不再分配小的利益，这都是天意；如果已经占有了大的利益，又要占有小的利益，天也无法满足，更何况人的力量呢？所以圣明的君主总是参照天的作为制定合理的分配制度，对于那些俸禄很高的人，就不能再占有小的利益，目的就是为了防止与百姓争夺，这都是符合天理的安排。史载董仲舒一生"不治产业，以修学著书为事"（《董仲舒集》），他用自己的行为很好地践行了"不兼小利"的这个做人的宗旨。

最后，董仲舒在肯定先秦儒家重视修养强调道义的基础上，对义的具体内涵和指向作了更为明确的论述。董仲舒认为，《春秋》一书所探讨的就是如何处理别人和自己的关系,实质上也就是仁与义的关系,具体做法就是"以仁安人,以义正我"(《春秋繁露·仁义法》),就是说仁是外指的,是要求自己对别人尽到仁,而义才是内指的,是自己对自己的要求。为了进一步说明什么是义什么不是义,董仲舒结合春秋的一些史实来加以阐述。他说,潞国的国君对于其他诸侯没有要求端正什么,却对自己提出了学习中原礼仪以端正自己行为的要求,所以《春秋》一书用义来赞美他。相反,楚灵王讨伐了陈国和蔡国的贼寇,齐桓公抓获袁涛涂并给予相应的惩处,吴国的阖闾能公正地处理楚国和蔡国的矛盾和斗争,但是《春秋》一书对这些事情并不赞许,原因就在于楚灵王、齐桓公和阖闾的所作所为不合义的要求,而义讲究的是对自己行为的规范,不是去纠正别人的过错。因此,董仲舒说:"义者,谓宜在我者;宜在我者,而后可以称义"(《春秋繁露·仁义法第二十九》),也就是说,自己行为适宜才可以称义,像要求自己说话做事都要符合礼节,自己有过失要勇于承认并且主动地进行检讨等,这些都符合的义的原则和要求。"夫人有大义者,虽贫而能自乐也;而无大义者,虽富莫能自存也"(《春秋繁露·身之养重于义第三十一》),从养生的角度来看,董仲舒认为,那些对自己要求特别严格的重义之人,即使生活得很贫寒也能感到快乐;而那些不注重以义来规范自己行为的人即使生活很富裕,但最终也不会有什么好下场。从治理国家方面来看,君主如果能以自身的义来彰显高尚的德行,民众就会歌颂他,拥护他,就会心悦诚服地接受他的感化。所以董仲舒说:"圣人天地动、四时化者,非有他也,其见义大,故能动,动故能化,化故能大行,化大行故法不犯,法不用故刑不用,刑不用则尧、舜之功德。此大治之道也,先圣传授而复也"(《春秋繁露·身之养重于义第三十一》)。除了从历史和现实的角度阐明义的重要性,董仲舒还通过天人感应的道理揭示了重义的天经地义。在《春秋繁露·人副天数第五十六》一开头,董仲舒就提出"天德施,地德化,人德义"的哲学命题,认为天生万物,只有人跟天最为接近,因此也最能仿效天的行为,天的德性是施育,地的德行是化育,人的德性就是仁义,其间是符合一脉相承的自然原理的。

通过剖析董仲舒的义利思想,我们不难看其中几乎处处都有先秦儒家的影子,正如有学者多年前指出的那样:"就思想渊源而言,董仲舒义利观承袭孔孟义利观的旨趣",如重义轻利、先义后利这个主旨在孔子、孟子、荀子那里都有非常明显的表述,而且这里的义利更多的是针对君子、统治者等上层人物来谈的。从表面来看,义利似乎是不可调和的一对矛盾体,二者有着非彼即此的关系,其实仔细分析,二者实际上又是二而一的关系,完全可以实现高度的重合。因为在儒家学者眼里,义主要是对统治者等上层人物的要求,而利更多地指向民众,也就是说,只要统治者不是为自己谋私利,而是为广大民众谋福利,这其实就是最大的义,如果能做到严以律己(义)宽以待人(利),这样就完全可以实现义利的重合。因此,严格说来,人们口中常说的重义轻利也好,先义后利也好,都是针对统治者来说的,就是说重自己的义轻自己的利,或者先求自己的义后谋自己的利。如果说这层意思在先秦儒家那里表述得还不是很明朗,那么到了董仲舒这里,就基本上有了明确的界定:"是故《春秋》为仁义法,仁之法在爱人,不在爱我;义之法在正我,不在正人。我不自正,虽能正人,弗予为义;人不被爱,虽厚自爱,不予为仁"(《春秋繁露·仁义法第二十九》),从表面来看,董仲舒谈的是仁义的区别,实际上也是义利的区别,因为仁的含义就是爱人,而爱人不是一句空话光说说而已,是要落到实际上的,最基本的就是首先关注他们的衣食住行日常起居,而衣食住行的获取就是一个为民众谋利的过程,所以孔子认为治理国家应该先使得民众富裕起来,然后进行礼乐文明的教育,孟子也提出"保民而王"(《孟子·梁惠王章句上》),具体措施就是:"五亩之宅,树之以桑,五十者可以衣帛矣;鸡豚狗彘之畜,无失其时,七十者可以食肉矣;百亩之田,勿夺其时,八口之家,可以无饥矣;谨庠序之教,申之以孝悌之义,颁白者不负戴于道路矣。老者衣帛食肉,黎民不饥不寒"(《孟子·梁惠王章句上》)。荀子继承孔子和孟子的观点,认为"不富无以养民情,不教无以理民性。故,家五亩宅,百亩田,务其业而勿夺其时,所以富之也"(《荀子·大略》)。

综上所述,一方面,对义利关系的认识、分析及其各自内涵的界定从先秦儒家到西汉董仲舒既有着明显的一脉相承的关系,同时也愈来愈清晰,愈来愈具有可操作性;另一方面,由于董仲舒不仅从历代史家和先儒那里汲取到丰富的智慧,而且还借助阴阳五行等其他思想从天人感应的角度对义利关系做了进一步的阐述,这就将社会人事中的问题提到自然哲理的高度,从而赋予义利关系以更为坚实的理论基础。

第六节 董仲舒"贵微重始"说的内涵及其现实意义

董仲舒在《春秋繁露·二端第十五》中有言:"《春秋》至意有两端,不本二端之所以从起,亦未可与论灾异也,小大、微著之分也。夫览求微细于无端之处,诚知小之将为大也,微之将为著也,吉凶未形,圣人所独立也。虽欲从之,末由也已,此之谓也。故王者受命,改正朔,不顺数而往,必迎来而受之者,授受之义也。故圣人能系心于微而致之著也。是故《春秋》之道,以元之深正天之端,以天之端正王之政,以王之政正诸侯之即位,以诸侯之即位正竟内之治,五者俱正而化大行。故书日蚀、星陨、有蜮、山崩、地震、夏大雨水、冬大雨雹、陨霜不杀草、自正月不雨至于秋七月、有鹳鹆来巢,《春秋》异之,以此见悖乱之征。是小者不得大,微者不得著,虽甚末,亦一端。孔子以此效之,吾所以贵微重始是也。因恶夫推灾异之象于前,然后图安危祸乱于后者,非《春秋》之所甚贵也。然而《春秋》举之以为一端者,亦欲其省天谴而畏天威,内动于心志,外线与事情,修身审己,明善心以反道者也,岂非贵微重始、慎终推效者哉。"这段话中,董仲舒两次提到了"贵微重始",其核心要义也是"贵微重始",由此,我们不妨对此做一探究。

董仲舒认为《春秋》最深远的意义有两个方面,这就是"小大"和"微著"的分别,其中"小"和"微"同义,"大"与"著"同义,说得具体一点,就是所谓的"二端"即是"微小"与"显著",前者为一端,后者为一端,合而称之为"二端"。董仲舒在这里重点要阐明的即是"微小"与"显著"二者之间的关系。从表面来看,"微小"与"显著"是一对反义词,显示的是矛盾与对立的特征,然而在董仲舒看来,如果对"微小"作一番探求,就会发现,小会逐渐发展为大,细微会逐渐发展为显著,在结果出现之前,只有圣人才能预测到。为什么只有圣人才有这样的本事?董仲舒认为,是因为圣人心思细密,能够用心体察细微发展为显著的道理。而细微发展为显著往往会有或好或坏两个结果,如何避免坏的结果而力图向好的方面发展,这就需要我们善于察微知著,在事物的萌芽之初就能够预知它的未来走向。就改朝换代的事情来讲,新即位的王是承受天命而当王,因此即位之初就必须改变旧朝的历法,不能继续沿袭前代的顺序,这就是顺天而行。然后通过元年的确立来端正天时,通过端正天时来端正王者的政治,通过端正王者的政治来端正诸侯的即位,通过端正诸侯的即位来端正国家的治理,五个方面都端正了,教化就能够顺利进行,人民安居乐业,国家就能够长治久安。反之,如果违天而行,就会出现日食、星陨、妖乱、山崩、地震、夏天闹洪涝、冬天降冰雹、秋霜不杀草、春夏连受旱等异常天象。异常天象的出现往往是祸乱的征兆,所以孔子在《春秋》中将这些异常天象详细记载下来,其目的就是告诫后人要时时刻刻反省天对人不合理行为的谴责,进而要敬畏天威,真正从内心深处认识到顺天行事的重要性。如何做到顺天行事,董仲舒在此基础上提出了"贵微重始""慎终推效"的观点。

何谓"贵微重始""慎终推效"?结合董仲舒前面的论述,我以为就是重视微小的事物或现象,重视事物发展的起初或者萌芽阶段,尤其要具有由眼前预知未来的能力,从一开始就谨慎行事。因为任何事物或现象的产生都有一个由微至显、从小到大的变化过程,事物或现象最终的发展变化结果往往在起始阶段、微小之时就已经显露端倪,好的开始往往预兆着好的结果,坏的开始则预兆着坏的结果。趋利避害是人共同的心理,更是国家治理的终极目标,故此我们必须养成"贵微重始"的行事品格。

一、"贵微"

生活中,事物因其微小,往往容易被忽视,然而"祸患常积于忽微,智勇多困于所溺"(欧阳修《五代史伶官传序》),故对琐细之事要善于观察,发现有不好的苗头就要及时改正,以防酿成大祸;反之,如果是顺应天理符合民意的事情,就要坚持下去,这样才能做好、做大、做强。

(一)察微知著

董仲舒在《春秋繁露·竹林第三》中说:"《春秋》记天下之得失,而见所以然之故,其幽而明,无传而著,不可不察也。夫泰山之为大,弗察弗见,而况微眇者乎?"这里,董仲舒从事情得失成败的角度揭示了《春秋》对于察微知著的特别关注,认为《春秋》不仅记载了许多荣辱盛衰的历史现象，更重要的还是蕴含着导致结果背后的深层原因，这些原因虽然幽微但其实只要用心体察还是很容易明白的。关键是要用心体察，否则即便大如泰山，不去关注还是看不到的。齐顷公作为齐桓公的孙子，起初仗着齐桓公开创的霸主基业，骄傲自大，目中无人，即位之初就随意侵略鲁国和卫国，结果导致晋国和鲁国的不满，两国联手，并联络卫国和曹国，结成四国联盟，最后大败齐国，并活捉了齐顷公。探究齐顷公之所以落到这种悲惨的结局，与他志得意满缺乏忧患意识不无关系。经历屈辱之后，齐顷公从此改邪归正，对内生活节俭，关爱百姓，对外尊重他国，积极参与会盟事务，最终家国安宁。齐顷公前后不同的结局非常生动地演绎了祸福自有根源的道理。所以，董仲舒认为"孔子明得失，差贵贱，反王道之本，讥天王以致太平，刺恶讥微，不遗小大，善无细而不举，恶无细而不去，进善诛恶，绝诸本而已矣"，对于细微之事，要特别注意，好的方面不因其小而不去重视，坏的方面不因其小而不去改正，正如三国时刘备所说的那样："勿以恶小而为之，勿以善小而不为"（《三国志·蜀书·先主传》）。"凡百乱之源，皆出嫌疑纤微，以渐寖稍长，至于大。圣人章其疑者，别其微者，绝其纤者，不得嫌，以蚤防之"，在董仲舒看来，各种大的祸乱源头，起因都是细小的差错，日积月累，小错慢慢发展成大祸，而只有圣人能提前发现这些细小的差错并及时采取预防措施，从而将隐患消灭在萌芽状态。"虞公贪财，不顾其难，快耳悦目，受晋之璧、屈产之乘，假晋师道，还以自灭，宗庙破毁，社稷不祀，身死不葬，贪财之所致也"，僖公二年，虞国君主因为贪图晋国的财物，只顾及眼下的享受，不考虑即将到来的灾难，借道给晋国去打虢国，结果在晋国灭了虢国后班师回朝的路上，顺便就将虞国也给灭了，虞国君主最后落得一个身死国灭的可悲下场，这就是贪小便宜导致的大恶果。通过对许多因小失大的历史事件的考察，董仲舒提出"爱人之大者，莫大于思患而预防之"，就是说对别人的关爱，最好的做法就是能够提前想到可能的后患而及时采取预防措施。这跟《礼记·中庸》里所说的"凡事预则立，不预则废"正是一个道理。

（二）时刻反省

对于祸乱的根本，董仲舒不仅从统治者自身的行为方面做了多方探讨，而且还从自然灾异现象与社会人事关系的角度进行了深入的分析。《汉书·董仲舒传》记载"仲舒治国，以《春秋》灾异之变推阴阳所以错行，故求雨，闭诸阳，纵诸阴，其止雨反是；行之一国，未尝不得所欲"，并著有《灾异之记》一书。董仲舒认为："凡灾异之本，尽生于国家之失。国家之失乃始萌芽，而天出灾害以谴告之；谴告之而不知变，乃见怪异以惊骇之；惊骇之尚不知畏恐，其殃咎乃至。以此见天意之仁而不欲陷入也。"在董仲舒看来，自然界出现反常的灾异现象，都是与国家治理的缺失脱不了干系，在国家治理方面，如果一开始就有缺失，那么上天就会及时用自然灾害现象来警告；如果警告了，统治者还不知道改变策略，上天就会继续用更加怪异的现象来让统治者受到惊吓；如果受到惊吓还没有恐惧之心，照样我行我素，不知悔改，那么大的灾祸就要出现了。史载商汤在位的时候，院子里长出一棵奇异的谷子，黄昏时开始萌芽，到第二天天亮时就长到两手合围那么粗了，看到这种反常的现象，商汤认识到这是上天对自己的警告，于是开始做善事，早起晚睡，勤于政事，访贫问苦，安抚百姓，结果三天以后，院子里怪异的谷子就消失了。周文王在位时，有一年的六月，文王卧病在床休养的时候，结果发生了地震，于是文王认识到这是上天以怪异现象来惩罚自己的罪过，于是决定改正自己过去做得不好的地方，慎重对待礼法，重视跟臣下的关系，没过多久，文王的病就好了。这就是善于从灾异现象反思自身问题并及时采取改正措施，从而逢凶化吉遇难呈祥的典型事例。所以董仲舒说"智者见祸福远，其知利害蚤，动物而知其化，事兴而知其归，见始而知其终"。

（三）积善养德

《天人三策》第三策中，汉武帝针对自身治理国家时出现的问题，也认识到天人之间存在某种感应关系，于是虚心向董仲舒请教治国的道理。针对汉武帝的垂问，董仲舒的回答是"臣闻众少成多，积小致巨，故圣人莫不以晻致明，以微致显。是以尧发于诸侯，舜兴乎深山，非一日而显也，盖有渐以致之矣。言出于己，不可塞也；行发于身，不可掩也。言行，治之大者，君子之所以动天地也。故尽小者大，慎微者著。《诗》云：'惟此文王，小心翼翼。'故尧兢兢日行其道，而舜业业日致其孝，善积而名显，德章而身尊，以其浸明浸昌之道也。积善在身，犹长日加益，而人不知也；积恶在身，犹火之销膏，而人不见也。非明乎情性察乎流俗者，孰能知之？此唐、虞之所以得令名，而桀、纣之可为悼惧者也。夫善恶之相从，如景乡之应形声也。故桀、纣暴谩，逸贼并进，贤知隐伏，恶日显，国日乱，晏然自以如日在天，终陵夷而大坏。夫暴逆不仁者，非一日而亡也，亦以渐至，故桀、纣虽亡道，然犹享国十余年，此其浸微浸灭之道也。"这番对话，最为鲜明具体地揭示了小与大、微与显的辩证关系："尽小者大，慎微者著"，并通过尧发于诸侯，舜兴乎深山，或"兢兢日行其道"，或"业业日致其孝"有力地阐明了"故圣人莫不以晻致明，以微致显""非一日而显"的道理。同时也结合桀纣"恶日显，国日乱，晏然自以如日在天，终陵夷而大坏"的事例从反面印证了"浸微浸灭之道"。正如有学者指出的那样："董仲舒在这里所阐明的大小、微著二者的辩证法，显然已经包含了今天所已熟知的量变引起质变的思想。"

二、"重始"

春秋公羊家曾提出五始："元为万物之始，春为岁之始，王为治道受命之始，正月为王者所颁政教之始，即位为一国之始"，纵览董仲舒的《春秋繁露》及其相关著述，我们不难发现他的"重始"思想，主要表现在贵元、尊天、正王、崇本等几个方面。

（一）贵元

在中国古代哲学中，"元"向来是一个比较复杂抽象的话题，但"就董仲舒哲学中'元'的概念，学者有不同的理解，主要有三种观点：元为宇宙的本原、元为元气、元作开端",在《春秋繁露·玉英第四》中,董仲舒说:"唯圣人能属万物于一,而系之元也,终不及本所从来而承之,不能遂其功。是以《春秋》变一谓之元,元犹原也,其义以随天地终始也。故人唯有终始也,而生死必应四时之变。故元者为万物之本,而人之元在焉。安在乎?乃在乎天地之前",从这段话来看,董仲舒将"元"解释为"原","元"是"万物之本","在乎天地之前",意思就是"元"是万物产生的根源,故而也是先于天地出现之前就存在的,"是一种存在于天地之前本原性的秩序,它强调开端,而且囊括了整个秩序的全过程",万事万物都要从"元"开始,其产生、发展、变化、结局等都要受到"元"的支配。董仲舒认为,做任何事情,如果我们脱离它的本原不遵循事物变化发展的自然规律,最终就不会得到我们所要的结果。"是故《春秋》之道,以元之深,正天之端,以天之端,正王之政,以王之政,正诸侯之即位,以诸侯之即位,正竟内之治。五者俱正,而化大行。""元"作为事物产生的根源,自然也应包括生命赖以形成和存在之"气",故此"元气"似可归入本原的范畴。"元"作为"开端"的含义,董仲舒有多次论述,如"《春秋》何贵乎元而言之?元者,始也""谓一元者,大始也",这两处,反复强调"贵元"的重要性,就在于它具有开始的意思,开始就孕育着无限的可能,因此必须给予十足的重视。

(二)尊天

与"贵元"思想紧密相承的便是"尊天"观念。"尊天"的观念几乎贯穿整部《春秋繁露》,可以说是董仲舒哲学思想的逻辑起点,因而在董仲舒思想中占有极其重要的地位。"天者,万物之祖,万物非天不生","天者,百神之君也,王者之所最尊也。以最尊天之故,故始易岁更纪,即以其初郊。郊必以正月上辛者,言以所最尊,首一岁之事。每更纪者,以郊祭首之,先贵之义,尊天之道也"。天是万物的始祖,没有天便没有万物,因而从万物产生的根源来讲,天是仅次于元的独立存在,从与万物的关系来讲,比元更具有亲和力与实践性。所以,董仲舒认为,天是众神的主宰,是君王最尊贵的神。作为最尊贵的神,每年的祭祀,首要的就是举行郊祭之礼,其中体现的便是尊天之道。"人之为人本于天,天亦人之曾祖父也,此人之所以上类天也",从人与天的关系来看,董仲舒认为人之所以为人,主要是天的造就,因此无论从形体结构还是德行情性来看,人都是天的副本,既然如此,人的一切行为都应循天而行。"天之道,有序而时,有度而节,变而有常,反而有相奉,微而至远,踔而致精,一而少积蓄,广而实,虚而盈",天是人的榜样,是人效仿的典范,故此董仲舒说"圣人视天而行"。"天常以爱利为意,以养长为事,春秋冬夏皆其用也。王者亦常以爱利天下为意,以安乐一世为事,好恶喜怒而备齐用也",天的行为是以仁爱为主,以养育万物为主,故此君主也应该以仁爱为主,以让百姓安居乐业为主。反之,如果不效法天地,即使圣人也难以称王:"三代圣人不测天地,不能至王。阶此而观之,可以知天地之贵矣。"

（三）正王

《春秋繁露·王道第六》篇中言"王者，人之始也。王正，则元气和顺，风雨时，景星见，黄龙下；王不正，则上变天，贼气并见"，《春秋繁露·立元神第十九》又言"君人者，国之元，发言动作，万物之枢机。枢机之法，荣辱之端也，失之毫厘，驷不及追。故为人君者，谨本详始，敬小慎微"。董仲舒认为，君王作为一国之长，应该是人伦师表，他的一举一动，都牵涉到方方面面，即便是细小行为，也关涉到整个国家的荣辱盛衰，君王的行为端正了，天地之间阴阳二气就会正常运行，风调雨顺，吉星高照，祥瑞盈门；反之，则天道反常，妖气弥漫。鉴于此，董仲舒多次强调治国必须首先端正君主的行为："是故《春秋》之道，以元之深正天之端，以天之端正王之政，以王之政正诸侯之即位，以诸侯之即位正竟内之治，五者俱正而化大行""故为人君者，正心以正朝廷，正朝廷以正百官，正百官以正万民，正万民以正四方。四方正，远近莫敢不壹于正，而亡有邪气奸其间者。是以阴阳调和而风雨时，群生和而万民殖，五谷孰而草木茂，天地之间被润泽而大丰美，四海之内闻盛德而皆徕臣，诸福之物，可致之祥，莫不毕至，而王道终矣"。

（四）崇本

围绕君王如何治理国家的问题，董仲舒鲜明地提出"崇本"的思想："君人者，国之本也，夫为国，其化莫大于崇本。崇本则君化若神，不崇本则君无以兼人。无以兼人，虽峻刑重诛，而民不从，是所谓驱国而弃之者也，患孰甚焉！何谓本？曰：天地人，万物之本也。天生之，地养之，人成之。天生之以孝悌，地养之以衣食，人成之以礼乐，三者相为手足，合以成体，不可一无也。"他认为，治国没有比崇本更为重要的，如果能做到崇本，君王的政治就会顺风顺水顺利施行，做不到崇本，君王就无法得到民众的拥护；得不到民众的拥护，即使用严刑峻法，民众也不会听从。那么究竟什么是本呢？董仲舒说，天地人就是万物之本，因为天生养了万物，地养育了万物，人成就了万物。天是用孝悌生养万物，地是用衣食养育万物，人是用礼乐成就了万物，三者相互依存，缺一不可，彼此紧密结合才是一个整体。说到底，董仲舒所提出的"崇本"思想实质上就是要求统治者将仁义礼乐作为推行政治教化的主要手段，而这也正是其"德政"思想的主要体现。故此，董仲舒进一步说："天道施，地道化，人道义。圣人见端而知本，精之至也；得一而应万，类之治也。动其本者不知静其末，受其始者不能辞其终。利者盗之本也，妄者乱之始也。夫受乱之始，动道之本，而欲民之静，不可得也。"从历史来看，尧舜因为"知本"，所以得到万民的拥戴，而桀纣因为"乱本"，最终落到身死国灭的可悲下场。

以上大致就是董仲舒关于"贵微重始"思想的主要论述，表面来看，"贵微"和"重始"似乎各有侧重，然而在实际生活中，两者却无法截然分开，因为万事万物莫不是从微开始，由微至显，量变积累到一定程度然后引起质变，而后又是新一轮量变质变的不断交互递进演变。在这个发展过程中，起始阶段往往起着决定性的作用，它不仅决定事物发展的走向，而且也决定了事情的成败。人常说，好的开始是成功的一半，这也说明了"贵微重始"说有着鲜明的实践意义。

三、现实意义

董仲舒"贵微重始"说的提出，一方面是立足于对《春秋》所记历史的深切考察，另一方面更是针对汉王朝现实政治弊端而对汉武帝作出的恳切规谏，虽然其以自然灾异现象言说社会人事存在某种主观化神秘化的色彩，但其中蕴含的某些道理、思想却与马克思辩证唯物主义不谋而合，尤其与实践相符合，因而时至今日，仍有其巨大的理论和实践意义。

首先，董仲舒的"贵微重始"说揭示了事物变化发展的客观规律。马克思主义认为，事物的发展的总是由小到大，由少到多，从简单到复杂，这是一个循序渐进的过程，没有量的积累，就没有质的飞跃。中国古人也很早就认识到这个道理。荀子在《劝学》中曾说"积土成山，风雨兴焉；积水成渊，蛟龙生焉；积善成德，而神明自得，圣心备焉"，反之"不积跬步，无以至千里；不积小流，无以成江海"；《大学》讲治国平天下的大道理，却主张从修身齐家做起；古人认为一屋不扫，则无以扫天下：这都是强调欲成大事必须从小事做起的道理。中国共产党在成立之初仅有五十多个党员，然而他们坚信"星星之火可以燎原"，秉承这个信念，带领全国人民历经千辛万苦，克服重重困难，终于推翻了三座大山，建立了新中国，实行改革开放，一步步将一个贫穷落后的中国建设成一个富强、民主、文明、和谐、美丽的社会主义国家。同样，在建设社会主义现代化国家的今天，我们仍然需要发扬这种"贵微重始"的传统。

其次，董仲舒的"贵微重始"说揭示了事物普遍联系的规律。马克思主义认为，世界是由丰富多样的万事万物组成的，万事万物之间及其事物内部各组成要素之间都存在某种联系，彼此之间相互连结、相互依赖、相互影响、相互作用甚至相互转化。如众所周知的蝴蝶效应、温室效应等就是普遍联系的典型例子。生活中我们也常说，种什么因就结什么果。历史上尧舜或"兢兢日行其道"或"业业日致其孝"，最终是"善积而名显，德章而身尊"，而"桀、纣暴谩，谗贼并进，贤知隐伏，恶日显，国日乱，晏然自以如日在天，终陵夷而大坏"，所以董仲舒说："夫善恶之相从，如景乡之应形声也。"习近平同志经常提醒广大党员干部要"不忘初心、牢记使命"，就是要求党员干部时刻牢记为人民服务的宗旨，做对国家、对人民有益的事情。

总之，董仲舒的"贵微重始"从自然与人事的关系、从事物发展的内部规律等角度对国家治理、社会人事的兴衰成败等多个方面做了比较系统的论述，为汉王朝进行有效统治提供了足资借鉴的经验和教训，同时也因其包含着对事物变化发展规律的深刻体察，与马克思辩证唯物主义的基本原理基本符合，具有科学精神，对于社会实践有着较为普遍的指导意义，因而直到现在仍具有不可忽视的价值。

第二章 文化研究与董仲舒思想

第一节 文化研究的基本维度与理论品格

一、文化研究的基本维度

文化研究是对人类社会和文明的理解和探索。在研究文化时，可以从多个维度进行分析和讨论，以深入了解文化的本质和影响。

（一）历史维度

历史维度是文化研究的基本维度之一。它关注文化的演变和发展过程，以及历史时期对文化的塑造和影响。在董仲舒生活时代的文化研究中，历史维度可以考察西汉时期的文化特点、社会环境和思想观念，揭示当时文化的背景和脉络。

1. 历史维度的重要性

历史维度是文化研究中至关重要的维度之一。通过对文化的历史发展进行深入探究，我们能够了解文化的形成、演变和传承的过程，揭示文化的根源和影响因素。对于董仲舒生活时代的文化研究来说，历史维度具有重要的意义，可以帮助我们深入了解西汉时期的文化特点和社会环境，为理解董仲舒思想的产生背景提供重要线索。

2. 西汉时期的文化特点

西汉时期是中国历史上一个重要的文化时期，它对中国文化的发展和演变产生了深远的影响。在西汉时期，由于中央集权的统治和社会的相对稳定，文化繁荣和学术研究得到了一定程度的支持和发展。以下是西汉时期文化的几个重要特点：

（1）儒家思想的兴起

西汉时期，儒家思想得到了相对的崛起和传承。儒家经典成为统治阶级施行教育的重要内容，儒家学者在政治、教育和礼仪等领域发挥着重要作用。儒家思想注重个人修养和道德行为，强调人与人之间的伦理关系和社会秩序。董仲舒作为儒家思想家，深受儒家传统的影响，他的思想也在这一时期得到了发展和传承。

（2）多元思想的交流与辩论

西汉时期涌现了多种思想流派，如法家、墨家、道家等。这些思想流派之间进行了积极的交流与辩论，推动了学术思潮的多样化和发展。董仲舒作为一位儒家思想家，积极参与了与其他学派的对话和争论，吸取了不同思想流派的观点得到启发，进一步丰富了自己的思想体系。

（3）社会制度和政治变革

西汉时期出现了一系列重要的社会制度和政治变革。例如，均田制的推行使农民的土地权益得到保护，促进了农业的发展和社会的稳定。同时，西汉时期也进行了一系列的政治改革，如推行县制和官僚体制等，对社会结构和政治体制产生了深远的影响。这些社会制度和政治变革对于当时的文化氛围和人们的思想观念产生了重要的影响，为董仲舒的思想发展提供了社会背景和现实基础。

（4）文化交流与融合

西汉时期，中国与周边地区的文化交流日益频繁。例如，与西域的丝绸之路贸易促进了中西文化的交流与融合。此外，西汉时期也积极对外扩展，将汉文化传播到朝鲜半岛和越南地区。这种文化交流与融合促进了文化的多元化和创新，为董仲舒思想的发展提供了更广阔的视野和更深远的影响。

3.董仲舒思想与西汉时期文化的关系

董仲舒作为西汉时期的儒家思想家，其思想与当时的文化紧密相关。他深受儒家传统的影响，对儒家经典进行了深入研究和解读。同时，董仲舒的思想也在时代的文化背景下得到了发展和完善。

首先，董仲舒的思想与儒家思想的核心价值观相契合。儒家注重个人修养和道德行为，强调人与人之间的伦理关系和社会秩序。董仲舒在其思想中强调德行的培养和人性的善良本质，提倡以德治国。这与当时儒家强调人伦道德、社会秩序和礼仪观念的文化背景相契合，使得他的思想在当时的社会环境中得到了理论和实践的支持。

其次，董仲舒的思想也受到其他思想流派的影响。西汉时期出现了多种思想流派，如法家、墨家、道家等。董仲舒积极参与了与其他学派的辩论和争论，吸取了不同思想流派的观点和启发。这种学术对话与思想碰撞为他的思想发展提供了新的思路和视野。

再次，董仲舒的思想也受到当时社会制度和政治变革的影响。西汉时期进行了一系列的社会制度和政治改革，如均田制的推行和县制的实施。这些变革对社会结构和政治体制产生了深远的影响，为董仲舒思想的发展提供了社会背景和现实基础。他的思想关注社会的稳定和人民的福祉，提出以德治国的理念，通过教育和修养来促进社会的繁荣和人民的幸福，与当时社会制度和政治变革的目标相契合。

最后，董仲舒的思想也受到文化交流与融合的影响。在西汉时期，中国与周边地区的文化交流日益频繁，例如与西域的丝绸之路贸易以及与朝鲜半岛和越南地区的文化交流。这种文化交流与融合促进了文化的多元化和创新，为董仲舒思想的发展提供了更广阔的视野。他的思想可以被看作是在这种文化交流与融合的背景下形成的，吸收了不同文化的元素，从而呈现出独特的特点。

总结起来，董仲舒思想与西汉时期的文化紧密相关。他的思想与儒家思想的核心价值观相契合，受到当时的社会制度和政治变革的影响，同时也受到其他思想流派的启发。此外，文化交流与融合也为他的思想发展提供了更广阔的视野。通过深入研究西汉时期的文化背景和董仲舒思想的交互关系，我们能够更好地理解他的思想观点和对当时社会的贡献。

（二）思想维度

思想维度是文化研究的关键维度之一。它探讨人们的思维方式、观念和信仰体系，以及思想对文化的塑造和传播的作用。在研究董仲舒思想时，可以分析他的哲学思想、伦理观念和政治理念，以及他对儒家思想的发展和传承的贡献。

1.思想维度在文化研究中的重要性

思想维度是文化研究中至关重要的维度之一。通过探究人们的思维方式、观念和信仰体系，我们可以深入了解文化的根源、核心价值和影响因素。思想对于文化的塑造和传播起着重要的作用，它是人类行为和社会组织的基石。在研究董仲舒思想时，思想维度可以帮助我们理解他的哲学思想、伦理观念和政治理念，以及他对儒家思想的发展和传承的贡献。

2.董仲舒思想的哲学思维

董仲舒的思想可以被视为一种哲学思维的表达。他通过深入的思考和推理，探索人类存在和行为的意义，追求智慧和真理。他关注人类的本性和道德，以及个体与社会的关系。

董仲舒提出的观点主要集中在以下几个方面：第一，人性善良。董仲舒相信人性的本质是善良的。他认为每个人天生都具备善良的潜力，但需要通过教育和修养来发展和实现。他强调人性的善良本质是实现社会和谐的基础，倡导培养人的德行和品质。第二，德治理国。董仲舒主张以德治国，他认为国家的稳定和繁荣需要依靠君主的德行和品质，以及他所建立的道德秩序。他提倡君主以身作则，通过德行和仁爱来影响和引导民众。他强调君主应以仁爱、礼仪和正义来治理国家，以达到社会和谐与共荣。第三，社会伦理。董仲舒关注社会伦理关系的建立和维护。他认为个体应该遵循社会规范和道德准则，尊重他人的权益和尊严。他提倡建立和谐的人际关系和社会秩序，强调人与人之间的互动和关爱。

3.董仲舒思想对儒家的发展和传承

董仲舒是儒家思想的重要代表之一，他对儒家思想的发展和传承做出了重要贡献。他在儒家学说的基础上进行了深入的研究和思考，提出了一系列独特的观点，为儒家思想注入了新的活力和内涵。

第一，董仲舒对儒家经典的解读和理解起到了重要作用。他对《尚书》《礼记》等儒家经典进行了深入研究，从中提炼出儒家思想的核心要义。他强调了仁爱和礼仪的重要性，将其作为治国安邦的基本原则。他提出了"兴汉复古"和"罢黜百家，独尊儒术"的思想主张，主张以儒家思想为国家治理的核心，对当时的社会产生了深远的影响。

第二，董仲舒对儒家思想进行了扩展和发展。他提出了"天人合一"的思想，强调天命和人事的关系。他认为君主应当遵循天命，实施仁政，以达到社会的和谐与稳定。他还对儒家的礼仪制度进行了改革，提倡恢复古代礼仪，强调个体的修养和道德规范，为儒家思想的实践提供了新的方向和方法。

第三，董仲舒对儒家的政治理念进行了进一步的思考和拓展。他主张君主应当依靠贤能之士来辅佐治国。他强调君主应当以德治国，注重道德修养和品德养成。他的政治思想对于当时政治体制的改革和完善起到了积极的推动作用。

总之，董仲舒的思想对儒家思想的发展和传承产生了深远影响。他通过对儒家经典的解读和理解，对儒家思想进行了扩展和发展，为儒家思想注入了新的内涵。他的思想对当时的政治体制、社会伦理和个体修养产生了积极的影响，也为后来儒家思想的发展奠定了基础。通过对董仲舒思想的研究，我们可以更好地理解儒家思想的演变和儒学的发展轨迹，揭示董仲舒思想在其中的独特地位和杰出贡献。

（三）社会维度

社会维度考察文化与社会的关系和相互作用。它研究文化在社会中的功能和意义，以及社会结构和制度对文化的塑造和影响。在董仲舒思想的研究中，可以探讨他的思想对当时社会秩序、政治制度和道德准则的影响，以及他的思想如何应对社会变革和挑战。

1. 社会维度在文化研究中的重要性

社会维度是文化研究中不可或缺的维度之一。它关注文化与社会之间的相互作用和关系，研究文化在社会中的功能、意义和影响。通过社会维度的分析，我们可以深入理解文化在社会结构、制度和价值观念中的扮演角色，揭示文化与社会的相互影响与塑造过程。在研究董仲舒思想时，社会维度的应用可以帮助我们探讨他的思想对当时社会秩序、政治制度和道德准则的影响，以及他的思想如何应对社会变革和挑战。

2. 董仲舒思想对当时社会秩序的影响

董仲舒的思想对当时的社会秩序产生了积极的影响。西汉时期，社会秩序相对稳定，但仍面临着一些问题和挑战。董仲舒的思想为维护社会秩序的稳定提供了指导原则和理论支持。

首先，董仲舒强调了君主的德行和品质对于社会秩序的重要性。他主张君主应以德治国，以身作则，成为民众的楷模。他认为君主的道德高尚和行为规范能够影响和引导民众的行为，维护社会的道德秩序。董仲舒的这一观点对于当时社会的稳定起到了重要作用。

其次，董仲舒主张君主应当依靠贤能之士来辅佐治国。他强调君主应聚贤纳谏，借助贤能之士的才能和智慧来处理政务和决策。这样的政治体制能够实现权力的制衡和合理分配，有助于维护社会秩序和减少内外部的动荡和冲突。

3. 董仲舒思想对当时政治制度的影响

董仲舒的思想对当时的政治制度产生了重要的影响。西汉时期，政治制度的改革是推动社会发展和稳定的重要一环，董仲舒的思想为政治制度的改革提供了理论基础和指导原则。

第一，董仲舒强调了君主的责任和使命。他认为君主应当以德治国，依靠仁爱和道德准则来引导统治。这与当时的中央集权制度相契合，强调君主的德行对于国家治理的重要性。董仲舒提出的"天人合一"的观念，认为君主应顺应天命，实施仁政，以达到社会的和谐与稳定。这一思想对于当时政治制度的稳定和君主权威的确立具有重要的意义。

第二，董仲舒主张君主应当依靠贤能之士来辅佐治国。他认为君主应该聚贤纳谏，充分利用贤能之士的才能和智慧，以实现有效的政府管理和决策制定。这一观念对于建立合理的权力分配和行政机构的完善起到了推动作用，为当时政治制度的改革提供了重要的思想支持。

第三，董仲舒强调了君主的政策应当以民众的利益为出发点。他主张君主应当关心民众的疾苦，尊重民众的权益，实施仁政以造福百姓。这一观念对于当时政治制度的发展具有重要的指导意义，促进了君主与民众之间的紧密联系和政治稳定。

总之，董仲舒的思想对当时社会秩序和政治制度产生了积极的影响。他的观点强调君主的德行和品质、权力的合理分配以及以民众利益为出发点的治国理念，为社会的稳定和政治制度的改革提供了重要的思想支持和指导原则。通过社会维度的分析，我们能够更好地理解董仲舒思想在当时社会背景下的产生和发展，揭示其对社会秩序和政治制度的影响和意义。

（四）文学艺术维度

文学艺术维度关注文化表达和传播的方式，以及文学作品和艺术作品对文化的表征和塑造的作用。在研究董仲舒时代的文化时，可以分析当时的文学作品、历史记载和艺术品，探究它们对当时文化氛围和思想观念的反映和影响。

1. 文学艺术维度在文化研究中的重要性

文学艺术维度是文化研究中不可或缺的重要维度之一。它关注文化通过文学作品、历史记载和艺术品等形式的表达和传播。文学作品和艺术作品不仅是文化的表征，也是文化对社会的塑造和影响的重要媒介。在研究董仲舒时代的文化时，通过文学艺术维度的分析，我们可以深入了解当时的文学创作、历史记载和艺术作品，揭示它们对当时文化氛围和思想观念的反映和影响。

2. 当时的文学作品和历史记载

董仲舒生活的西汉时期是中国古代文学发展的重要时期之一。在当时的文学作品中，我们可以看到对当时社会和文化情景的描绘和反映，其中最具代表性的是《楚辞》和《汉赋》两个流派的作品。

《楚辞》是西汉时期的一部重要文学作品集，其中包括了大量的诗歌、赋和辞章等形式。这些作品多以个人情感、民族精神和社会现实为主题，以鲜明的形象、动人的辞藻和深远的意境展现了当时人们的思想感情和审美追求。董仲舒对于《楚辞》的赏析和研究有着重要的贡献，他认为《楚辞》具有表达个人感情和塑造民族精神的重要作用，为他的思想提供了文学的支持和证据。

《汉赋》是西汉时期独特的文学形式，它以散文体式表达对具体事物的描写和赞美。《汉赋》在形式和内容上与《楚辞》有所不同，它更注重对社会政治、历史事件和文化风貌的描绘。通过对《汉赋》的研究，我们可以了解当时社会的政治形势、社会生活和文化氛围，揭示董仲舒思想所处的时代背景和文化脉络。

此外，还有一些历史记载和史书也为董仲舒时代的文化研究提供了重要线索。例如，史书《史记》中记载了西汉时期的历史事件、君主治理和社会风貌，对研究当时的文化背景和社会制度提供了重要参考。同时，一些史诗、史传和古籍中也包含了对当时社会和文化的描述和记录，这些文献资料为我们了解董仲舒时代的文化提供了珍贵的信息。

3.艺术作品对当时文化的影响和反映

艺术作品在文化研究中具有重要的意义，它们以独特的形式和视角表达了当时的文化观念、审美价值和艺术追求。在董仲舒时代的文化研究中，我们可以通过分析当时的艺术作品，如绘画、雕塑、器物和建筑等，来探究它们对当时文化的影响。

绘画艺术在西汉时期得到了较为广泛的发展，绘画作品多以人物、山水和动物等为主题。通过绘画作品，我们可以了解当时人们对于美的追求、自然景观的表达和社会观念的反映。例如，绘画作品中的山水意境和人物形象可以揭示董仲舒时代的审美观念和人文关怀。

雕塑和器物也是当时文化的重要表现形式。雕塑作品通过立体的形式表达人物形象和神话传说，呈现了当时的艺术风格和技艺水平。器物则反映了当时的生活方式、工艺技术和审美取向。通过对这些艺术作品的研究，我们可以深入了解董仲舒时代的文化生活、社会风尚和思想观念。

建筑艺术也是文化研究中重要的一环。董仲舒时代的建筑作品如宫殿、陵墓和祭祀场所等，展现了当时社会的政治权力、宗教信仰和文化价值。通过对建筑风格、结构布局和装饰艺术的分析，我们可以揭示董仲舒时代的社会结构、政治制度和宗教思想。

总结起来，文学艺术维度在研究董仲舒时代的文化中起到了重要的作用。通过文学作品和历史记载，我们可以了解当时社会的政治状况、社会风貌和文化价值观念。而艺术作品则通过独特的表现形式和艺术手法，展现了当时的审美追求、文化观念和社会意识。

（五）跨文化维度

跨文化维度考察文化之间的相互影响和交流。它研究不同文化之间的接触、交流和融合，以及文化间的异同和互动。在董仲舒时代的文化研究中，可以比较西汉时期的文化与其他文化，如东汉、西汉以及其他古代文明的文化，探讨它们之间的共通性和差异性，以及它们对董仲舒思想的影响。

1. 跨文化维度在文化研究中的重要性

跨文化维度是文化研究中不可或缺的重要维度之一。它关注不同文化之间的接触、交流与融合，研究文化间的异同和相互影响。在全球化时代，跨文化维度对于理解文化的多样性、文化交流的意义以及文化变迁的动力具有重要意义。在研究董仲舒时代的文化时，通过跨文化维度的分析，我们可以比较西汉时期的文化与其他文化，探讨它们之间的共通性和差异性，以及它们对董仲舒思想的影响。

2. 西汉时期文化与其他文化的比较

在研究董仲舒时代的文化时，我们可以比较西汉时期的文化与其他文化，如东汉、西汉以及其他古代文明的文化。通过跨文化维度的分析，可以揭示文化间的共通性和差异性，以及文化之间的相互影响。

首先，我们可以比较西汉时期文化与东汉时期文化。西汉和东汉是中国历史上连续的两个时期，它们之间存在着文化的延续和变迁。通过比较两个时期的文化特点和社会环境，我们可以了解西汉时期文化的影响和东汉时期文化的发展。例如，西汉时期儒家思想的兴起对于东汉时期儒学的发展起到了重要的影响，东汉时期的文化思潮也在一定程度上继承和发展了西汉时期的文化传统。

其次，我们还可以比较西汉文化与其他古代文明的文化。古代文明如埃及、希腊、罗马等都有着独特的文化传统和发展轨迹，通过比较西汉文化与这些古代文明的文化，我们可以揭示它们之间的异同和相互影响。例如，希腊的哲学思想对于西汉时期的儒家思想产生了一定的影响，罗马的政治制度和法律观念也对西汉时期的社会制度产生了一定的影响。通过跨文化比较，我们可以更全面地了解西汉时期文化的特点和演变。

3. 西汉时期文化与其他文化的影响和互动

在研究董仲舒时代的文化时，跨文化维度的应用可以帮助我们探讨西汉时期文化与其他文化之间的影响和互动。这种比较和交流有助于我们理解文化的多样性和相互渗透。

其一，可以比较西汉时期的儒家思想与其他文化的思想体系。儒家思想是中国传统文化的重要组成部分，对西汉时期的社会和思想具有深远影响。通过与其他文化的比较，我们可以了解儒家思想与其他思想体系的异同并相互借鉴。例如，希腊的哲学思想和印度的佛教思想对西汉时期的儒家思想产生了一定的影响，这种跨文化交流促进了思想的发展和变革。

其二，可以比较西汉时期的艺术形式与其他文化的艺术表达。艺术作品是文化传播和表达的重要方式之一。通过比较西汉时期的绘画、雕塑和建筑艺术与其他文化的艺术形式，我们可以揭示它们之间的相似性和差异性，以及相互影响的程度。例如，西汉时期的绘画艺术受到了希腊绘画的影响，这种跨文化交流丰富了绘画技巧和题材选择。

其三，可以比较西汉时期的社会制度与其他文化的制度模式。社会制度是文化的重要组成部分，它涉及政治、经济、法律等方面。通过比较西汉时期的政治制度、社会结构和法律观念与其他文化的制度模式，我们可以了解它们之间的相似性和差异性，以及相互借鉴和影响。例如，罗马的政治制度对西汉时期的政治改革产生了一定的影响，这种跨文化交流推动了政治制度的发展和演变。

总结起来，跨文化维度在研究董仲舒时代的文化中起到了重要的作用。通过比较西汉时期的文化与其他文化，我们可以深入了解文化的共通性和差异性，揭示文化之间的相互影响和互动。这种跨文化比较不仅有助于我们理解董仲舒时代的文化特点和思想观念，还能够提供更广阔的视野，促进文化交流和对话，推动文化的创新和发展。

二、文化研究的理论品格

文化研究的理论品格可以分为以下几个方面。

（一）学科交叉性

文化研究是一门交叉学科，涉及人类学、社会学、历史学、文学、艺术等多个学科领域。它借鉴不同学科的理论和方法，以多维度、多角度的方式探讨文化的本质和意义。文化研究的交叉性使其能够综合多种视角，深入探索文化的复杂性和多样性。以下是一些具体的学科与其对文化研究的贡献。

1. 人类学

人类学研究人类的文化行为、社会组织和文化变迁。在文化研究中，人类学提供了对文化的深入理解和解释的框架。人类学家通过实地调查、田野研究和参与观察等方法，深入了解不同文化群体的生活方式、价值观念和习俗，揭示文化的内涵和演变过程。

2. 社会学

社会学关注社会结构、社会关系和社会变迁，对文化的社会背景和社会影响进行研究。社会学家通过社会调查、统计分析和理论构建等方法，揭示文化与社会结构、权力关系和社会不平等的关系。社会学为文化研究提供了社会视角和社会动力的解释。

3. 历史学

历史学研究人类社会的过去，对文化的演变和发展进行考察。历史学家通过文献研究、史料分析和历史比较等方法，还原过去的文化场景和文化变迁的轨迹。历史学为文化研究提供了时间维度的观察和历史背景的解读。

4. 文学研究

文学研究关注文学作品的创作、风格和意义，对文化的表达和传播进行探讨。文学研究家通过文本分析、批评理论和文学史研究等方法，揭示文学作品对社会、历史和文化的反映和影响。文学研究提供了对文化符号和象征的理解和解读。

5.艺术研究

艺术研究关注艺术作品的创作、风格和艺术观念，对文化的审美表达进行研究。艺术研究家通过艺术品分析、艺术史研究和美学理论等方法，揭示艺术作品对文化的表征和塑造的作用。艺术研究提供了对文化意象和艺术创作的理解和解读。

通过学科交叉性，文化研究能够从不同学科的视角和方法中受益，并且能够更全面地理解和解释文化现象。

（二）反思性与批判性

文化研究具有反思性和批判性的品格。它关注文化的产生、演变和影响，对文化现象进行深入思考和分析。文化研究倡导批判性思维，质疑常规观念和固有偏见，挑战权力结构和社会不平等。通过批判性分析，文化研究能够揭示文化中的权力关系、意识形态和隐含的偏见。

1.反思性

文化研究具有反思性的品格，意味着它对文化现象进行深入思考和反思。这种反思性表现在以下几个方面。

（1）对文化的产生和演变的思考

文化研究关注文化的起源、形成和发展，通过对文化演变的历史追溯和理论探索，揭示文化现象的根源和动态。反思性要求研究者思考文化的多样性和变化过程，以及文化与社会、历史、环境等因素之间的相互作用。

（2）对文化现象的解释和解读的思考

文化研究关注文化符号、象征和意义的解释和理解。研究者通过对文化现象的深入分析和解读，揭示其背后的意义和内涵。反思性要求研究者思考文化的多重解释和解读，挖掘文化现象的多层次意义和可能性。

（3）对文化的意义和价值的思考

文化研究关注文化对人类生活和社会意义的贡献。研究者通过反思性地思考，研究文化对身份认同、社会凝聚力和个体成长的作用。反思性要求研究者思考文化的社会功能和人文关怀，评估文化的积极和消极影响，推动社会对文化的认知和重视。

2.批判性

文化研究具有批判性的品格，意味着它质疑常规观念和固有偏见，挑战权力结构和社会不平等。这种批判性表现在以下几个方面。

（1）对权力关系和社会不平等的批判

文化研究关注文化与权力、社会阶层和社会不平等的关系。研究者通过批判性地分析，揭示文化中存在的权力结构、意识形态和社会排斥。批判性要求研究者挑战现有的社会结构和文化惯例，促进社会的公正和包容。

（2）对文化中的隐含偏见的批判

文化研究中的批判性要求研究者深入挖掘文化中隐含的偏见、刻板印象和歧视。研究者通过批判性地观察和分析，揭示文化中存在的性别偏见、种族偏见、阶级偏见等，以及这些偏见对个体和社会造成的影响。批判性要求研究者反思自身的观念和价值观，推动社会对偏见的认知和改变。

（3）对文化意识形态的批判

文化研究关注文化意识形态的构建和传播。研究者通过批判性地分析，揭示文化中存在的意识形态的操控和塑造，以及它们对个体和社会的影响。批判性要求研究者审视文化中的权力关系和意识形态的嵌入，挑战潜在的操纵和支配。

批判性和反思性相辅相成，共同构建了文化研究的理论品格。批判性的思考帮助研究者挖掘文化中的问题和挑战，促使社会思考和改变。反思性的思考帮助研究者深入理解文化的本质、意义和影响，并提出对文化的积极发展和社会进步的建议。通过反思性和批判性地研究，文化研究能够揭示文化的多样性、复杂性和潜力，为构建更包容、公正和具有人文关怀的社会做出贡献。

（三）深度与广度

文化研究追求对文化的深度理解和广度把握。它通过深入研究文化的内涵、符号、象征和意义，寻求文化的本质和根源。同时，文化研究也关注文化的广度，探索不同文化之间的联系和相互影响。文化研究通过对细微差异和普遍共通性的观察和分析，展示文化的多样性和复杂性。

1.深度研究

深度研究是文化研究追求的一项重要目标。它强调对文化内涵、符号、象征和意义的深入探索，以揭示文化的本质和根源。深度研究在以下几个方面具有重要意义。

（1）文化的内涵解读

深度研究关注文化背后的内在含义和深层逻辑。研究者通过对文化符号、象征和意义的解读，挖掘文化的深层次信息和象征系统。例如，对于一个文化的宗教信仰、价值观念或艺术作品，深度研究将注重其深层的哲学思考、道德观念或美学原则的解析，以获得更为深刻的理解。

（2）文化的历史考察

深度研究注重对文化演变和历史变迁的研究。通过深入研究文化的历史背景、发展过程和关键事件，研究者可以追溯文化形成的源起和演变的轨迹。深度研究将关注文化的时代性和历史性，以更好地理解文化现象的来龙去脉和发展趋势。

（3）文化的符号分析

深度研究通过对文化符号和象征的分析，揭示文化的意义和象征系统。研究者将关注文化符号的多义性、联想性和象征性，挖掘其中的隐喻和象征关联。深度研究注重对符号背后的文化意义和象征体系的解析，以理解文化的象征性表达和意识形态。

2.广度把握

广度把握是文化研究追求的另一个重要目标。它强调对不同文化之间的联系、相互影响和共通性的探索。广度把握在以下几个方面具有重要意义。

（1）跨文化比较

广度把握要求研究者进行跨文化比较，探索不同文化之间的异同和相互关系。通过比较不同文化，我们可以发现文化之间的共通性和差异性，从而更好地理解特定文化的特点和特色。跨文化比较还有助于揭示文化之间的相互影响和借鉴，推动文化的演变和交流。

（2）文化间的相互影响

广度把握要求研究者关注文化之间的相互影响和交流。文化并非孤立存在，而是通过交流和接触不断进行演变和变化的。研究者通过考察文化之间的相互借鉴、融合和冲突，揭示文化交流对文化的塑造和发展的影响。这种广度的视野能够帮助我们超越特定文化的边界，理解文化的多样性和复杂性。

（3）全球化时代的文化研究

在全球化时代，文化的交流和融合更加频繁和广泛。广度把握使我们能够关注全球范围内的文化现象和趋势，研究文化的全球性影响和共同面临的问题。通过跨越地域和文化的比较，我们能够理解全球文化的动态和变化，探索文化全球化对特定文化和社会的影响。

深度与广度是文化研究中不可或缺的两个维度。深度研究通过对文化的内涵、历史和符号的深入剖析，揭示文化的本质和意义。广度把握则强调对不同文化之间的联系和相互影响的探索，促进文化的多样性和全球性的理解。深度与广度相辅相成，共同贡献了对文化的全面认知和理解。

（四）路径多样性

文化研究的路径多样，允许不同的研究方法和途径。它既可以运用定性研究方法，如文本分析、田野调查和案例研究，深入理解文化现象和社会背景；也可以运用定量研究方法，如统计分析和实证研究，获取更广泛的数据和趋势。文化研究鼓励多元的研究方法和视角，以全面理解文化的复杂性和多样性。

1.定性研究方法

定性研究方法是文化研究中常用的一种方法，它注重对文化现象的深入理解和描述。定性研究方法包括文本分析、田野调查、案例研究等。通过分析文本、观察和实地调查访谈，研究者可以深入了解文化的符号、象征和意义，揭示文化的内涵和特点。定性研究方法适用于对个案的深入分析和特定文化现象的细致观察，能够提供具体而详尽的文化描绘。

2. 定量研究方法

定量研究方法是另一种常用的研究路径，它注重通过统计分析和实证研究来获取更广泛的数据和趋势。定量研究方法包括问卷调查、实验研究、统计分析等。通过收集大量的数据，研究者可以对文化现象进行量化分析，发现普遍规律和趋势，推断出普遍性的结论。定量研究方法适用于对大规模样本和广泛现象的研究，能够提供总体和普遍性的文化认知。

3. 混合研究方法

混合研究方法是结合定性和定量方法的一种研究路径。它旨在充分利用两种方法的优势，以获取更全面和综合的研究结果。混合研究方法可以先进行定性研究，深入理解文化现象和生成理论框架；然后再运用定量研究方法，统计分析验证和补充定性研究的结果。混合研究方法使研究者能够在深度和广度之间找到平衡，提供全面的文化分析和解释。

4. 跨学科研究

文化研究还鼓励跨学科的研究方法和视角。研究者可以借鉴不同学科的理论和方法，如人类学、社会学、历史学、文学、艺术等，以多维度、多角度的方式来探索文化现象。跨学科研究能够综合不同学科的知识和方法，拓宽研究的视野，促进对文化的全面理解。例如，人类学提供了对文化行为和社会组织的深入观察和田野调查方法；社会学关注文化与社会结构、权力关系的关联，注重运用调查和统计分析等方法；历史学研究文化的演变和历史背景，通过文献研究和比较分析揭示文化的时代性和历史性；文学和艺术研究关注文化的艺术表达和文学作品的意义，注重运用文本分析和批评理论等方法。

文化研究的路径多样性允许研究者根据研究问题和目标选择合适的研究方法和途径。不同的方法和途径能够提供不同的视角和深度，帮助研究者获得更全面和准确的文化认知。此外，路径多样性还鼓励创新和多元性的研究方式，促进学术界的交流与合作。研究者可以借鉴和结合不同的方法，形成独特的研究设计和视角，为文化研究领域的发展和进步做出贡献。

总而言之，文化研究的路径多样性反映了研究者在追求对文化的全面理解时的灵活性和多元性。不同的方法和途径可以提供深度和广度的探索，帮助研究者揭示文化的内涵和特点，探索不同文化之间的联系和相互影响。通过跨学科研究和创新的研究方式，文化研究能够不断拓展其研究领域和深度，为我们对文化的理解提供更全面和丰富的视角。

（五）人文关怀与社会责任

文化研究强调对人类和社会的关怀与责任。它关注人类的文化认同、社会认知和生活经验，探索文化对人类的塑造和影响。文化研究承担着推动社会变革和促进社会公正的使命。它通过深入研究和批判性思考，揭示文化中的权力关系、社会不平等和歧视现象，促进社会的包容性和多元性。文化研究也关注文化保护和传承，致力于保护和弘扬多样的文化遗产，维护文化的多样性和人类的共同文化权益。

1. 人文关怀

文化研究强调对人类的关怀，它关注人类的文化认同、社会认知和生活经验。人文关怀表现在以下几个方面。

（1）人类的文化认同

文化研究关注人类的文化认同，即个体和群体对自身所属文化的认同和认知。它探索人们对文化符号、价值观念和传统习俗的理解和重视。通过研究文化认同，关心和尊重不同文化的多样性和独特性，推动人们对自身和其他文化的尊重和理解。

（2）社会认知和互动

文化研究关注社会的认知和互动，即人们对社会结构、权力关系和社会规范的认知和反思。它揭示社会认知的文化背景和社会意义，促进对社会结构和社会不平等的理解和关注。文化研究倡导批判性思维，帮助人们认识社会中存在的偏见、歧视和不平等现象，并提倡公正、平等和包容的社会关系。

（3）生活经验的探索

文化研究关注人类的生活经验，即个体和群体在特定文化背景下的日常生活和体验。它深入探索人们在文化环境中的生活方式、价值观念和行为规范，理解人类的感知、情感和行动。文化研究通过对生活经验的关注和解读，关怀人们的生活质量和幸福感，为改善人类生活和社会关系提供启示。

2. 社会责任

文化研究具有社会责任意识，它致力于推动社会变革和社会公正。社会责任表现在以下几个方面。

（1）揭示权力关系和社会不平等

文化研究通过深入研究和批判性思考，揭示文化中存在的权力关系、社会不平等和歧视现象。它关注社会中存在的社会阶层、性别差异、种族歧视、身份认同等问题，提醒人们对这些问题的关注和反思。文化研究通过批判性地分析，揭示社会中的不平等和歧视现象，促进社会的包容性和公正性。

（2）推动社会变革和社会公正

文化研究肩负着推动社会变革和社会公正的责任。通过深入研究和批判性思考，文化研究呼吁对社会不平等和歧视进行反思和改变。它促进人们对社会结构和权力关系的认知，鼓励批判性思维，推动社会的公正、平等和包容。文化研究也致力于通过知识的传播和公众教育，引起社会对社会问题的关注，并促进社会政策和实践的变革。

（3）文化保护和传承

文化研究关注文化的保护和传承，致力于维护和弘扬多样的文化遗产，维护文化的多样性和人类的共同文化权益。文化研究通过对文化遗产的研究和保护，保护和传承人类的文化传统和历史记忆。它关注文化的多样性和独特性，呼吁对文化遗产的保护和尊重，推动文化的可持续发展和创造性表达。

人文关怀与社会责任是文化研究的重要品格。通过关注人类的文化认同、社会认知和生活经验，文化研究体现了对人类的关怀。同时，通过揭示权力关系和社会不平等，推动社会变革和社会公正，文化研究承担起社会责任。它通过文化保护和传承，致力于维护和弘扬多样的文化遗产，维护文化的多样性和人类的共同文化权益。文化研究通过深入研究和批判性思考，引起人们对文化和社会的关注，为构建一个更加包容、公正和富有活力的社会做出贡献。

（六）开放性与创新性

文化研究具有开放性和创新性的品格。它不断吸纳新的观点、理论和方法，与时俱进，开拓新的研究领域。文化研究鼓励跨学科的合作与交流，推动新的理论框架和研究范式的出现。通过创新性的研究方法和思维方式，文化研究能够应对文化的变革和全球化带来的挑战，为理解和解释当代文化现象提供新的视角和解释框架。

1.开放性

文化研究具有开放性的品格，意味着它对新观点、理论和方法持开放态度，不拘泥于传统和固有的思维方式。开放性在文化研究中具有以下意义。

（1）吸纳多元观点

开放性鼓励研究者从不同的学科和文化视角出发，吸纳多元的观点和理论，以获得更全面和多样化的认知。文化研究不仅局限于单一的学科范畴，而是借鉴人类学、社会学、历史学、文学、艺术等多个学科的理论和方法，丰富了对文化现象的理解。

（2）跨学科合作与交流

开放性促进了跨学科的合作与交流，推动不同学科领域之间的互动和碰撞。文化研究鼓励学者们跨越学科边界，进行跨学科的研究，通过学科交叉的方式提供更全面的文化分析。跨学科的合作和交流有助于推动新的理论框架的形成和研究范式的创新。

（3）对多样性的认可

开放性使文化研究能够关注和认可不同文化的多样性。文化研究重视对不同文化的尊重和理解，倡导对多样性的包容和认可。开放性的态度使研究者能够超越自身的文化背景和偏见，真正体验和理解其他文化的特点和价值，丰富了对文化多样性的理解。

2.创新性

文化研究具有创新性的品格，意味着它积极探索新的研究领域和方法，不断开拓新的研究前沿。创新性在文化研究中具有以下意义。

（1）新颖的研究方法

创新性鼓励研究者采用新颖的研究方法和技术，以应对文化研究中的挑战和问题。随着科技的发展，文化研究可以运用数字人文、计算机模拟仿生、网络分析、数据挖掘等先进技术，挖掘文化数据的深层信息和模式，为文化研究提供新的研究路径和视角。

（2）新兴研究领域的探索

创新性鼓励研究者在新兴的研究领域进行探索和实践。例如，随着全球化的进程，跨文化研究、移民文化研究、数字文化研究等成为新兴的研究领域。文化研究通过开展对这些领域的深入研究，为理解当代文化现象和全球文化交流提供新的视角和解释框架。

（3）理论创新

创新性鼓励研究者提出新的理论框架和概念，以推动文化研究的发展。通过思辨和反思，研究者能够提出新的理论模型和概念工具，用于解释文化现象和思考文化变迁。这些新的理论框架和概念有助于拓展文化研究的范围和深度，推动研究的创新和进步。

（4）跨界合作与实践

创新性鼓励文化研究与其他领域的跨界合作与实践，创造新的研究模式和实践范式。例如，与艺术家、社区组织、政策制定者等合作，开展社会参与型研究，将研究成果应用于社会实践和政策推动，以促进社会变革和文化保护。这种跨界合作和实践能够使文化研究更加贴近实际问题，产生具有实践意义的创新成果。

文化研究的理论品格体现在学科交叉性、反思性与批判性、深度与广度、路径多样性、人文关怀与社会责任以及开放性与创新性等方面。这些品格共同构成了文化研究的基本特征，为我们理解和解释文化现象提供了理论基础和方法支持。

第二节 董仲舒思想的文化属性

董仲舒思想的文化属性分析

董仲舒的思想具有丰富的文化属性，可以从以下几个方面进行详细阐述。

（一）对传统文化的尊重与传承

董仲舒在儒家传统的基础上进行了深入研究和思考，对儒家经典进行了精细的解读和解释。他尤其注重对《尚书》《礼记》和《春秋》等经典著作的研究，认为这些经典包含了中国传统文化的智慧和价值观。董仲舒重视传统文化的传承与弘扬，主张通过学习和研究经典，深入理解传统文化的精髓，从而指导个人和社会的行为和发展。

1. 经典研究的重要性

董仲舒非常重视对儒家经典的研究，特别是对《尚书》《礼记》和《春秋》等经典的深入解读。他认为这些经典包含了中国传统文化的智慧和价值观，是理解和传承传统文化的重要依据。董仲舒通过对经典的研究，挖掘其中的哲学思想、道德原则和社会规范，以发掘传统文化的真正内涵和精髓。他倡导通过学习和研究经典，深入理解其中的智慧，将其应用于实际生活和社会治理中。

2. 对经典文化的解读和解释

董仲舒以其卓越的学识和思考能力，对经典文化进行了深入的解读和解释。他通过对经典的详细分析，从中抽取出智慧和价值观，并将其与当时的社会现实相结合。董仲舒认为经典中蕴含着博大精深的文化传统，可以为个人和社会的发展提供重要的借鉴和指导。他注重将经典的理念与实际问题相结合，使其能够更好地适应时代的需求，并在社会中发挥实际作用。

3. 传统文化的价值和意义

董仲舒对传统文化的价值和意义有着深刻的认识。他认为传统文化承载着历史的记忆和民族的智慧，是民族精神和文化传承的重要载体。传统文化蕴含着深厚的道德、伦理和礼仪观念，具有塑造个体品质和社会凝聚力的重要作用。董仲舒强调传统文化对于个人修身、家庭和社会治理的重要性，认为只有通过传承和弘扬传统文化的智慧，才能实现社会的和谐与进步。

4. 传统文化的传承与弘扬

董仲舒主张通过学习和研究传统文化，深入理解其中的价值观和道德原则，并将其应用于个人和社会的实际生活中。他认为传统文化的传承和弘扬是保持民族精神和文化特色的重要方式，也是维系社会稳定和凝聚力的关键。董仲舒通过在儒家传统基础上的创新思维，注重将传统文化与时代的发展相结合，使传统文化焕发出新的活力和生命力。他认为只有通过传承和弘扬传统文化，才能实现社会的文化繁荣和民族的精神追求。

5. 传统文化与社会治理的关系

董仲舒强调传统文化在社会治理中的重要作用。他主张通过传统文化的教育和引导，培养人们的道德品质和行为规范，从而实现社会的和谐与稳定。董仲舒认为个人修身、家庭和社会治理的基础在于传统文化的价值观和道德原则。他强调传统文化对于培养人的品德和道德意识的重要性，以及传统文化在塑造社会公德和社会规范方面的作用。

董仲舒作为一位思想家和政治家，对传统文化的尊重与传承有着深刻的认识和重要的贡献。他通过对经典的研究和解读，深入挖掘传统文化的智慧和价值观，注重将传统文化与时代的发展相结合，为社会治理和个人修身提供了重要的理论指导和思想支持。他的思想体现了对传统文化的尊重与传承的文化属性，为后世的文化传承和发展提供了重要的参考和启示。

（二）与时俱进的创新思维

尽管董仲舒重视传统文化的传承，但他并不僵化于传统，而是通过与时俱进的创新思维，将儒家思想与当时社会的实际需求相结合。他试图在儒家传统的基础上进行创新，提出了一系列新的理论观点，使儒家思想能够更好地适应社会现实和时代的要求。董仲舒的创新思维为后世的儒家学说的发展和演进奠定了基础。

1. 对传统的批判与反思

董仲舒并不盲目地崇拜和追随传统，而是对传统进行了批判性的反思。他认识到传统儒家学说在某些方面存在局限性和不足之处，并试图通过创新思维来解决这些问题。董仲舒深入研究儒家经典，挖掘其中的深层含义和核心原则，并在此基础上提出新的理论观点，以弥补传统思想的不足之处。他的思想在一定程度上对传统儒家学说进行了革新和改进。

2. 儒家思想与实际需求的结合

董仲舒试图将儒家思想与当时社会的实际需求相结合，使其更贴近社会现实和时代要求。他深入分析当时社会的政治、经济、文化状况，关注社会问题和人民的需求，以此为依据提出相应的理论观点。董仲舒主张儒家学说要与社会实践相结合，只有将儒家思想与实际需求相结合，才能发挥其实际作用和价值。他的创新思维使儒家思想得以与社会现实相结合，为时代的进步提供了理论支持和指导。

3. 开拓新的理论领域

董仲舒通过开拓新的理论领域，为儒家思想的发展开辟了新的道路。他不仅在经典研究的基础上进行了深入探索，还关注了其他学科领域的理论和知识，如天文学、音乐学等。董仲舒运用这些知识与儒家思想相结合，提出了一系列新的理论观点，拓展了儒家学说的领域。他通过创新思维和跨学科的研究方法，使儒家思想与其他学科产生了对话与融合，为儒家思想的发展注入了新的活力和动力。

4. 社会问题的关注与解决

董仲舒的创新思维不仅仅停留在理论层面，他也关注社会问题，并试图通过思考和提出新的观点来解决这些问题。他深入思考社会中存在的问题，如社会不平等、政治腐败、道德沦丧等，力图找到儒家思想在解决这些问题上的途径和方法。董仲舒主张通过道德教化、政治改革、教育提升等多方面的措施，促进社会的和谐与进步。他的创新思维使得儒家思想能够更好地回应社会问题和需求，为社会变革和进步提供了思想支持。

5. 教育的重要性和改革

董仲舒非常重视教育的作用，他认为教育是培养人才和塑造社会的重要途径。在与时俱进的创新思维下，他提出了一系列教育改革的观点。他主张通过改革教育制度、培养合格的教育者、推动教育内容的创新等方式，提升教育的质量和效果。董仲舒强调教育的终极目标是培养德才兼备的人才，使其能够为社会做出贡献。他的创新思维在教育领域提供了新的思路和方法，为后世的教育改革提供了借鉴和启示。

董仲舒思想的与时俱进的创新思维，为儒家思想的发展带来了新的思路和方向。他对传统的批判与反思、与社会现实的结合，对新的理论领域的开拓，对社会问题解决的关注以及对教育的重视与改革，都体现了他的创新思维。这一思维为后世的学者和思想家提供了启示，并使儒家思想在不断变革的社会中保持活力，为社会的进步和发展做出了重要的贡献。

（三）天人合一的宇宙观

董仲舒的思想中，最为著名的是他提出的"天人合一"和"天人感应"的宇宙观。他认为人与天地宇宙之间存在着内在的联系和相互影响。董仲舒强调人应当顺应自然法则，与天地万物保持和谐共生的关系。他认为人类可以通过修身养性、发展道德品质，达到与天地相通的境界，实现天人合一的和谐状态。这种宇宙观体现了董仲舒对人类与宇宙关系的深刻思考，强调了人与自然的互动和共生。

1. 董仲舒天人感应中关于天和人的理解

（1）关于"天"的理解

对"天"的解释和理解，是董仲舒哲学思想的重要部分。董仲舒将主宰之天、义理之天和自然之天的三重涵义全部统摄，将"天"视为一个十分含混的神学的总体性范畴概念。

在天的构成上，董仲舒讲："天、地、阴、阳、木、火、土、金、水九，与人而十者，天之数毕也""天有十端，十端而止矣。天为一端，地为一端，阴为一端，阳为一端，火为一端，金为一端，木为一端，水为一端，土为一端，人为一端，凡十端而毕，天之数也"。他认为"天"是由天、地、人、阴阳五行等十种因素构成的。

在天的地位上，董仲舒认为天是万物之始，为至上神。首先，他将"天"与宇宙万物建立起血缘伦理关系，把"天"看成是宇宙万物的母体和缔造者。他说，"天者万物之祖，万物非天不生""为生不能为人，为人者，天也。人之人本于天，天亦人之曾祖父也"。其次，天是神，而且是最大的神，所谓"天者百神之君也，王者之所最尊也"。

董仲舒又进一步把"天"这一至上神人格化，他说，"天之道，出阳为暖以生之，出阴为清以成之"，"天亦有喜怒之气，哀乐之心，与人相副，以类合之，天人一也"。所以这种以人为副本之"天"，是具有人的意志的自然天体。

（2）关于"人"的理解

董仲舒天人感应理论中的"人"特指"君"，成为一国之君的专用词，普通老百姓是不能与天发生感应的，只有皇帝才有这个特权。他说："《春秋》之法，以人随君，以君随天。"一方面是说，天子或皇帝，乃是百神之大君的天的代表，是天之所授，因而人们要服服帖帖地服从皇帝的统治，不可随意造反，否则，是违背天意的；另一方面则是说，天子或皇帝，作为天的代表，必须敬天保民，不可违天逆命，残贼百姓，否则，人民就会起来造反，而天也将会顺乎民心，改命他人为皇帝。

但人又是天生的，人与天相类，人是天之副，是"奉天气"的。他说："人之人本于天，天亦人之曾祖父也。此人之所以乃上类天也。人之形体，化天数而成；人之血气，化天志而仁；人之德行，化天理而义；人之好恶，化天之暖清；人之喜怒，化天之寒暑；人之受命，化天之四时。人生有喜怒哀乐之答，春秋冬夏之类也。喜，春之答也；怒，秋之答也；乐，夏之答也；哀，冬之答也。天之副在乎人。"因此，人的一切活动必须秉承天意。董仲舒又认为，人是与天地、阴阳、五行、四时、日月、山川等相并列的物质，而且是万物之本。他说："何谓本？曰：天地人，万物之本也。天生之，地养之，人成之。天生之以孝悌，地养之以衣食，人成之以礼乐，三者相为手足，合以成体，不可一无也。"

在董仲舒的天人感应理论体系中没有把人绝对地看作天的附属，极为注重人的主观能动性，视人高于万物、超乎群生并与天地媲美。他说："物旁折取天之阴阳以生活耳，而人乃烂然有其文理，是故凡物之形，莫不伏从旁折天地而行，人独题直立端尚，正正当之，是故所取天地少者旁折之，所取天地多者正当之，此见人之绝于物而参天地。"同时，进一步指出："以此见人之超然万物之上，而最为天下贵也。"

2. 董仲舒的天人感应思想

（1）五行学说

董仲舒在论证其天人感应神学目的论时抛弃了传统人格神的宗教观念，把唯物主义的阴阳五行学说纳入到他的天人感应轨道，构建了阴阳五行天人一体的宇宙图式。实则为借天说人或者称为借天说仁。董仲舒认为，宇宙由木、火、土、金、水五种不同的物质组成，他表述为："天有五行，一曰木，二曰火，三曰土，四曰金，五曰水。木，五行之始也；水，五行之终也；土，五行之中也。此其天次之序也。"董仲舒又把五行分别调配合适的时空位置，董仲舒认为，"木居左，金居右，火居前，水居后，土居中央"，具体言之，"木居东方而主春气，火居南方而主夏气，金居西方而主秋气，水居北方而主冬气，……土居中央，为之天润"。按照董仲舒的宇宙构成说，宇宙依五行被合理地安排，日月星辰、春夏秋冬、山河大地、鱼虫鸟兽皆依五行之性合理地运行生成。如果五行不失序，则人世间与自然界不会产生灾异现象。因此，人世间之灾与自然界之异均是五行失序所致。

董仲舒在《春秋繁露·治乱五行》一章专门论述了灾异产生的原因是破坏了合理的五行关系。他说："火干木，蛰虫早出，眩雷早行。土干木，胎夭卵毈，鸟虫多伤。金干木，有兵。水干木，春下霜。土干火，则多雷。金干火，草木夷。水干火，夏雹。木干火，则地动。金干土，则五谷伤，有殃。水干土，夏寒雨霜。木干土，倮虫不为。火干土，则大旱。水干金，则鱼不为。木干金，则草木再生。火干金，则草木秋荣。土干金，五谷不成。木干水，冬蛰不藏。土干水，则蛰虫冬出。火干水，则星坠。金干水，则冬大寒。"

五行通过"比相生"与"间相胜"这种相生相胜的关系构成了合理的宇宙关系。所谓"比相生"者，即"木生火，火生土，土生金，金生水，水生木"；所谓"间相胜"者，即"金胜木，水胜火，木胜土，火胜金，土胜水"。董仲舒认为五行相生是一种生成关系，五行相胜是一种变救关系。用五行来解释天时，天时便合乎"理性"而可被理解。不仅天时依五行的原则构成，人事也依五行构成。如木为春生之性宜以农为本，故应劝农事无夺农时；火为夏长之性宜选贤举能，故应赏有功封有德；土为养成之性宜循宫室之制，故当谨夫妇之别；金为秋收之性宜刑有罪，故宜伐无道以安集天下；水为冬藏之性宜敬四时之祭，故须与禘祫昭穆之序。如此，依五行解人事，人事亦合理而可理解。

董仲舒利用阴阳五行学说来体现天道，推出了天道有序的特征。他认为天的意志是"贵阳而贱阴"的，而阳为天之德，阴为天之刑，因此，天"任德不任刑"。他说：故至春，少阳东出就木与之俱生，至夏，太阳南出就火与之俱暖，此非各就其类而与之相起与？少阳就木，太阳就火，火木相称，各就其正，此非正其伦与？至于秋时，少阴，兴而不得以秋从金，从金而伤火功，虽不得已从金，亦以秋出于东方，俯其处而适其事，以成岁功，此非权与？……是故天之道有伦、有经、有权。

董仲舒又提出道（人道）之大，原出于天（天道），把五行相生关系引入人道的君臣伦理。天道与五行是一种有恒的秩序，即所谓："此其父子之序，相受而布，是故木受水，而火受木，土受火，金受土，水受金也。诸授之者，皆其父也；受之者，皆其子也。常因其父，以使其子，天之道也。是故木已生而火养之，金已死而水藏之，火乐木而养以阳，水克金而丧以阴，土之事火竭其忠。故五行者，乃孝子忠臣之行也。"这是董仲舒五行学说的根本所在。

（2）天人同类学说

天人同类说是董仲舒论证天人感应的两个重要论据（天人同类和同类互感）之一。董仲舒用五行学说说明了五行秩序破坏是灾异产生的根本原因，但是是什么导致了五行秩序的破坏呢？董仲舒通过他的天人相副、同类相应说给予了合理的解释。

对于"天人同类"，董仲舒解释说："为生不能为人，为人者，天也。人之人本于天，天亦人之曾祖父也。此人之所以乃上类天也。人之形体，化天数而成；人之血气，化天志而仁；人之德行，化天理而义；人之好恶，化天之暖清；人之喜怒，化天之寒暑；人之受命，化天之四时。人生有喜怒哀乐之答，春秋冬夏之类也。喜，春之答也；怒，秋之答也；乐，夏之答也；哀，冬之答也。天之副在乎人。"董仲舒还说："人亦十月而生，合于天数也。是故天道十月而成，人亦十月而成，合于天道也"，人是天按照自己的形象创造出来的。所以，人的形体结构、血气性情也必定与天有着许多相同或相似的地方，这被董仲舒称之为"人副天数"。人的形体结构就是天的模式的副本，"是故人之身，首坌而员，象天容也；发，象星辰也；耳目戾戾，象日月也；鼻口呼吸，象风气也；胸中达知，象神明也；腹胞实虚，象百物也""身犹天也，数与之相参，故命与之相连也。天以终岁之数，成人之身，故小节三百六十六，副日数也；大节十二分，副月数也；内有五藏，副五行数也；外有四肢，副四时数也"。不仅人的生理构造是天的模式的复制品，就连人的精神意志、道德属性也与天相同："乍视乍瞑，副昼夜也；乍刚乍柔，副冬夏也；乍哀乍乐，副阴阳也；心有计虑，副度数也；行有伦理，副天地也。此皆暗庸著身，与人俱生，比而偶之弁合，于其可数也，副数，不可数者，副类。皆当同而副天，一也。"他的一句"人之形体，化天数而成；人之血气，化天志而仁；人之德行，化天理而义；人之好恶，化天之暖清；人之喜怒，化天之寒暑；人之受命，化天之四时。人生有喜怒哀乐之答，春秋冬夏之类也"充分说明了其天人合一思想。因此"以类合之，天人一也"。

董仲舒还认为，人的性情也起源于天，或者说人的性情就是天的性情的外化："夫喜怒哀乐之法，与清暖寒暑，其实一贯也。喜气为暖而当春，怒气为清而当秋，乐气为太阳而当夏，哀气为太阴而当冬。四气者，天与人所同有也，非人所能蓄也。故可节而不可止也。"

（3）同类互感学说

董仲舒在继承了春秋战国时期用以解释自然现象的"同类相动"思维方法的基础上，为充分论证"天人感应"，总结出具有自身特色的同类互感学说。

董仲舒认为同类事物之间能够相互感应，并列举了生活中的具体事例。他说"今平地注水，去燥就湿；均薪施火，去湿就燥。百物去其所与异，而从其所与同。故气同则会，声比则应，其验嗷然也。试调琴瑟而错之，鼓其宫则他宫应之，鼓其商而他商应之，五音比而自鸣，非有神，其数然也。美事召美类，恶事召恶类，类之相应而起也，如马鸣则马应之，牛鸣则牛应之。帝王之将兴也，其美祥亦先见；其将亡也，妖孽亦先见，物故以类相召也。"既然根据这些现象说明了同类事物之间能够相互感应，但其内在的根据是什么？董仲舒认为事物之间的这种感应不是没有来由的，而是有其内在根据的。他说："故琴瑟报弹其宫，他宫自鸣而应之，此物之以类动者也，其动以声而无形，人不见其动之形，则谓之自鸣也。又互动无形，则谓之自然，其实非自然也，有使之然者矣。物固有实使之，其使之无形。"

由此他推断出宇宙中凡属于同类的事物都彼此共鸣或激励，能够影响同类的其他事物，即能够产生感应的结论。

（4）感应媒介气化学说

关于董仲舒所谈到的"气"，曾振宇老师在《天人衡中—〈春秋繁露〉与中国文化》一书中总结为：阴阳之气、四时之气、五行之气、自然现象之气、冷暖寒暑之气、血气、精神之气、伦理道德之气、治乱之气、精液之气、药物之气、气息等。总的来讲，阴阳之气是根本之气。董仲舒在总结早期阴阳思想的基础上提出了以阴阳二气为天人感应媒介的气化学说。

董仲舒认为天地之间充满"气"，他说："天地之间，有阴阳之气，常渐人者，若水常渐鱼也"。由此看来，天地宇宙唯气化而成，人生于天地之间，完全处在阴阳之气的包容中，就像鱼生活在水中一样；只是水有实物可见，而气化之宇宙澹然难见而已。在这一充满阴阳之气的宇宙中，人之气与天地宇宙之气相互流通，相互渗入，因而人之气会影响到整个天地宇宙之气。如果人之气是调和顺适的，此气与天地宇宙之气相肴，天地之化即美，祥瑞乃现；如果人之气邪乱乖谬，此气与天地宇宙之气相肴，天地之序即乱，灾异乃出。天人之间是通过阴阳之气来进行信息交流并相互感应的，也就是说，气是天人之间可感的媒介,天人之气以不同的形式相互产生灾异和祥瑞不同的结果。天人感应之迹虽无形而不可见,但气化宇宙中人天之气相肴却有因果关系可循。

（5）灾异谴告说

董仲舒认为,天人之气以不同的形式相肴产生灾异或祥瑞,而相肴的形式取决于统治者的执政行为。正如《春秋繁露·王道》所说:"王正则元气和顺、风雨时、景星见、黄龙下。"这就是"美事召美类,恶事召恶类"的必然结果。对于灾异的根源,他说:"凡灾异之本,尽生于国家之失。"天子违背了天意,不行仁义,天就出现灾异,进行警惧和谴告。《汉书·董仲舒传》中记载:"《春秋》之所讥,灾害之所加也;《春秋》之所恶,怪异之所施也。"董仲舒还说:"国家将有失道之败,而天乃先出灾害以谴告之,不知自省,又出怪异以警惧之。"在董仲舒看来"灾"和"异"是有区别的,他说:"天地之物有不常之变者,谓之异,小者谓之灾。灾常先至而异乃随之""灾者,天之谴也;异者,天之威也。谴之而不知,乃畏之以威"。由此看来:灾是事先的警告,代表天的告诫。如果在天地告诫之后,君主还不能施行仁政,异才出现,也就是说就会得到上天的惩罚。

因此,灾异的出现反映国家政治上的失误和君主的过错,灾异是代表天对君主的警告和惩罚。君主要善于通过灾异来反省自己,检查整治措施上的失误;反之,如果君主治理有方,政治修明,同样也能感动上天,上天便会降祥瑞以示嘉奖。

（四）道德修养与德治理国

董仲舒强调人的修养和道德的重要性。他主张以德治国,认为只有通过道德的引导和教化,才能实现社会的和谐与进步。董仲舒强调了个人的道德修养对于家庭和国家的治理起到的重要作用。他认为,个人应该以身作则,修身养性,培养良好的品德和行为习惯,成为社会的榜样。同时,他也主张通过教育和文化的引导,培养人民的德性和素养,以实现社会的和谐与稳定。

1. 个人的道德修养与身心完善

董仲舒强调个人的道德修养对于实现社会的和谐与进步至关重要。他认为,个人应该注重自身的道德修养,通过塑造自己的品德和行为习惯,成为社会的榜样和引领者。董仲舒主张个人应以身作则,秉持正直、诚实、仁爱、忍耐等美德,不仅在言行上表现出高尚的道德风范,更在日常生活中注重自我反省和自我修养。他认为,只有通过个人的道德修养和自我完善,才能在社会中产生良好的道德影响。

2. 家庭的道德修养与家风建设

董仲舒主张道德修养不仅限于个人,还需要在家庭中得到体现和传承。他认为家庭是社会基本单位,家庭的道德修养和家风建设对于社会的和谐与稳定具有重要作用。董仲舒主张家庭成员应相互尊重、和睦相处,遵循道德规范和家庭价值观,培养家庭成员的良好品德和行为习惯。他主张家长要以身作则,注重教育子女的道德和品德,通过家庭的温暖和激励,引导子女树立正确的人生观和价值观。董仲舒认为,家庭的道德修养和家风建设对于社会的道德水平和社会秩序具有重要影响。

3. 国家的道德修养与德治理国

董仲舒认为，德治是实现国家和谐与社会进步的根本所在。他主张国家的治理应以道德为基础，通过道德的引导和教化，实现国家的和谐与稳定。董仲舒强调国家治理的首要任务是培养和倡导良好的公民道德。他认为，国家的道德修养应从国家领导层开始，领导者应以德为先，做到言行一致，以榜样的力量影响和引导民众。同时，董仲舒强调政府应建立完善的法律制度和行政体系，以确保社会的公平正义和秩序稳定。他主张在国家治理中注重道德教育的普及和推广，通过教育体系的建设和社会舆论的引导，培养公民的道德意识和社会责任感。董仲舒认为，只有通过德治，才能实现国家的长治久安与社会的和谐发展。

4. 文化的引导与道德建设

董仲舒主张通过文化的引导和教化，培养人民的道德素养和文化品位。他认为文化在道德建设中起着重要的作用，通过文化的传播和教育，可以促进人们的道德修养和行为规范。董仲舒强调教育的重要性，主张教育要注重德育，培养学生的道德情操和社会责任感。他提出了教育的目标应当是培养德才兼备的全面发展的人才，强调教育的任务不仅是传授知识，更重要的是培养学生的道德品质和文化修养。董仲舒认为，文化的引导可以通过文学、音乐、艺术等形式实现，通过这些艺术形式的感染和启迪，引导人们追求美善和高尚的道德境界。

董仲舒的思想体现了道德修养与德治理国的重要性，他认识到道德的力量对于个人、家庭和国家的发展和进步具有重要意义。他通过强调个人的道德修养、家庭的道德建设、国家的德治理国和文化的引导，提出了一套完整的道德伦理体系和治国理政思路。这些思想对于引领社会道德风尚、建设和谐社会、推动社会进步具有重要的指导意义。董仲舒的道德思想影响了后世，成为儒家思想传统中不可或缺的一部分，对中国传统文化的发展产生了深远的影响。

董仲舒的道德修养与德治理国的思想，对于个人和社会的发展具有重要的意义。他强调个人的道德修养，认为只有通过修身养性，培养良好的品德和行为习惯，个人才能成为社会的榜样和引领者。在家庭层面，董仲舒主张家庭成员应相互尊重、和睦相处，遵循道德规范和家庭价值观，以建立良好的家风。他认为，家庭的道德修养和家风建设对于社会的道德水平和社会秩序具有重要影响。在国家层面，董仲舒主张以德治国，认为国家的治理应以道德为基础，通过道德的引导和教化，实现国家的和谐与稳定。他强调领导者要以身作则，做到言行一致，同时注重建立完善的法律制度和行政体系，以确保社会的公平正义和秩序稳定。此外，董仲舒还强调了文化的引导和教化的重要性，通过文化的传播和教育，培养人们的道德素养和文化品位。

董仲舒的思想在后世产生了深远的影响。他的理念为后世的儒家学说的发展提供了重要的思想支持。他强调个人的道德修养、家庭的道德建设、国家的德治理国以及文化的引导，对于引领社会道德风尚、建设和谐社会、推动社会进步具有重要的指导意义。他的道德思想成为中国传统文化中不可或缺的一部分，对于中国社会的发展和文化的传承产生了积极的影响。董仲舒的道德理念将道德和政治相结合，强调德治的重要性，对于当今世界在道德建设和治理方面仍具有启示意义，值得我们深入思考和借鉴。

（五）文化的作用与文化治理

董仲舒强调文化的重要性和作用，认为文化是治理社会的重要手段。他提出了"教化安邦"和"文治"等观点，主张通过文化的引导和教育，塑造人民的道德品质，增强社会的凝聚力和稳定性。他强调培养人民的文化素养，推动社会的文化发展，为社会的进步和繁荣提供坚实的基础。

1. 文化的凝聚力和认同感

董仲舒认为文化是社会凝聚力和认同感的重要来源。他强调通过共同的文化认同和价值观，人们能够形成共同体验和归属感，增强社会的凝聚力。董仲舒主张通过文化的引导和教育，培养人们对于共同文化传统的尊重和理解，加强人民之间的联系和团结。他强调文化的传承和弘扬，使人们在共同的文化框架下形成共识和共同行动，从而推动社会的发展和进步。

2. 文化的道德引导与社会秩序

董仲舒主张通过文化的道德引导和教化，培养人民的道德品质和行为规范，以维护社会的秩序和稳定。他认为，文化的引导能够塑造人民的道德修养，引导人们遵守道德规范和社会价值观，从而使社会更加和谐与稳定。董仲舒强调道德的重要性，主张通过文化教育和道德建设，提升社会成员的道德意识和道德素质，增强社会公德、家庭道德和个人品德，促进社会的健康发展和秩序的稳定。

3. 文化的教化安邦与社会治理

董仲舒提出了"教化安邦"和"文治"等重要观点，主张通过文化的教化和引导，实现社会的安定和治理。他认为，政府应当通过文化的普及和教育，培养人民的德性和素养，从而达到安抚民心、维护社会秩序的目的。董仲舒强调领导者要以身作则，做到道德高尚、言行一致，通过榜样的力量影响和引导民众。同时，他主张建立完善的法律制度和行政体系，以确保社会的公平正义和秩序稳定。他认为文化治理是一种软性的治理手段，通过培养人们的文化意识和素养，引导他们自觉遵守法律规范和社会道德，从而减少冲突和矛盾，实现社会的和谐与进步。

4. 文化的创新与社会发展

董仲舒强调文化的创新对于社会的发展至关重要。他认为，随着时代的变迁和社会的发展，文化也需要与时俱进、不断创新。董仲舒主张在传承和弘扬传统文化的同时，要积极吸收和借鉴其他文化的优秀成果，推动文化的融合与发展。他提倡跨文化的对话与交流,促进不同文化之间的相互理解和共融,从而推动社会的多元化和繁荣。董仲舒的创新思维和开放态度为后世的文化发展提供了重要的启示和借鉴。

董仲舒的思想体现了文化的作用与文化治理的重要性,他强调通过文化的引导和教育,培养人民的道德品质和文化素养,实现社会的和谐与进步。他的观点对于当前社会治理和文化建设仍具有重要的指导意义。通过加强文化的传承与创新,推动文化的普及与提升,培养人民的文化自信和创造力,可以进一步促进社会的繁荣与进步,建设更加美好的社会。

(六) 社会责任与公共利益

董仲舒强调个人和社会的责任意识,主张个人应该承担起对社会的责任和义务。他关注公共利益和社会福祉,主张以整体利益为导向,实现社会的共同繁荣和进步。他提出了"共荣"和"天下大同"的理念,倡导社会的公平、公正与和谐。董仲舒的思想反映了他对社会发展和公共利益的关切,体现了儒家思想中的社会责任观念。

1. 个人责任与社会福祉

董仲舒强调个人对社会的责任意识,他认为个人应当追求社会的福祉和整体利益。他主张个人应当超越个人私利,追求社会的共同利益,以实现社会的和谐与进步。董仲舒认为,个人的行为和选择对社会具有重要影响,个人的品德和道德修养决定了社会的道德水平和社会风气。他强调个人应当树立正确的价值观和道德观念,通过自己的努力和奉献,为社会福祉做出贡献。

2. 公共利益与社会共荣

董仲舒关注公共利益和社会共荣的问题,他提出了"共荣"和"天下大同"的理念。他认为社会的发展和进步需要以整体利益为导向,追求社会的共同繁荣。董仲舒主张通过公正、公平的制度和政策来保障公共利益,实现社会的公平分配和公共资源的合理利用。他强调政府在治理中的责任,应当秉持以公共利益为重,为社会的长远利益和整体福祉负责。

3. 社会公平与和谐发展

董仲舒主张社会应当追求公平与和谐的发展,使每个人都能够享受公平的机会和待遇。他关注社会的阶层差距和贫富分化问题,主张通过改革和制度建设,实现社会的公平和社会阶层的流动。董仲舒认为,只有在公平的基础上,社会才能实现和谐与稳定。他主张政府应加强社会公平的监管和调节,为弱势群体提供保障和扶助,实现社会的公正与共享。

4. 社会责任与道德建设

董仲舒强调个人和社会的道德责任,在实现公共利益与社会和谐中发挥重要作用。他认为个人应当具备高尚的品德和行为规范,以履行社会责任。董仲舒主张通过教育和文化的引导,培养人们的道德意识和社会责任感。他强调道德的教化和道德修养,以塑造人们的道德品质，推动社会的道德建设。董仲舒认为，个人的道德修养和社会责任感是实现社会公共利益与社会和谐的基石。

5. 公共决策与民众参与

董仲舒主张在制定公共政策和决策过程中，应充分考虑公共利益和民众的意愿。他认为政府应当倾听民意，秉持公正和公平，保障人民的基本权益和公共利益。董仲舒主张政府与民众之间应建立起密切的沟通和参与机制，以实现公众利益的平衡与协调。他强调社会的公共决策应当体现民主参与和公开的原则，使民众能够真正参与到决策过程中，共同推动社会的进步和发展。

董仲舒的思想体现了对社会责任与公共利益的关注，他强调个人的责任意识、公共利益的追求与社会的和谐发展。他的思想对于塑造社会道德风尚、促进社会公正与稳定具有重要意义。董仲舒的理念在中国传统文化中占据重要地位，对后世的儒家学说和社会治理产生了深远的影响。他提出的社会责任观念和对公共利益的追求，为今天的社会发展和治理提供了宝贵的启示。

董仲舒的思想具有丰富的文化属性，他对传统文化的传承和创新，对宇宙观、道德修养、文化治理的思考，以及对公共利益和社会责任的关注，都体现了他对中国传统文化的深入思考和独特见解。他的思想对于中国古代思想史和儒家思想的发展产生了重要影响，为后世的文化研究和思想探索提供了宝贵的借鉴作用和启示。

第三章　董仲舒思想的当代价值蕴藉

第一节　生命关怀与人文精神

一、董仲舒人性论

学界对董仲舒人性论研究成果众多，学者从不同角度剖析了其人性论内核，尽管并未形成完全一致的看法，但多数学者如金春锋、刘国民等认为他批判继承了孟子、荀子的学说，为深入理解其思想提供了重要参考，具有重要思想价值。

（一）董仲舒人性论背景

1. 先秦人性论思想基础

天命观作为中国古代社会阐释政权合法性的重要理论长盛不衰，先秦时期诸子百家同样以此为基础提出各自学说，《郭店竹简·性自命出》有"性自命出，命自天降"之句，表明性出自命，而命由天降，即将人的性命与上天紧密相连，在此思想背景下的人性论思想固然带有天命色彩。儒家人性论具有代表性的首先为孟子性善说，孟子认为天人相关，人天生带有四端，"恻隐之心，仁之端也；羞恶之心，义之端也；辞让之心，礼之端也；是非之心，智之端也。人之有是四端也，犹其有四体也。有时四端而自谓不能者，自贼者也"。四端即仁、义、礼、智，是人天生带来的性，人性并无差别。孟子主张善的根本原因即基于人有实现四端之心，孟子曰："乃若其情，则可以为善矣，乃所谓善也。若夫为不善，非才之罪也。恻隐之心，人皆有之；羞恶之心，人皆有之；恭敬之心，人皆有之；是非之心，人皆有之。"这也是人区别于动物的根本标志。孟子承认人的欲望，但不把欲望当作人性，而将其称为小体，相对的仁义礼智则为大体；更具体的小体指"耳目之官"，大体指"心"，二者具有不同的性质与作用，从其大体则为大人，从其小体则为小人，将心中的仁义确立起来，耳目之欲才不会扰乱、夺取它，如此便能成为有德行的大人君子。

孟子通过人禽之别和伦理道德分析提出性善论，其实是即心言性，认为恻隐、羞恶、恭敬、是非之心可以体现为实际具体的善的行为，并进一步由心善确信人皆有善性；并且提出人应当以此善性为性；人的意义、价值在于充分扩充、实现自己的善性，其核心观点即性本善、性向善。

与孟子相反，先秦时期另一重要人性论思想即荀子性恶说。荀子认为"人之性恶，其善者伪也"，主张人的性与情统一，人性中天生带有好利、好声色等恶的一面；人性中存在欲望是合理的，但欲望是无休止的，过度欲求必然会带来争端，破坏社会道德秩序，甚至导致争战祸乱，正如《荀子集解》所说"求而无度量分界，则不能不争，争则乱，乱则穷"，人性天生带有负面因素，由此提出人性恶。

另外荀子肯定人性中存在善的部分，但拥有善质不等同于人性善，"生之所以然者谓之性"，人与生俱来的本能之性无法改变的称为"性"，善是后天学习教化的结果，是可获得的，称为"伪"，经过教化的民众获得良好品质，而教化途径有赖于统治者。教化则必有礼仪准则，因此达到善的核心要素归结于礼义，无论是个人还是国家都离不开礼义教化作用，并且个人经教化达到善才能进一步达到社会的和谐稳定，秩序统一。

荀子虽主张性恶论，但其终极目的同样是引人向善，主张通过后天人自身的努力与修养来达到善的境界。因此孟子、荀子人性论虽对于人性善恶判断不同，但最终都指向"善"，区别在于二者侧重点不同，孟子旨在扬善，而荀子旨在抑恶，并且都肯定人具有向善的资质，通过教化与修为皆可成善，且二者都主张性与情统一、性情相关，这些观点为董仲舒研究人性论提供了基础和动力。董仲舒批判地继承了孟子、荀子的学说，顺应时代要求，形成了自身颇具特色的人性论体系。

2. 汉代社会现实需要

汉代实现了大一统，但经过长期战争与改朝换代，汉初社会凋敝、经济衰弱，统治者推行休养生息政策，经数年调整，经济逐渐恢复，人民生活日益富足。但国家社会中问题重重，政治方面诸侯王势力日益扩张，官员随着实力壮大而腐败加深；经济上因商业发展商人实力雄厚导致僭越礼仪行为；日常生活中偷盗等不良风气蔓延，一系列问题导致社会风气败坏，等级秩序、道德礼仪遭到破坏，阶级矛盾等问题亟须解决。董仲舒深刻认识到在此复杂情况之下确立统一的思想、实行伦理教化势在必行，他主张用儒家学说来统一百姓思想，用儒家礼仪制度规范社会秩序，得到统治者的支持，加之汉初以来众多儒生倡导儒学的努力，"罢黜百家，独尊儒术"顺势而出。这一主张不仅为统治者提供了有效可行的措施，有利于解决现实问题，而且使儒学成为官方意识形态。董仲舒正是在此背景下开创了适合汉武帝时代的思想体系，包括阴阳思想、天人感应、人性论思想等理论，产生了深远影响，人性论作为其中的重要组成部分，在汉代社会乃至后世都有重要作用。

（二）人性论观点

1. 人性善恶并存

董仲舒在结合先秦人性论的基础上辩证地提出了人性善恶并存的观点，他继承孟子性善说，肯定仁义礼智的先天性，"仁之美者在于天。天，仁也"。同样认为人性来源于天，把性看作天生的自然之资，又从阴阳论角度引入情的概念，"身之有性情也，若天之有阴阳也。言人之质而无其情，犹言天之阳而无其阴也"。性情之关系犹如天有阴阳：性中有情，情是性的一部分，情是人的欲望，是不善的，需要加以节制。"人之诚，有贪有仁。仁、贪之气两在于身。身之名，取诸天。天两有阴阳之施，身亦两有贪、仁之性。"人身上同时存在仁和贪两种气质，性仁情贪，含天生善的本性与含恶的情都属于人的性，所以人性善恶两种潜质并存。董仲舒综合了孟子性本善与荀子人性中欲望的存在的观点，正如强中华所言："董仲舒在综合孟荀二人人性论基础上，把趋善、趋恶两种潜质均纳入人性的范畴，从生命科学层面讲，更符合人的实际。因此比孟荀仅就人天生属性中的某一部分论'性'更为合理。"

董仲舒肯定孟子所说人性中善的部分，但并不完全认同孟子所说的人性善，"善"应为人与人的对比，而非人禽之别。"质于禽兽之性，则万民之性善矣；质于人道之善，则民性弗及也。万民之性善于禽兽者许之，圣人之所谓善者弗许，吾质之命性者，异孟子。孟子下质于禽兽之所为，故曰性已善；吾上质于圣人之所为，故谓性未善。"若与禽兽之性相比，人性可称为善，若以人道的标准或者圣人的准则来衡量，普通人之性是无法达到善的。这也点明了董仲舒与孟子观点不同的来源，即二人对比的范围与标准不同，孟子向下与禽兽作比，而董仲舒向上与圣人相比，两种对比各有可取之处，董仲舒更严格地规定了人性之善，对于当时汉武帝时期统一民众思想、实行教化、规范社会秩序而言更加具有约束力，并且为后世人性善理论奠定了一定的高度。

2. 以"中民之性"为性

董仲舒人性论中极其重要的、不可忽略的部分即性三品说，他将人性划分为三个等级，"圣人之性不可以名性，斗筲之性又不可以名性，名性者，中民之性"。圣人之性与斗筲之性为善恶两个极端，圣人具备高尚道德与人格，不仅善且超越了善，是难以达到的境界；斗筲本指容量极小的容器，斗筲之人"弗系人数而已"，违背伦理道德与禽兽无异，外界教化对其并不起作用，因此不在人性范围之内；只有中民之性似茧似卵，需经过孵化与缫丝，中民天生有善质而有待后天教化成善，代表一般群体，包括官员、百姓在内的大多数人的本性。结合董仲舒人性善恶并存学说可知中民之性，性中有情，有善有恶，即受命于天，有善善恶恶之性，恶的部分可通过受教育而被改造为向善。反观圣人之性指有性无情，其"善"与孟子性善论契合，而斗筲之性则有情无性，与荀子性恶说相同，都在强调性情中的一方，中民之性将二者结合起来，最具代表性。

董仲舒性三品说阐明了人性教化范围，完善了自身人性论，以中民之性为性的主张适应教化民众、改造百姓价值观的需要，同时与其为君主服务的政治目的相符。中民之性作为人性代表顾及广大人民群众的精神层次与境界，中民之性善而未善则使对民众实行教化顺理成章，为民众接受教育创立了理论基础。此外，董仲舒的学说体系中，君主即天子受命于天，国受命于君，而圣人之善来自天，天子即圣人，是中民的教化者，担任着使民向善的职责，以此使君主统治具备完全的合理性，董仲舒的人性论极大地适应了统治者和社会现实的需要，也是其学说能被采纳和产生重大影响的重要原因。

3. 倡导教化向善

无论是人性善恶并存还是以中民之性为性，董仲舒都主张人性有善质而未善，他运用禾与米、茧与丝、卵与雏、璞与玉等七组典型之物阐明性与善的关系。"善如米，性如禾。禾虽出米，而禾未可谓米也。性虽出善，而性未可谓善也。米与善，人之继天而成于外也，非在天所为之内也。天所为，有所至而止，止之内谓之天，止之外谓之王教。王教在性外，而性不得不遂。故曰：性有善质，而未能为善也，岂敢异辞，其实不然也。"而趋善潜质唯有依托外部教化才能进而转化为实际之善，在他看来善与教育紧密关联，教育是抑制恶的有效途径。

董仲舒以儒家伦理作为教化参考与准则，继承孟子仁义之说，主张以仁义修身而获取善性，具体来说即对他人仁，对自己内省，尤其是统治阶级更应以仁对待百姓。他重视教育的教化作用，坚持教为政之本，刑为教之末，选取儒家六经作为教材，以此培养人民心志、获取知识来修身养性。董仲舒人性论体系中不可忽略的即三纲五常，他以阴阳运行阐释人之间的关系：君为阳，臣为阴；父为阳，子为阴；夫为阳，妻为阴。君臣、父子、夫妇构成三纲，三者关系即古代社会中基本的尊卑等级与伦理秩序，而更加能够维护这种秩序的即在孟子仁义礼智四端基础上提出的仁义礼智信，五常以仁为核心规定了个人日常行为准则要求，三纲五常互相支撑构成了教化的重要内容，董仲舒将其视为人道之善与孟子人皆有四端之说相一致，是其人性论中不可或缺的部分。

教化比之于严厉的刑罚，既以潜移默化的形式使民众归顺又体现统治阶级之仁政与爱民，这样的思想在封建社会当中所发挥的作用不言而喻，由此亦可窥见董仲舒作为汉代儒者的贡献与影响力。

（三）董仲舒人性论的影响

董仲舒在整合前人思想的基础上，运用天人感应宇宙观及阴阳运行观创新性地提出人性论体系，为汉代君主治理和维护社会稳定提供了重要理论。他以上天权威来阐释君主权力和教化民众向善，实现了理念的统一，为国家治理提供了有效依据和途径。而教化论以使人性向善为目的，以儒学为基本依据，不仅提高了民众的思想道德素质，营造了和谐稳定的社会氛围，为巩固统治做出了重要贡献，关键是有力地推进了儒学发展。在董仲舒的建议下，儒学成为官方推行的正统思想，改变了先秦以来儒学并未受重视的现实状况，成为儒学发展史上的关键转折，三纲五常的伦理规范弘扬了儒家的仁、义、孝等精神，使儒学蔚然成风，人民教化取得了良好效果，为儒学以后的发展奠定了坚实基础。

董仲舒最先提出情性问题，对情性做了区分，影响了汉及以后的人性观念。东汉王充直接承继了董仲舒人性来自天的理论及性三品说，认为性与命密不可分，并同样肯定外在教化与环境对于人性的作用，对人性善恶继续加以探究。唐代韩愈在董仲舒性三品说的基础上提出性五品说，细化了性情具体内涵；宋明时期理学家受董仲舒启发，综合前人思想，以气言性，对人性善恶进行了新的阐述，形成了更完善的人性学说。董仲舒作为人性论思想史上承前启后的人物，产生了深远影响。

董仲舒的人性论承接孟子、荀子的人性思想，融入天人感应与阴阳二气思想，提出更全面、更系统的人性善恶并存观，形成了初步的性三品说，为后世唐宋明时期人性论研究提供了启发，具有继往开来的作用。他以中民之性为性、教化成善的学说更适应了汉武帝时期统一思想的需要，服务于政治，使儒家学说得到弘扬，并以"罢黜百家，独尊儒术"的观点为儒学奠定了官方正统思想地位，为此后两千年的思想奠定了基本框架，董仲舒人性论在中国思想史上具有重要价值。

二、董仲舒思想的生命关怀价值

董仲舒的思想体现了对生命的关怀和尊重，强调了人与人之间的互助与关爱。他关注人的生存和幸福，提出了一系列关于生命关怀的观点。

（一）人的尊严与价值

董仲舒认为人具有独特的尊严和价值，每个人都应得到尊重和关怀。他强调人的生命是宝贵的，每个人都应该被视为有尊严和平等的存在。董仲舒主张通过尊重他人的尊严和权利，建立和谐的人际关系，促进社会的和谐与进步。他关注弱势群体的权益保护和关怀，主张社会应为每个人提供公平的机会和平等的待遇，使每个人都能够实现自身的价值和幸福。

（二）亲情与家庭关怀

董仲舒强调亲情和家庭的关怀对于个人的成长和幸福至关重要。他认为家庭是人生的重要支持系统，是人们得到温暖和关怀的重要场所。董仲舒主张家庭成员之间应该相互关心、理解和支持，营造温馨和睦的家庭氛围。他强调家庭教育的重要性，主张家长应该以身作则，注重培养子女的品德和道德观念，以促进家庭成员的共同成长和幸福。

（三）仁爱与人际关怀

董仲舒强调仁爱和人际关怀的重要性。他认为人们应该以仁爱之心对待他人，关心和关怀他人的需求和困境。董仲舒主张通过互助与合作，建立和谐的人际关系，共同推动社会的发展和进步。他强调人与人之间应该相互帮助、相互尊重，通过亲善、宽容和善良的行为来构建和谐的社会关系。

（四）社会公益与社会关怀

董仲舒关注社会公益和社会关怀的问题，主张人们应当积极参与社会事务，关心弱势群体的利益和福祉。他强调人们要发扬公益精神，积极参与公益活动，关注社会的弱势群体，关怀他们的生活困境，并努力提供帮助和支持。董仲舒主张社会应当建立健全的社会保障体系，为弱势群体提供必要的帮助和照顾，使每个人都能享有基本的生活保障和尊严。

（五）关怀自然与生态保护

董仲舒强调人与自然的和谐共生，主张关怀自然环境并积极保护生态系统。他认为人类与自然是密不可分的，应当尊重自然的生命和价值，并意识到人类的行为对自然环境的影响。董仲舒主张人们应当注重生态伦理，倡导可持续发展，采取环保措施，保护生物多样性，维护生态平衡。他强调人类应当与自然和谐共生，珍惜自然资源，以保护地球家园的可持续发展。

（六）人生关怀与心灵满足

董仲舒关注人的内心世界和精神需求，主张人们应当关怀他人的心灵和情感需求。他认为人的幸福和满足不仅仅依赖于物质生活的丰富，更需要关怀和关爱他人的情感交流和精神寄托。董仲舒主张人们应当尊重他人的情感和思想，关心他人的内心世界，建立温暖和睦的人际关系，以实现人的情感交流和心灵的满足。

董仲舒的思想体现了对生命的关怀和尊重，强调人与人之间的互助与关爱。他关注人的尊严与价值、亲情与家庭关怀、仁爱与人际关怀、社会公益与社会关怀、关怀自然与生态保护，以及人生关怀与心灵满足。这些思想凸显了董仲舒对人类生存和幸福的关切，倡导人与人之间的情感纽带和社会责任，为构建和谐、关怀的社会提供了重要的指导和启示。董仲舒的思想对于现代社会仍具有重要的借鉴。

三、董仲舒思想的人文价值

董仲舒思想中的天作为多层次、多面向的复合型范畴将人涵摄其中，由是规制了其天人一体的哲学图式，并在"同而通理"的交互运化之际生成着天人合德之意蕴。天人合德的人文价值主要于两个方面体现：在个体意义上，客观上以正反双向维度形成了对人的主体性建构的潜在性永恒培固；在整体意义上，以朝向理想社会的旨归而型构着现实社会的良性秩序。

（一）董仲舒天人哲学之意蕴

天人同构乃中国文化传统。董仲舒于天人同构境域中在逻辑上进一步充实了天人关系，形成了天人关系之外在形式、内在机制以及理论核心三重范畴。天人合一作为外在形式包含两个维度：类别维度与联系维度。"天亦有喜怒之气、哀乐之心，与人相副。以类合之，天人一也。"（《春秋繁露·阴阳义第四十九》）此即类别维度。"人有三百六十节，偶天之数也；形体骨肉，偶地之厚也；上有耳目聪明，日月之象也；体有空窍理脉，川谷之象也；心有哀乐喜怒，神气之类也。观人之体一，何高物之甚，而类于天也。"人之于天"偶之弇合。于其可数也，副数；不可数者，副类。皆当同而副天，一也。"人就是天的副本，天人之间因相应而归于同类，在此意义上，"人之绝于物而参天地"，进而在"天德施，地德化，人德义"之图式中，人得以与天地并立。（《春秋繁露·人副天数第五十六》）

"天人之际，合而为一"（《春秋繁露·深察名号第三十五》）即联系维度。天人之际意味着彼此弥合一体状态。现代科学证明，就理论而言，人本身作为一种能量场，与宇宙具有同等的广延性，这正体现了"宇宙大人身、人身小宇宙"之道理，故天人之际本即不可分割、相互融合之一体。尤其是"人之为人本于天"（《春秋繁露·为人者天第四十一》），"人生于天，而取化于天"（《春秋繁露·王道通三第四十四》）等，此中，天作为人之生成的原发境域既是人之为人的先在条件，也是人之为人的化育成长环境。由是，人先天兼具了天地固有的信息密码。这更是天人际与融合的内在深层动因。天人因同类而使发生感应具有了可能性，而天人因联系则使感应成为现实。同声相应、同气相求、同类相动。"故气同则会，声比则应，其验皦然也。试调琴瑟而错之，鼓其宫则他宫应之，鼓其商而他商应之。五音比而自鸣，非有神，其数然也。"所以，天人在即与中发生着同频共振状态。"类之相应而起也"（《春秋繁露·同类相动第五十七》）。其机则为"天有阴阳，人亦有阴阳，天地之阴气起，而人之阴气应之而起，人之阴气起，天地之阴气亦宜应之而起，其道一也""故琴瑟报，弹其宫，他宫自鸣而应之，此物之以类动者也"。（《春秋繁露·同类相动第五十七》）

董仲舒以其阴阳五行架构的天人感应理论型构起了完备的宇宙结构系统，且借助"开放性超巨复杂系统理论"而得到印证。董仲舒天人感应思想基于天人同类、同类相应的前提，以阴阳作用机制阐释了天人关系的合一状态，而天人合一"更准确地说应当是'天人合德'"。由此推而言之，天人感应也含有"人文思考"的底蕴。

这就体现了中国文化传统一个基本命题，即"以天为则"，非常强调"君子贵建本而重立始"（《说苑·建本》）。故"人质诸天"（《春秋繁露·王道通三第四十四》）乃中国文化内在基因。同时，对天地宇宙的洞彻又着眼于对人的关照，即"建本于人生"。二者统一于天人合德之图谱中。"天人之际，合而为一。同而通理，动而相益，顺而相受，谓之德道。"（《春秋繁露·深察名号第三十五》）天人在即与融合的前提下，因同而理通，由阴阳之作用而相互补益、相得益彰，从而共同达于德道之态。"德道犹道德"，即天人同合于德。《乾·文言》释九五爻曰："夫大人者，与天地合其德，与日月合其明，与四时合其序，与鬼神合其吉凶，先天而天弗违，后天而奉天时。天且弗违，而况于人乎？况于鬼神乎？"

"天德施，地德化，人德义。"（《春秋繁露·人副天数第五十六》）人居于天地之间，顺承天地之德而为义。具体言之，"仁之美者在于天。天，仁也""人之受命天也，取仁于天而仁也"。（《春秋繁露·王道通三第四十四》）天施地化乃天之仁德，人取化于天而为仁。正所谓"诚者，天之道也。诚之者，人之道也"。（《中庸》）天施地化作为其本自仁德，以其生生不息之机而展现，从而成为人之取法的直接样态。就形式而言，虽然人法天则之择善固执存在着某种外在性，但人之所以择其善更在于人自身本固有的善端。《汉书·董仲舒传》："性者，生之质也。"而"性比于禾，善比于米"，犹"米出禾中"，而

"善出性中"也(《春秋繁露·深察名号第三十五》),故"性有善质"(《春秋繁露·实性第三十六》)。在本自善端前提下,"性待教而为善"(《春秋繁露·深察名号第三十五》),从而去伪贪、成仁德之善。如《礼记·礼运篇》:"人者,其天地之德,阴阳之交,鬼神之会,五行之秀气也。"人以合天地之德而成"天地之心"。

(二)董仲舒天人思想的人文价值

天是董仲舒天人关系的存在本体,而"元"则是其生成本体,即天人宇宙图式的"意义生成机制",其构成了天地人等诸相的深层表征,为天人一体奠基了发生学的动力始源。换言之,人、社会、存在以及价值意义等皆由元而出。董子对天人关系的溯源既表达着对现实社会的引导与关切,又型构着基于现实社会之上的理想社会之模式,从而在逻辑上完成对当下现实的超越,此即天人关系思想之目的———王道(圣人)政治。具体而言,政统从属道统,道统从属天统。此之谓"大一统":"天不变,道亦不变。"(《汉书·董仲舒传》)所以,董仲舒建基于人之伦理秩序而又超越于此型构的天人境域包含着深刻的"审美意蕴",一定程度上,映射着董仲舒思想的"人文理性特征",于今犹有价值和意义。

首先,天人一体图式将天之本初仁善与人同化为一,在全新意义上形塑了人(王者)之为人的主体性地位。董仲舒将人纳入天之端、元之界域中,从而在根本意义上开启了从整体性、全面性认识人的角度与视野。正所谓"春秋修本末之义""遂人道之极者也"(《春秋繁露·玉杯第二》)。这意味着,鉴于人由元而生成,故人与生俱来兼具了天元之全部信息内涵,并以潜隐方式内在于人。这直接规制了天元之完善性与丰富性,以潜移默化方式对人产生着相应的影响与作用,为此,这构成了人待教而善,进而由"正人""善人"达至"君子"乃至"圣人"(《春秋繁露·官制象天第二十四》)的先天条件。

同时,就天人关系而言,天的先在性意味着天的至上性与神圣性。殷周时期,祭天占卜依然彰显着天的神秘性乃至主体性。实际上,天本身并不存在至上与神圣,只是人的后天介入进而在正反双重意义上影响、改变着天的状况,致使天以其自然必然性(道)产生着相应的反应与调整。人以道感,天以正应;反之,人背道而行,则天以灾应。为此,天之至上与神圣完全就是天人相互作用的结果,而天以其先在性本身涵养着中道之仁,由此注定了即使灾异也是"天意之仁而不欲陷入"(《春秋繁露·必仁且智第三十》)的仁义展现,这正是天道信仰的直接根源。鉴于此,认可天的先在性,法天而行,则天的至上性与人的主体性同步确立,即人天皆为"万物之本"(《春秋繁露·立元神第十九》),"人下长万物,上参天地"(《春秋繁露·天地阴阳第八十一》),"唯人独能够天地"(《春秋繁露·人副天数第五十六》),"唯人道可以参天"(《春秋繁露·王道通三第四十四》)等,均体现了藉天言人、倚天立人。进而言之,天人同构下天之于人的行为所产生的"感应—奖惩"机制,客观上在正反双重维度形成了对人的主体性建构的潜在性永恒培固。就此而言,董仲舒的天人哲学奠定了"中国文化的基本形态与发展道路"。其直接效应是,人在天地之中始终处于"能动""主动""核心"的地位。为此,"以人为本的人文精神是中国文化最根本的精神"，而决定人的命运的根本因素是人的"德行"，即"以'德'为本"，此中蕴含着"上薄拜神教、下防拜物教的现代理性精神"，这集中反映了董仲舒思想的人文精神。

其次，天人境域下的王道预期既强调通过建立制度规范以优化当时社会格局的思想，同时也指向了对现实社会的超越。董仲舒在回应武帝迫切闻知的治世之"大道之要，至论之极"时，即从"天人相与之际"切入，且"王者欲有所为，宜求其端于天"，方"德日起而大有功"（《汉书·董仲舒传》）。由此，"奉天""奉本"成为王者治世理政的圭臬，从而形成了天道下的王道观。

王道"可求于天"（《春秋繁露·基义第五十三》），故天以"爱利为意"，王者以"爱利天下为意"（《春秋繁露·王道通三第四十四》）。天道统领下的王道之政并非"奉天法古"（《楚庄王》）底蕴下粗线条的神秘性勾勒，而是包括具体的治理原则。如经济上，"天不重与"，因而"有大俸禄亦皆不得兼小利""调均"（《春秋繁露·度制第二十七》），"不与民争利"；教化方面的"立太学""设庠序""置明师"以及德主刑辅；官吏任命上的"量材而授官，录德而定位"等（《汉书·董仲舒传》）。诸如此类关于社会治理的诸多设计、规范以及原则，均在逻辑层面体现了改善当时社会现状的企及。

而王道之精神更在于上探天元以期"六合同风，九州共贯"（《逗菏·王吉传》）之状态。即"以元之深，正天之端，以天之端，正王之政，以王之政，正诸侯之即位，以诸侯之即位，正竟内之治。五者俱正，而化大行"（《春秋繁露·玉英第四》），"五者同日并见，相须成体，乃天人之大本，万物之所系"。此中，唯以元统天，天方得以成其化。"元者，始也，言本正也"（《春秋繁露·王道第六》）。故"《春秋》谓一元之意，一者万物之所从始也，元者辞之所谓大也。谓一为元者，视大始而欲正本也"（《汉书·董仲舒传》）。故"《春秋》大一统者，天地之常经，古今之通谊也"（《汉书·董仲舒传》）。元作为事物万象的本体具有双重属性：一是生发，二是端正。由是，元这一原初境域所主导生成之存在皆内置着良正之性，从而导引了整个天地之大化流行。《春秋》以对天元之始基的强调，以期"深探其本"，故为人君法天元本体而养正，由是，"正心以正朝廷，正朝廷以正百官，正百官以正万民，正万民以正四方。四方正，远近莫敢不壹于正，而亡有邪气奸其间者。是以阴阳调和而风雨时，群生和而万民殖，五谷孰而草木茂，天地之间被润泽而大丰美，四海之内闻盛德而皆徕臣，诸福之物，可致之祥，莫不毕至，而王道终矣"（《汉书·董仲舒传》）。此即体现了超越现实的理想诉求。

毋庸置疑，董仲舒的王道思想作为对理想社会的期盼建基于当时的专制政体，但"天下为公"，以公天下而代替家天下始终是其一贯的价值诉求。故以元正天、以天正王、以王道平天下成为董仲舒内心的坚守。"天之生民，非为王也，而天立王以为民也。故其德足以安乐民者，天予之；其恶足以贼害民者，天夺之。"（《春秋繁露·尧舜不擅移汤武不专杀第二十五》）

最后，基于当时的时代条件，天人一体整体视域涵摄了"生命共同体"的价值理念。其"生命共同体"包含了多重向度，而关键乃为天人之维。"王者，人之始也。王正，则元气和顺，风雨时，景星见，黄龙下。王不正，则上变天，贼气并见。"（《春秋繁露·王道第六》）董仲舒将中国文化传统意象思维下的天人同构借助阴阳五行进行了素朴的一体论证。"天、地、阴、阳、木、火、土、金、水，九"（《春秋繁露·天地阴阳第八十一》），此均统摄于天地之气当中，统而为气，化而为阴阳、四时以及五行，即"天地之气，合而为一，分为阴阳，判为四时，列为五行。"（《春秋繁露·五行相生第五十八》）五行之相生相胜只不过是天地之气内在作用机理之表现。阴阳、四时与五行有其内在对应统一性，"春，出阳而入阴；秋，出阴而入阳；夏，右阳而左阴；冬，右阴而左阳"（《春秋繁露·阴阳出入上下第五十》）。就四时与五行关系而言，其对应性为："木者春""火者夏""土者夏中""金者秋"以及"水者冬"（《春秋繁露·五行顺逆第六十》）。

天地、阴阳以及五行作为天之端皆统属于天，同时，"天亦有喜怒之气、哀乐之心，与人相副。以类合之，天人一也"。故天之四时与人之情具有内在统一性，即"春，喜气也，故生；秋，怒气也，故杀；夏，乐气也，故养；冬，哀气也，故藏。四者，天人同有之，有其理而一用之"。天即人、人即天。因而，人之言行与天直接联系在一起。鉴于此，"与天同者大治，与天异者大乱"。（《春秋繁露·阴阳义第四十九》）

"天、地、阴、阳、木、火、土、金、水，九，与人而十者，天之数毕也。"这意味着，"天之数"自然构成了"生命共同体"。其中，天数"起于天至于人而毕。毕之外谓之物，物者投其所贵之端，而不在其中。以此见人之超然万物之上，而最为天下贵也"。（《春秋繁露·天地阴阳第八十一》）人之所以为贵在于"天道施，地道化，人道义"（《春秋繁露·天道施第八十二》），故"下长万物，上参天地"。人与天地并立的一体格局注定了人与天地息息相关的内在统一，即"其治乱之故，动静顺逆之气，乃损益阴阳之化，而摇荡四海之内。"（《春秋繁露·天地阴阳第八十一》）

"善言天者必有征于人，善言古者必有验于今。"（《汉书·董仲舒传》）藉天以言人、倚天而立人构成了董仲舒天人哲学的底色。董仲舒天人哲学包括作用机制、表现形式、核心内容、生成始源以及人文价值等，构成了系统性的天人哲学思想。在其以自然生化为内容的天道宇宙图式中同时蕴含着儒家的人文情怀与道德诉求，故为"群儒首"（《汉书·董仲舒传》）"儒者宗"（《汉书·五行志》）。为此，董仲舒作为"引领了一个时代的思想风气和政治思维发生根本转向"的思想家，不仅对当时汉武王朝提出了契合现实的治理之道，也以深深的王道情怀指向了天下大化的理想图式。

第二节　生态观念与共同体意识

董仲舒的思想在当代具有重要的价值蕴藉，尤其在生态观念和共同体意识的推动方面。

一、生态观念的倡导

董仲舒强调人与自然的和谐共生，提出了关怀自然和保护生态环境的观念。在当代社会，环境问题和生态危机日益突出，董仲舒的生态观念具有重要的指导意义。他主张人们应当意识到自然资源的有限性，采取可持续发展的方式生产和消费，以保护生态系统和维护地球的生态平衡。董仲舒的生态观念鼓励人们积极参与环保行动，关注生态文明建设，推动生态文明的实现。

（一）生态观念的重要性与当代环境挑战

董仲舒的生态观念强调人与自然的和谐共生，对当代社会具有重要的指导意义。在当今世界，环境问题日益突出，包括气候变化、生物多样性丧失和资源枯竭等，给人类的生存和发展带来严重挑战。董仲舒提出的生态观念呼应了当代环境保护的需求，为人们提供了重要的思想指引和行动方向。

（二）关怀自然与保护生态系统

董仲舒的生态观念强调关怀自然和保护生态系统的重要性。他认识到自然资源的有限性和生态系统的脆弱性，主张人类应该以谦卑的态度对待自然，并采取可持续发展的方式进行生产和消费。董仲舒的生态观念强调人类与自然之间的相互依存关系，人类的行为对自然环境的影响不可忽视。他鼓励人们从个体行动做起，如减少能源消耗、推广可再生能源、减少废物排放等，积极参与环保行动，为保护生态系统贡献自己的力量。

（三）生态文明的建设与可持续发展

董仲舒的生态观念为当代的生态文明建设提供了借鉴和启示。他主张人们应当树立生态文明的意识，将环境保护纳入经济社会发展的全过程。董仲舒提出的生态观念呼吁人们进行全面的绿色转型，从生产、消费到生活方式的各个方面，实现人与自然的协调发展。他认为生态文明的建设需要倡导绿色、低碳、循环的生产方式，推动资源的有效利用和环境的保护，实现经济社会可持续发展。

（四）社会参与生态教育

董仲舒的生态观念鼓励人们积极参与环保行动，强调每个人都有责任保护生态环境。他认为，生态保护不仅仅是政府的责任，更需要广泛的社会参与和共同努力。董仲舒主张通过生态教育，增强公众的环境意识和生态素养，培养人们对自然的关怀和责任感。他认为通过教育，可以传递环保知识和价值观，引导人们改变不良的生活习惯和消费模式，形成良好的环保行为。董仲舒的生态观念强调人与自然的和谐共生，鼓励人们与自然建立更加平衡和可持续的关系，以实现人类与自然的共同发展。

（五）生态伦理与全球合作

董仲舒的生态观念还倡导建立生态伦理和推动全球合作。他认识到环境问题的全球性和跨国性，强调各国应该携手合作，共同应对全球生态挑战。董仲舒主张跨越国界的合作与交流，分享环保经验和技术，共同制定环境保护的国际标准和政策。他的生态观念强调人类命运共同体的理念，提醒人们应该超越国界和种族的界限，共同守护地球的生态系统，实现全人类的可持续发展。

董仲舒的生态观念在当代社会仍然具有重要的蕴藉价值。它不仅为环境保护提供了思想指引和行动方向，而且鼓励人们积极参与社会实践，共同构建可持续的生态文明。在全球范围内，董仲舒的生态观念也提供了跨国合作和全球治理的参考，为构建人类命运共同体提供了有益的思考。因此，进一步弘扬和应用董仲舒的生态观念，将有助于推动人类社会实现可持续发展，实现人与自然的和谐共生。

二、共同体意识的培育

董仲舒强调人与人之间的互助与关爱，主张建立和谐的人际关系。在当代社会，个人主义和利己主义的影响日益显著，社会关系的紧密性和共同体意识的缺失成为一种挑战。董仲舒的思想呼吁培育共同体意识，认识到每个人都是共同体的一员，应当关心和支持他人，为共同利益和共同目标而努力。他的思想鼓励人们主动参与社会事务，关注公共利益，建立相互信任和合作的社会关系。

（一）共同体意识的重要性与当代社会挑战

董仲舒的共同体意识强调人与人之间的互助与关爱，对当代社会具有重要的指导意义。在当今世界，个人主义、利己主义的思潮盛行，社会关系的紧密性和共同体意识的缺失成为一种挑战。这种现象导致社会关系的冷漠、社会问题的加剧以及社会团结的薄弱。董仲舒提出的共同体意识呼应了当代社会需要加强社会凝聚力、建立和谐社会的需求，为人们提供了重要的思想指引和行动方向。

（二）共同体意识的内涵与意义

董仲舒的共同体意识强调每个人都是共同体的一员，应当关心和支持他人，为共同利益和共同目标而努力。共同体意识涵盖了相互关心、相互理解、相互支持和相互合作的价值观念和行为准则。它强调人与人之间的相互依存关系，认识到一个人的幸福和成功离不开他人的支持和协助。共同体意识强调社会成员之间的互助和协作，以实现共同的利益和目标。它强调社会成员的共同责任和义务，提醒人们应当为社会的稳定与繁荣做出贡献。

（三）共同体意识的培育与社会参与

董仲舒的共同体意识鼓励人们主动参与社会事务，关注公共利益，建立相互信任和合作的社会关系。共同体意识的培育需要从个人和教育体系两个层面入手。在个人层面，人们应当树立关爱他人、乐于助人的价值观念，培养社会责任感和共同利益意识。这可以通过参与志愿者活动、关注社会问题、积极参与公共事务等方式来实现。在教育体系层面，应当加强公民教育和社会伦理教育，培养学生的社会责任感和团体意识。教育机构可以通过课程设置、校园活动、社会实践等方式，引导学生树立正确的价值观和道德观念，培养他们关心他人、尊重他人、合作共赢的精神。同时，社会组织和机构也可以发挥重要作用，组织各类社会活动和项目，鼓励人们参与社区建设、环保行动、公益事业等，增强社会成员之间的互动和联系。

（四）共同体意识的实践与社会影响

董仲舒的共同体意识不仅仅是一种理念，更是一种实践行动。当人们真正理解和践行共同体意识，将其融入自己的日常生活和社会活动中，将会产生积极的社会影响。共同体意识的实践可以促进社会的和谐与稳定，加强社会成员之间的互信与合作，减少社会冲突和矛盾。共同体意识的实践还能够提升社会凝聚力，激发社会创造力和创新力，推动社会的可持续发展。

（五）共同体意识的跨文化交流与合作

共同体意识具有普遍的价值，可以超越国界和文化差异，成为跨文化交流与合作的纽带。在当代全球化的背景下，各国和各地区面临着共同的挑战和问题，而共同体意识为解决这些问题提供了一种共同的思维框架和行动准则。跨国合作和跨文化交流可以促进共同体意识的传播和弘扬，促进不同文化之间的相互理解和包容，形成全球共同体的意识和行动。

董仲舒的共同体意识强调人与人之间的互助与关爱，为当代社会提供了重要的思想指引和行动方向。在面对环境问题和社会关系紧张的挑战时，培育共同体意识具有重要的现实意义。共同体意识的培育需要从个人和教育体系两个层面入手，通过个体行动和教育引导，建立起关爱他人、尊重他人、合作共赢的价值观念和行为准则。共同体意识的实践能够促进社会的和谐与稳定，加强社会成员之间的互信与合作，进一步减少社会冲突和矛盾，提升社会的凝聚力和稳定性。此外，共同体意识的跨文化交流和合作有助于推动全球社会的共同发展和繁荣，促进不同国家和文化之间的和谐共处与互利共赢。

第三节　家国情怀和民族凝聚力

董仲舒是奠定儒学王官学地位的关键人物，董仲舒也是中华民族共同体构建的重要奠基者。董仲舒对中华民族共同体构建的贡献体现在：

第一，董仲舒对"大一统"政治理念的阐释和推崇，推动了中国政治哲学对统一的执着追求，为中华民族的统一和延续提供了强大的理论支撑。

第二，董仲舒"罢黜百家、独尊儒术"的建议被采纳后，为汉民族的构建和稳固提供了坚实的思想基础，"大一统"在思想层面的体现是"独尊儒术"。

第三，董仲舒为汉帝国提供了强大的思想支撑，成为汉帝国政治合法性和王朝延续的重要支撑，汉帝国的长期统治为汉民族的形成提供了政权上的必要条件。

第四，董仲舒在汉民族形成发展过程中、在中华民族的形成发展过程中提供的历史经验为今天中华民族共同体的构建提供了强大的支撑。

一、董仲舒思想在汉民族形成发展中的历史作用

民族国家理论是当今世界影响最大的国家构建学说。中华人民共和国以民族立国，支撑中华人民共和国的民族基础就是中华民族。中华民族是56个民族共同组成的大家庭。中华民族内部各民族之间是家庭成员之间的关系，谁也离不开谁。中华民族内部要像石榴籽一样紧密团结在一起。毋庸讳言，在中华民族的56个组成民族中，从历史和现实来看，汉民族发挥着主导民族和核心民族的关键作用。从历史上看，汉王朝的长治久安和空前一统是汉民族形成巩固的重要条件和保障，而董仲舒的思想在汉王朝的长治久安和空前一统中又起着十分关键的基础性作用。

（一）董仲舒的思想为汉民族的形成发展提供了强大的政权保障

王朝的建立和发展，不仅需要具备强大的军事力量，而且需要强大的政治力量，而支撑军事力量和政治力量的重要基础是思想的力量。汉王朝建立初期的国家政治思想并不是很稳定，从汉初的道家学说占主导地位，到汉朝初期长达百余年的中央王朝与分封国家的并存，都显示了这个新生的王朝在国家治理学说的选择上，在国家政治秩序的构建上存在较大的不确定性。与道家的道法自然哲学相对应的是国家治理结构上的分封王国与中央朝廷的若即若离、暗流涌动乃至此起彼伏的分离叛乱。董仲舒在应对汉武帝的《天人三策》中，立足于《春秋》中的"大一统"论述，阐释发挥了儒家的"大一统"思想，他指出："《春秋》谓一元之意，一者万物之所从始也，元者辞之所谓大也。谓一为元者，视大始而欲正本也"，"《春秋》大一统者，天地之常经，古今之通谊也"。董仲舒是从天的唯一性来论证天人关系、天君关系的，天是"一"，君是"一"，所以需要"大一统"。

天是"一"，只有一个天，这是不容辩驳的事实，从这个事实出发来论证"大一统"，延续了《诗经》里讲的"普天之下，莫非王土；率土之滨，莫非王臣"的传统思想，董仲舒提出了"一统乎天子""一统于天下"的思想，为尊崇朝廷、定君主"天子"为一尊奠定了思想基础。这在一方面为在汉帝国境内"推恩令"的实施、分封国的废除、建立统一于朝廷的国家政令体系奠定了坚实的基础；在另一方面为汉帝国经营岭南、进军西南、北

上大漠、挺进西北奠定了坚实的思想理论基础。汉帝国的版图远远超过了夏商周秦，汉帝国的军令政令实现了长期的高度统一，这些都开创了中国历史的先河，奠定了中国后来的基本治理版图和治理框架，为华夏民族在更加广泛的范围和更加深刻的领域向统一的汉民族的转变奠定了坚实的政权基础。

汉人，最初的含义就是大汉帝国版图之下、大汉朝廷治理之下的民众的统称。没有强大而又长期统一稳定的国家版图、没有统一稳定版图之上的强大的中央集权以及在此基础上的政令军令统一，一个强大而又稳定的民族是不会产生的。汉帝国就是汉民族的最初的最为强大的政权依托和版图依托。董仲舒的大一统思想在深刻影响了汉武帝及其后世君主的基础上，成为汉帝国的基本政治哲学的核心内容之一，也成为汉民族共有的最高核心政治价值之一。支持统一、渴盼统一、反对分裂、唾弃分离，继而成为中华文明的核心政治信仰。这个信仰、这个价值，成为支撑中华民族一次又一次地战胜分裂局面，一次又一次地走向一统、实现统一的强大动力，也使得中华民族成为世界上唯一一个在历经分裂之后每一次都会走向统一，实现凤凰涅槃、浴火重生的强大民族。

（二）董仲舒为汉民族的形成发展提供了强大的指导思想基础

"百家争鸣"，既是文化繁荣的体现，也是国家分崩的反映。国家的统一需要以思想的一统为基础，思想的一统需要以国家的统一为保障。经过长期的"礼崩乐坏""分崩离析"，经过"暴秦"的短暂历史，初创的汉帝国没有认识到"思想一统"的重要价值、更没有做到政治哲学意义上的"思想一统"。这种思想一统包括以哪一种思想学说为指导，也包括如何构建国家的治理体系。思想的分崩与政治的动荡互为因果、相互促进，使得初期的汉帝国处于危机之中。

董仲舒的《天人三策》中，明确提出了"独尊儒术"的主张，他指出："臣愚以为诸不在六艺之科孔子之术者，皆绝其道，勿使并进。邪辟之说灭息，然后统纪可一而法度可明，民知所从矣。""不在六艺之科孔子学术者，皆绝其道，勿使并进"其含义就是除了孔子学术外，都要剥夺其传播发展的权利，也就是我们常说的"罢黜百家"，"罢黜百家"的结果就是要"独尊儒术"，用孔子学术来确立统一的"统纪"和"法度"，使"民知所从"，即接受儒家的教化礼节。

"罢黜百家、独尊儒术"确立了当时最为先进的政治学说"孔子学术"的王官学的初步地位，后来通过用儒家学说进行考试考核、选举选拔，儒家学说的统领地位得到明确，中国有了统一的指导思想。思想的统一是价值统一的基础，价值的统一是文化构建的基础，文化的认同是身份认同的基础。"罢黜百家、独尊儒术"为广袤的汉帝国之上的人民提供了稳定的、明确的生活价值体系，也为汉帝国的治理提供了明确的国家治理理论和国家治理体系，这种体系的建立使得汉帝国的治理达到了当时历史条件所能实现的最高水平。具有统一的版图、具有同一个君主领导下的同一个朝廷，认同同一个思想价值体系和国家治理体系，汉帝国境内的各地人民日渐具有了相同的文化、话语和价值，并且为了同一个帝国的任务在帝国范围内通过经商、迁徙、战争、婚姻等方式进行不断的交流融合,最终形成了强大的统一的汉民族——汉帝国之下的人组成的民族。

值得指出的是,"罢黜百家、独尊儒术"更多的是在政治生活领域、国家治理领域,在非政治生活、国家治理的领域,儒家之外的其他学说仍然有其存在的空间。即使是独尊儒术,也不是在国家治理中绝对不考虑现实需要,严格按照儒家的德主刑辅学说进行治理,正如汉宣帝所说:"汉家自有制度,本以霸王道杂之,奈何纯任德教,用周政乎?"但是,即使如此,在政治教化的语言体系中,在国家治理的主导话语体系中,儒家学说的至高地位仍然是不可动摇的。在汉代以后的中国儒家各朝代中,儒家学说的地位也大抵如此。这为汉民族的形成发展奠定了坚实的思想价值基础。

(三)董仲舒为汉民族的形成发展提供了强大的历史记忆

西汉帝国和东汉帝国前后延续了400年,400年的共同价值观培育、儒家指导思想话语体系的普及,400年间人民效忠于同一个朝廷、同一个帝国,一起战斗、一起生活、一起交流,构成了汉民族强大的共有历史记忆。东汉之后,历经300年的大动乱、大动荡,但是到了公元589年,隋帝国再一次统一了南北分裂政权,紧随之后的唐帝国在更广大的范围内、在更深的层次上再现了汉帝国的辉煌。科举制度把儒家的经典作为考试的内容,儒学的独尊地位在经过历史的变迁之后再一次得到强化。300多年的隋唐,使得儒家文化与汉民族不可分割,成为汉民族血脉里的重要精神标识和价值基因。

从董仲舒和汉武帝倡议和推行"罢黜百家、独尊儒术",把"大一统"思想作为主导思想、主流价值开始,经过与国家分裂时期的检验、对比和考验,到隋唐时期儒家再次作为政治指导思想和生活指导价值源泉,汉民族在长期的生活生产以及与其他民族的交往交流交融中,在与其他民族的和平、冲突激荡中,不断强化自己的文化属性、不断强化自己的儒家政治和价值认同,不断明确自己的身份,使得孔子学说成为凝结广大地域汉民族达成认同的重要基础。

汉民族的形成、存在和发展与孔子的儒家学说的发展延续相互促进,相得益彰,孔子信仰、家国信仰、报效朝廷、敬天祭祖、仁义礼智信、家国一统等核心理念和价值为民族的发展和延续、为民族的繁衍和生息提供了丰富的优秀基因和强大的精神支撑,成为汉民族的鲜明特征。董仲舒作为西汉前期汉帝国和汉民族发展的奠基时期的儒家思想集大成者、"大一统"思想的深入阐释者和"独尊儒术"的论证倡议者,其上述思想得到汉武帝的认可成为汉帝国的国策,并为汉代之后的中国后世王朝所整体继承和弘扬,从而发挥了其作为一个伟大的思想家、伟大的战略家、伟大的民族缔造者之一的应有地位和作用。

二、董仲舒思想在中华民族历史发展中的巨大贡献

中华民族以汉民族为核心和主导,汉民族在自身的孕育形成发展各时期,都在和其他民族进行互动交流,这些时期也都是中华民族的孕育、形成和发展时期。董仲舒的思想不

仅在汉民族的形成发展中起到了不可替代的巨大的历史作用，同样，其思想的传播发展及其影响，也深刻影响了汉民族之外的中华各民族，极大地推动了中华民族的历史发展，为中华民族的孕育、形成和发展作出了巨大的贡献。

（一）董仲舒思想深刻影响了汉族之外的中华其他民族

董仲舒倡导的儒家思想不仅深刻影响了汉民族，而且深刻影响了中国境内各少数民族。从北魏孝文帝大规模推行汉化（儒家化）开始，中国各个分裂时期的少数民族主导的政权、由少数民族主导的大一统政权，都把董仲舒倡导的"大一统""罢黜百家、独尊儒术""仁义礼智信"等思想作为重要的治国理政思想和人民生活指导价值。例如南北朝时期的北朝各政权（北魏、东魏、西魏、北齐、北周）、辽夏金等由少数民族主导建立的区域性政权，以及元和清等由少数民族主导建立的全国性政权，出于治国理政的需要，出于学习先进文化的需要，出于管理和引导汉民族被统治者的需要，都把儒学作为治国理政（特别是治理汉民族地区）的重要指导思想和指导价值。这些政权管辖下的人民，为了进行国家管理，为了成为国家和地区的管理者，必须进行儒家文化的学习和践行，从而扩大了儒家政治文化的影响范围和历史地位。

由于汉民族是中国的第一大民族，也是中国各民族中文化生产力水平相对较高的民族，汉民族之外的各民族在与汉民族的长期交往中，有不少民族的人民逐步接受了汉字、汉文化、儒家文化，使得儒家文化为众多的民族所了解、所践行。不同民众出于生产生活需要、交流交往需要、贸易交易的需要，学习使用践行儒家文化，使得儒家文化成为具有全国性影响的重要文化现象，董仲舒倡导的、被后世发展的儒家信念和价值成为超越中原这个汉族聚集区的普遍性选择，成为众多中国境内少数民族的重要文化价值选择。

儒家思想对少数民族的深刻影响对于推进中华各民族的政治认同、思想认同、国家认同和政权认同具有奠基性的意义。中华各民族所具有的共同思想基础、共同价值选择、共同家国情怀使得中华民族历经几千年的发展，在近代面对外来入侵的时候，在国家蒙辱、人民蒙难、文明蒙尘的时候，具有浓烈的同胞情怀，具有强烈的命运共同体意识，并且在团结反抗外来入侵的过程中，进一步推动了中华民族的强大和发展，中华民族成为包括汉民族和少数民族在内的各民族的共同认同。

（二）董仲舒思想推动了中华各民族之间的交往交流交融

儒家文化源于汉民族，但并不仅仅属于汉民族，儒家文化不强调民族属性在文化认同上的差别对待。董仲舒在《春秋繁露》中多次解读春秋笔法中的"夷夏"之分，认为夷夏之分更多地强调价值观的选择和践行，认同儒家价值观的就是"夏"或者享受"夏"的待遇，反之，如果是"夏"，却不认同和践行儒家价值观，就用对待"夷"的态度对待。这种观点进一步增加了少数民族进军中原，少数民族政权统治汉民族的合法性和合理性。董仲舒"大一统""德政"等思想，不仅为汉帝国的开拓提供了强大的思想基础，同时也为所有了解认同董仲舒思想的民族提供了强大的思想基础。随着董仲舒思想的流行，少数民族主导的政权也以这些思想为指导，认为自己要进行开疆拓土，也要以其他政权的"不行德政"为理由进行征讨。董仲舒的这些思想，成为中国少数民族主导的政权进军中原的重要思想支撑。辽金和宋之间关于谁是中国的争论，蒙古和满洲在建立元帝国和清帝国时的意识形态论证，都在不同程度上有意无意地使用了"大一统"和"仁义礼智信"等董仲舒的思想。

不管是汉民族建立的政权在少数民族聚集地区的开拓和经营，还是少数民族建立的政权在汉民族聚集地区和其他少数民族聚集地区的开拓和经营，从客观上都促进了这些民族之间及其民众之间的交往、交流、交融，增进了大家相互之间的认识、认知和认同。这些民族在同一个政权的统治管理之下，在对儒家思想和价值观的认同和践行下，逐渐地增加共同点，消除隔阂和区别，从而不断在更大的范围内和更深的程度上孕育和发展了共有的"天下一家""中华民族"的概念。

（三）董仲舒思想是中华民族形成的直接推动力量

中华民族作为一个实体民族，需要一个思想文化体系作为自己的民族思想。历史上"夷夏"之辩的核心在于文化的差异，在于思想的差异。汉民族儒家文化的主导地位，和蒙古、藏等民族的藏传佛教文化的主导地位，以及在生产生活方式上的诸多不同，成为中华民族进一步发展的重要现实因素。

董仲舒思想的大一统思想，为中国各民族走向一体，提供了政治上的思想保障，在"大一统"的思想影响下，不同民族建立的政权都把"统一"作为自己的政治追求，都把建立统一的、包括多个民族的政权作为自己的目标。因此，汉隋唐明等汉民族主导的政权，和元清等少数民族主导的政权，都把建立大一统的国家视为理所固然、理所当然，统一的政权为统一的民族的构建提供了强大的动力。

董仲舒思想确立的政治哲学、文化体系和价值理念，渗透在中国封建王朝的用统一的思想文化进行国家治理、人才选拔和教育教化，使得在统一国家政权管理下的各族民众，甚至使得在不同政权下（但都信奉儒家文化）的各族民众，具有相对一致的思想认识、文化体系和价值选择，即使是不同的文化体系之间也相互渗透，在很多领域，特别是在政治领域、国家治理领域存在众多的相互认同和相互支撑。例如，在藏传佛教文化体系中，对中原王朝最高领袖是"文殊菩萨"的定位，君臣父子等人伦关系上的儒家主导，使得一个具有相对统一文化价值的民族呼之欲出，都为中华民族的形成和发展奠定了良好的基础。

值得指出的是，在中华民族遭遇各种灾难，特别是近代以来面对外敌入侵的时期，面对与入侵者的巨大政治、文化、利益差异，中华各民族在共同地抗击入侵、建设国家的过程中不断增强同一个国家、同一个民族的意识。在中国共产党的领导下，经过北伐战争、土地革命战争、抗日战争和解放战争、抗美援朝战争，经过土地改革、社会主义改造、社会主义建设和改革开放，中国各族人民在政治生活上、经济生活上、文化生活上具有越来越多的共同点和一致性，中华民族的成长发展、建设巩固进入了一个新的发展时期。

三、董仲舒思想对铸牢中华民族共同体的历史启示

董仲舒思想在中华民族的发展过程中起到的巨大历史作用，为我们铸牢中华民族共同体奠定了坚实的基础，也提供了强大的历史启示。

（一）指导思想的一元

董仲舒思想、儒家思想的长期指导地位，为汉民族的形成和发展提供了坚实的思想基础，为中华民族的形成发展做出了彪炳史册的历史贡献。指导思想的一元明确，指导思想的长期稳定，指导思想的与时俱进，指导思想的坚定高效，是统一民族构建的重要基础。

今天，马克思主义及其中国化成果的指导地位，是中华民族在新时代继续坚毅前行、不断发展壮大的坚实思想基础。习近平新时代中国特色社会主义思想的指导地位，是确保新时代各项事业不断发展的思想基础。我们要用新时代中国特色社会主义思想为指导，以建设社会主义现代化强国和中华民族伟大复兴的中国梦为引领，不断学习、贯彻、落实新时代关于民族工作的重要论述，坚持中国特色解决民族问题的正确道路，"引导各族群众在思想观念、精神情趣、生活方式上向现代化迈进，使各民族人心归聚、精神相依，形成人心凝聚、团结奋进的强大精神纽带"。用思想的统一推动民族的统一，不断为中华民族共同体提供共有的精神家园和强大的精神纽带。

（二）核心价值的认同和践行

对儒家核心价值观的认同，对"大一统"的认同，对仁义礼智信的认同，对儒家人伦关系的认同，是董仲舒思想发挥其民族整合功能的重要基础。共同的价值认同是铸牢中华民族共同体意识的重要基础。今天，我们要坚持社会主义核心价值观，培育正确的中华民族历史观、民族观、文化观、国家观，不断促进各民族民众坚定对伟大祖国、中华民族、中华文化、中国共产党、中国特色社会主义的高度认同，增强对中华民族的认同感和自豪感，构筑中华民族共有精神家园，形成各民族人心归聚、精神相依，形成人心凝聚、团结奋进的强大精神纽带。

在建设社会主义现代化强国的新征程上，在实现中华民族伟大复兴的战略全局中，我们要以社会主义核心价值观为引领，以实现伟大的事业为抓手，以党的领导为保障，以激发全民族砥砺奋进为目标，不断加强社会主义核心价值观教育，不断改进践行社会主义核心价值观的机制，让社会主义核心价值观成为整个中华民族安身立命的根本价值观，让社会主义核心价值体系成为支撑民族团结、国家发展的价值基础，为铸牢中华民族共同体提供强大的共有价值支撑。

（三）民众的交往交流交融

董仲舒的"大一统"思想，为各民族之间进行相互交往交流交融提供了强大的思想武

器。四海一家，天下一统，作为各民族的共同理念，在战争、商贸、旅游、婚嫁等各种交往交流中，各民族之间相互熟悉、相互了解、相互借鉴、相向而行，共同的经历、共同的价值、共同的记忆、共同的目标等内容不断增长，为民众的交往交流交融提供了支撑。

在今天，在统一的社会主义市场经济体系、统一的社会主义法治体系、统一的社会主义文化价值的支撑和引导下，在实现中华民族伟大复兴的千秋伟业中，各族人民的交往交流交融更加密切。从"八千湘女上天山""三千孤儿进内蒙古"到全国支援西藏、对口支援西部，从建设兵团进边疆到扶贫干部下基层，从三线建设到西部开发，中华民族在建设中不断融合，在发展中不断认同，各民族在理想、信念、情感、文化上的团结统一、守望相助、手足情深日益增强，中华民族内部的民族差异在不断缩小。

值得指出的是，随着民众交往交流交融程度的不断加深，国家通用语言文字的通用范围、通用程度逐渐发展，国家的法治体系更加统一，公民身份的地位不断上升，民族身份的差异逐步淡化。随着全面建成小康社会，随着各个民族都进入社会主义现代化发展新阶段，一个内部差别逐步消失、完整统一强大的中华民族正在逐步达到自己的新高峰，中华民族作为一个更加巩固、更加坚实、更加伟大的民族实体正在逐步变为现实。

第四节　批判思维与理性自觉

一、批判思维的重要性

董仲舒的思想中强调了批判思维的重要性，即对传统观念和现实问题进行深入分析和评判的能力。在当代社会，我们面临着复杂多变的挑战和问题，如社会不平等、权力滥用、信息泛滥等，这些问题需要我们超越表面现象，深入挖掘其背后的原因和影响因素。批判思维能够帮助我们从多个角度思考问题，质疑常规观点，发现问题的根源和本质，从而为问题的解决提供更有效的思路和方案。

（一）批判思维的定义与重要性

董仲舒的思想中强调了批判思维的重要性，它是对传统观念和现实问题进行深入分析和评判的能力。批判思维要求人们不仅仅接受表面现象和传统观点，而是要主动质疑和思考，发现问题的本质和根源。在当代社会，批判思维更是具有重要的价值和意义。

首先，批判思维使我们能够超越主观偏见和表面现象，深入挖掘问题的背后原因和影响因素。当代社会面临着复杂多变的挑战和问题，常规观点往往无法解释和解决这些问题。通过批判思维，我们能够质疑常规观点，挑战现有的认知框架，以更全面和准确的方式理解和解决问题。

其次，批判思维培养了人们的分析和评估能力。批判思维要求人们从多个角度思考问题，不拘泥于单一的观点或解释。这种能力使人们能够更加全面地评估问题，深入剖析其各个方面，发现问题的根源和本质。

（二）批判思维的实践意义

批判思维在当代社会具有重要的实践意义。

首先，它有助于推动社会变革和发展。通过批判思维，人们能够对社会现象和制度进行深入分析和评估，从而提出改革和调整的建议。批判思维帮助我们质疑现有的社会结构和权力关系，推动社会变革和建设更加公正和平等的社会。

其次，批判思维有助于个人的成长与发展。通过批判思维，个人能够审视自己的思维方式和行为准则，发现自身存在的偏见和局限，并不断反思和调整自己的观念和行动。这种自我反省和提升有助于个人的成长与发展。

（三）培养批判思维的途径与方法

培养和发展批判思维需要从多个层面共同努力。在个人层面，我们可以通过以下途径来培养批判思维。

1. 学习与思考

通过广泛的学习和思考，我们可以扩展自己的知识和见识，接触不同领域的知识和观点。阅读各种书籍、文章、学术论文，参加讲座和研讨会，通过获取多样化的信息和观点，可以培养我们的批判思维能力。

2. 质疑与反思

积极质疑和反思是培养批判思维的重要方法。我们应该主动质疑自己的观点和偏见，以及他人的观点和权威。通过不断反思和评估自己的思维方式和决策过程，我们可以发现自己的盲点和局限，并不断改进和完善自己的批判思维能力。

3. 多角度思考

在面对问题和挑战时，我们应该尝试从多个角度和立场来思考和评估。了解不同的观点和利益相关者的立场，能够帮助我们更全面的理解问题，并制定更有效的解决方案。通过换位思考和多角度思考，我们可以避免片面和偏见的观点，培养批判思维的能力。

4. 逻辑思维与分断能力

培养逻辑思维和分析能力是发展批判思维的关键。逻辑思维使我们能够分析问题的因果关系、逻辑关系和推理过程，帮助我们做出准确和合理的判断。通过学习逻辑学、哲学和科学方法，我们可以提高我们的分析和推理能力，从而更好地运用批判思维。

5. 批判性阅读与写作

批判性阅读与写作是培养批判思维的有效方法。通过批判性阅读，我们能够深入理解作者的意图和论证、评估其观点的合理性和证据的可信度。批判性写作要求我们清晰地表达自己的观点，并进行充分的逻辑论证和批判性分析。通过批判性阅读和写作的实践，我们可以提高我们的批判思维能力。

总结起来，批判思维的重要性在于它使我们能够超越传统观念，深入分析问题，质疑常规观点，并为解决当代社会的问题提供更有效的思路和方案。通过学习与思考、质疑与反思、多角度思考、训练逻辑思维与分断能力、批判性阅读与写作等方法，我们可以培养和提升我们的批判思维能力，为解决当代社会问题提供有力的思考和行动指导。

（四）董仲舒思想中批判思维的当代价值蕴藉

董仲舒思想中强调的批判思维在当代社会仍然具有重要的价值和意义。

首先，当代社会面临着许多复杂而深刻的挑战和问题，需要我们超越表面现象，深入思考和分析。批判思维能够帮助我们深入挖掘问题的本质和根源，从而为问题的解决提供更有效的思路和方案。在社会不平等问题上，批判思维能够帮助我们发现不平等的根源和维持机制，提出改革和调整的方案。在权力滥用问题上，批判思维能够帮助我们审视权力的行使和监督机制，揭示权力滥用的渠道和原因。在信息泛滥问题上，批判思维能够帮助我们辨别真假信息，理性思考信息的来源和意义。通过批判思维，我们能够更好地应对当代社会问题，推动社会变革和进步。

其次，批判思维有助于培养人们的思辨能力。在信息时代，我们面临着大量的信息和观点，需要具备辨别和评估的能力。批判思维能够帮助我们审视信息的可靠性和合理性，避免盲从和误导。它培养了人们的思辨能力，使其能够进行理性评估和辨析，不被主观偏见和虚假信息所影响。这对于个人的成长与发展、对社会问题的理性思考和参与具有重要意义。

董仲舒思想中强调的批判思维的重要性在当代社会依然具有重要的价值和意义。面对复杂多变的社会挑战和问题，我们需要超越表面现象，深入挖掘问题的本质和根源。批判思维能够帮助我们从多个角度思考问题，质疑常规观点，发现问题的根源和本质，并为问题的解决提供更有效的思路和方案。通过培养批判思维，我们能够提升自己的分析和评估能力，从而更好地应对当代社会的挑战和问题。

二、理性自觉的重要性与实践意义

董仲舒的思想强调理性自觉，即通过理性思考和自我反省来认识自己和世界。在当代社会，理性自觉成为应对信息爆炸、价值多元和道德困惑等挑战的重要能力。它使人们能够超越主观偏见和情感冲动，客观公正地看待问题，并作出明智的决策和选择。董仲舒的理性自觉观念鼓励人们培养批判思维和辩证思维的能力，以合理和客观的方式对待问题，推动个人和社会的进步与发展。

（一）理性自觉的定义与重要性

董仲舒的思想中强调了理性自觉的重要性，它是通过理性思考和自我反省来认识自己和世界的能力。理性自觉要求人们在面对问题和挑战时能够超越主观偏见和情感冲动，以客观公正的态度进行思考和判断。在当代社会，理性自觉成为一种重要的能力，帮助人们应对信息爆炸、价值多元和道德困惑等挑战。

理性自觉的重要性体现在多个方面。

首先，它能够帮助人们理性思考问题。当代社会充满了各种信息和观点，人们很容易受到情绪、偏见和谣言的影响。理性自觉使人们能够审视信息的来源和可信度，辨别真假信息，避免盲从和误导。通过理性思考，人们能够更准确地认识问题的本质和复杂性，为问题的解决提供更有效的思路和方法。

其次，理性自觉有助于人们做出明智的决策和选择。在面对复杂的抉择时，理性自觉使人们能够客观评估不同选项的利弊，并基于事实和理性的考量做出决策。它帮助人们超越个人情感和偏见，避免被情绪和短期利益所左右，从而做出更为理性和长远的决策。

（二）理性自觉的实践意义

理性自觉在当代社会具有重要的实践意义。

首先，它有助于个人的自我成长和发展。通过理性自觉，个人能够深入思考和反省自己的信念、价值观和行为准则，更加清晰地认识自己的优点和不足。理性自觉还能帮助个人更好地理解和应对自己的情绪和心理状态，提高情绪管理和自我控制的能力。

其次，理性自觉对于社会的发展和进步也具有重要意义。在当代社会，人们面临着伦理和价值观的多元化，各种观点和价值冲突交织。理性自觉使人们能够客观公正地对待不同的观点和意见，避免偏见和歧视。它有助于促进理性的对话和理解，为社会问题的解决提供平衡和合理的方案。理性自觉还能够培养人们的批判思维能力，使其能够质疑常规观点，发现问题的本质和根源，为社会问题的解决提供更有效的思路和方案。

（三）培养理性自觉的途径与方法

要培养和提升理性自觉的能力，我们可以采取以下途径和方法。

1. 提升知识和思维能力

广泛阅读各类书籍、文章和学术论文，接触不同领域的知识和观点，通过学习和思考扩展自己的认知和见识。同时，培养逻辑思维和批判性思维，学习科学方法和推理逻辑，以提升自己的分析和判断能力。

2. 积极质疑和反思

保持开放的思维态度，勇于质疑自己的观点和偏见，以及他人的观点和权威。通过反思自己的思维方式和决策过程，发现个人的盲点和局限，并不断改进和完善自己的理性自觉能力。

3. 培养情绪管理和自我控制能力

理性自觉需要人们在面对情绪和冲动时保持冷静和理智。通过学习情绪管理技巧和自我反省，培养自己的情绪管理和自我控制能力，避免情绪影响理性思考和决策。

4. 实践批判性阅读和写作

通过批判性阅读，深入理解作者的意图和论证，评估其观点的合理性和证据的可信度。通过批判性写作，清晰地表达自己的观点，并进行充分的逻辑论证和批判性分析。这样的实践能够提高我们的批判思维能力，促进理性自觉的发展。

（四）董仲舒思想中理性自觉的当代价值蕴藉

董仲舒思想中强调的理性自觉在当代社会具有重要的价值和意义。

首先，面对信息爆炸和价值多元的挑战，理性自觉使人们能够超越主观偏见和情感冲动，客观公正地看待问题，避免盲从和极端化。在社会对立和分化日益严重的情况下，理性自觉有助于促进理性的对话和理解，为社会问题的解决提供平衡和合理的方案。

其次，理性自觉有助于个人的成长与发展。通过培养理性自觉的能力，个人能够更好地理解自己的思维方式和行为模式，审视自己的优点和不足，并不断反思和调整自己的观念和行动。这种自我反省和提升有助于个人的成长与发展，提高个人的智慧和素养。

董仲舒思想中强调的理性自觉在当代社会中具有重要的价值和意义。通过培养理性自觉的能力，我们能够超越主观偏见和情感冲动，以客观公正的态度思考问题，做出明智的决策和选择。理性自觉有助于促进理性的对话和理解，为解决当代社会问题提供平衡和合理的方案。在个人层面，理性自觉有助于个人的成长与发展，提高个人的智慧和素养。因此，我们应当重视并努力培养和提升自己的理性自觉能力，以应对当下复杂多变的社会挑战和问题，推动个人和社会的进步与发展。

第四章 时代语境下董仲舒思想的雅俗路径

第一节 董仲舒生活时代的文化样态

董仲舒生活的时代是西汉时期,这是中国古代历史上一个重要的发展时期,也是中国文化演进的关键时刻。在董仲舒的时代,中国社会经历了一系列的政治、经济和文化变革,这些变革对于董仲舒思想的形成和发展产生了重要影响。

一、政治环境

董仲舒生活时代的政治环境对他的思想产生了深远的影响。西汉初期经历了刘邦和刘盈之间的争位,这一时期政治动荡不安,战争频繁,社会秩序混乱。然而,刘邦最终建立了汉朝,并成为西汉的创立者。随着刘邦的崛起,政治局势逐渐趋于稳定,国家进入了一个相对和平与繁荣的时期。

之后,汉武帝刘彻继位,成为西汉的第七位皇帝。汉武帝在位期间,实行了一系列政治、经济和军事改革,推动了国家的发展和繁荣。他加强了中央集权,推行郡县制,加强了对地方的控制和管理。此外,他还进行了一系列对外征战,扩大了汉朝的疆域,使国家在政治和军事上更加强大。

在这个相对稳定和繁荣的时期,政府采取了一系列政策来促进国家的发展。汉武帝推行了均田制,通过平均分配土地,减轻农民的负担,促进了农业生产的发展。他还开辟了丝绸之路,促进了贸易和文化交流,带动了经济的繁荣。

在这样的政治环境下,董仲舒思考着如何治理国家,实现社会的稳定和繁荣。他倡导以民为本的思想,强调政府应当关注人民的福祉和社会的公平正义。他主张通过建立良好的政治制度和有效的管理体系来实现这些目标。董仲舒提出了"贵微重始"的理念,强调领导者应当以德治国,尊重贤能,注重人才的培养和选拔。他主张通过重视教育,培养优秀的人才,推动国家的发展和进步。

董仲舒的思想在政治环境中得到了一定的认可和实践。他被汉武帝任命为太子太傅,负责教育皇子刘据,培养未来的统治者。董仲舒通过教育和影响年轻一代的领导人,对政治治理产生了重要影响。

在西汉时期的政治环境中,董仲舒的思想得到了一定的认可和实践。他的理念与当时政府的政策相契合,尤其是在汉武帝的统治下。汉武帝致力于加强中央集权和推行改革,与董仲舒的理念有一定的共通之处。董仲舒被任命为太子太傅,负责培养未来的统治者,这显示了他在政治上的影响力和地位。

董仲舒强调以德治国,注重人才的选拔和培养。他主张贵贱由德决定,而非出身或地位。这种思想对于西汉时期的政治改革具有重要启示,也得到了汉武帝的认同。汉武帝推行了丞相制度,通过选拔具备德行和能力的官员来担任重要职位,以促进政府的稳定和发展。

此外,董仲舒关注社会公平正义和人民的福祉,提出了"贵微重始"的理念。他强调政府应当以民为本,关注人民的生活状况,实现社会的稳定和繁荣。在西汉时期,随着国家的发展和经济的繁荣,政府采取了一系列政策来促进农业生产和贸易发展,改善人民的生活条件。董仲舒的思想与这一时期的政策相呼应,为政府的决策提供了借鉴和指导。

董仲舒生活时代的政治环境对他的思想产生了重要的影响。在西汉初期的动荡时期,他思考着如何治理国家,实现社会的稳定和繁荣。在政治稳定和经济发展的时期,他的思想得到了认可和实践,为当时政府的决策和治理提供了重要的启示。董仲舒在政治环境中的思考和实践,为他的思想奠定了坚实的基础,也对后世的政治思想发展产生了深远的影响。

二、经济状况

董仲舒生活时代的经济状况对他的思想产生了重要的影响。在西汉时期,经济得到了相对的恢复和发展,这为董仲舒的思想形成提供了一定的物质基础。在这个时期,农业生产逐渐恢复并繁荣起来,商业和手工业也得到了一定的发展。

在西汉初期,经历了长时间的战乱和动荡,导致了农业生产的衰退和人口的减少。然而,随着刘邦建立了汉朝并统一了天下,政治局势逐渐稳定下来,国家开始着力恢复和发展经济。汉武帝刘彻继位后,实施了一系列的政策和改革措施,推动了经济的恢复和繁荣。

农业是当时经济的主要支柱。汉武帝实行了均田制,通过平均分配土地,减轻了农民的负担,促进了农业生产的发展。农民们得以获得稳定的土地,有更大的动力去耕种,农业产量逐渐增加。此外,汉朝还对农业进行了技术改进,推广了灌溉、水利等农业生产技术,提高了农田的利用率和产量。

除了农业,商业和手工业也得到了一定的发展。随着国家的统一和稳定,商业活动逐渐恢复起来。汉武帝开辟了丝绸之路,促进了贸易和文化交流,带动了经济的繁荣。商人们通过陆路和海路与西域和中亚等地进行贸易,丝绸、茶叶、瓷器等商品成为重要的出口产品。此外,汉武帝还设立了郡县,发展了城市经济,促进了商业的繁荣。

手工业也得到了一定的发展。在经济恢复的背景下,手工业工艺水平逐渐提高,制造业蓬勃发展，铁器、陶瓷、丝织品等手工制品在国内外市场上受到青睐。手工业的发展为经济增长提供了动力，也为社会的繁荣和人民的生活水平的提高提供了物质基础。

在这样的经济状况下，董仲舒的思想逐渐形成并得以发展。他推崇民本思想，关注人民的生活状况和社会的公平正义。经济的恢复和繁荣为他提供了反思和探索的机会，他希望通过合理的政策和制度来增进社会的繁荣和人民的福祉。

首先，农业的恢复和繁荣为董仲舒思考社会稳定和治理提供了基础。农业是当时社会经济的基础，农民的生产和生活状况直接关系到社会的稳定和人民的幸福。董仲舒强调通过均田制等政策来减轻农民的负担，促进农业生产的发展。他认为通过稳定农民的土地权益，提高农民的生产积极性，可以实现社会的稳定和繁荣。

其次，商业和手工业的发展为董仲舒的思想提供了广阔的视野。随着贸易的繁荣和手工业的兴盛，人们的生活水平提高，社会的经济活力增强。董仲舒关注人民的生活状况和社会的公平正义，他意识到经济的繁荣和发展对于实现这些目标至关重要。他提倡政府应该关注商业和手工业的发展，制定合理的政策和制度，推动经济的繁荣，并通过公正的分配来保障人民的权益。

在这一经济状况下，董仲舒的思想得到了一定的认可和实践。他被汉武帝任命为太子太傅，负责教育皇子刘据。这一任命显示了他在政治和思想领域的影响力和地位。董仲舒通过教育和影响年轻一代的领导人，传承他的思想，并影响了当时政府的决策和政策制定。

董仲舒生活时代的经济状况对他的思想产生了重要的影响。农业的恢复和繁荣、商业和手工业的发展为他思考社会稳定、治理和人民福祉提供了实践基础和启示。他的思想强调以民为本，关注人民的生活状况和社会的公平正义，通过合理的政策和制度来增进社会的繁荣和人民的福祉。他的思想在当时得到了一定的认可和实践，成为当时政府决策和政策制定的重要参考。董仲舒通过教育和影响年轻一代的领导人，传承了他的思想，并为后世的政治治理和社会发展提供了宝贵的思想资源。

三、文化氛围

董仲舒生活时代的文化样态主要表现为儒家思想的崛起和传承，以及其他思想流派的涌现和互相辩论。在西汉时期，儒家思想成为统治阶级的主流思想，董仲舒作为一位儒家思想家深受儒家传统的影响，同时也在不同的思想流派中进行了探索和对话。

（一）儒家思想的崛起和传承

在西汉时期，儒家思想得到了相对的崛起和发展。儒家经典成为统治阶级教育的重要内容，儒家学者在政治、教育和礼仪等领域发挥着重要的作用。这一时期，儒家思想的核心概念如仁、义、礼等得到了深入研究和阐发。儒家思想注重个人修养和道德行为，强调人与人之间的伦理关系和社会秩序。儒家经典如《论语》《大学》《中庸》等成为儒家学者研究和传承的重要文献。

在这样的文化背景下，董仲舒作为儒家思想家深受儒家传统的影响。他对儒家经典进行深入的研究和解读，并通过自己的思考和实践来发展和丰富儒家思想。董仲舒重视人性的善良本质，强调通过教育和修养来培养人的德行和品质，提倡以德治国的理念。他在政治、教育和社会伦理等方面提出了一系列具有儒家特色的观点和主张，对当时的政治实践和社会发展产生了积极的影响。

（二）其他思想流派的涌现和互相辩论

除了儒家思想，西汉时期也涌现出其他重要的思想流派，如法家和墨家等。这些思想流派与儒家思想形成了对话和辩论，推动了当时思想的发展和多元化。法家思想强调法治和政治手段，倡导以法律和制度来管理社会，强调统治者的权威和政治效能。法家思想家如韩非子和李斯等提出了一系列关于国家治理和社会秩序的理论。他们主张依法治国，通过严厉的刑法和明确的奖罚制度来维护社会秩序和统治者的权威。与儒家思想强调德行和仁爱不同，法家思想更注重政治实用性和权力运行的规范性。

墨家思想强调爱和兼爱，主张消除社会上的差别，实现公平和普遍的利益。墨家思想家如墨子提倡"兼爱非攻"，反对战争和暴力，主张以和平与公正的方式解决社会问题。他们对于儒家的家族观念和等级制度提出了批评和质疑，并强调个体之间的平等和关怀。

在这样的思想多元化的背景下，不同思想流派之间进行了积极的交流和辩论。儒家、法家、墨家等思想家之间展开了争论和对话，推动了思想的交融和发展。这种互相辩论的文化氛围促进了思想的进步和创新，使当时的文化场景更加丰富多样。

董仲舒作为一位儒家思想家，深受儒家传统的影响，但他也不排斥与其他思想流派的交流和辩论。他既致力于继承和发扬儒家经典的核心理念，又在思想的交流和对话中汲取其他流派的智慧和观点。这种开放的态度使得他的思想更加富于包容性和开放性，进一步丰富了当时的思想文化氛围。

董仲舒生活时代的文化样态呈现出儒家思想的崛起和传承，以及其他思想流派的涌现和互相辩论。这种思想多元化的文化氛围推动了思想的进步和发展，为董仲舒等思想家提供了广阔的平台和机遇，也丰富了当时的思想文化场景。

四、学术环境

董仲舒所处的时代，学术研究和讨论十分活跃，不同学派的学者们积极交流和辩论。这种学术环境为董仲舒的思想发展提供了广阔的平台和机遇，他通过与其他学者的交流和争论，不断丰富和完善自己的思想体系。

（一）学术研究的活跃

在董仲舒所处的时代，学术研究和讨论非常活跃。各种学派和思想流派相互交流，学者们积极参与辩论和研究，推动了思想的进步和发展。这种学术活跃的氛围为董仲舒的思想发展提供了重要的机遇和平台。

1.学术机构的兴起

在西汉时期，随着政治的相对稳定，学术研究得到了一定的支持和重视。宫廷和官方机构设立了学官职位，负责教育和研究。例如，汉武帝在京师设立了太学，招收学生进行教育和学术研究。这些学官机构成为学者们交流和研究的重要场所。

2.学者间的互动和交流

学者们之间积极展开互动和交流，参与各种学术活动，如学术会议、讲座和辩论等。他们通过争论和对话，探索思想的边界和问题的解决方案。这种互动和交流为董仲舒提供了与其他学者交流和辩论的机会，丰富了他的思想视野和知识储备。

（二）学术思潮的多样性

在董仲舒生活的时代，不同的学派和思想流派兴起，形成了多样的学术思潮。这些学派包括儒家、法家、墨家等，它们在不同的学术领域展开了激烈的辩论和竞争。这种多样性的学术思潮为董仲舒的思想发展提供了广阔的参照和对比。

1.儒家思潮

儒家思想在当时得到了相对的崛起和传承。儒家经典成为统治阶级教育的重要内容，儒家学者在政治、教育和礼仪等领域发挥着重要作用。董仲舒作为儒家思想家，深受儒家传统的影响，但也在儒家学派内部进行了研究和探索。

2.其他思潮

（1）法家思潮

法家思想强调法治和政治手段，倡导以法律和制度来管理社会，强调统治者的权威和政治效能。法家思想家如韩非子等在政治、法律和军事等方面做出了重要贡献。他们的思想与儒家思想存在一定的对立和辩论，催生了学术上的争论和交流。

（2）墨家思潮

墨家思想强调兼爱和非攻，倡导以和平、公平与人道主义来解决社会问题。墨家学派在伦理和社会政策等方面提出了独特的主张。它们与儒家思想存在一定的差异，也与儒家学派进行了学术上的竞争和互动。

（3）其他思想流派的涌现

除了儒家、法家和墨家，西汉时期还涌现出许多其他思想流派，如道家、阴阳家、名家等。这些思想流派在不同的学术领域提出了各自的理论和观点，形成了丰富多样的学术思潮。董仲舒在学术交流中与这些思想流派进行了互动，吸取了他们的观点受到启发，丰富了自己的思想体系。

3.学术辩论的重要性

学术研究的活跃和不同思想流派的竞争为董仲舒的思想发展提供了重要的刺激和挑战。通过与其他学者的交流和辩论，董仲舒得以验证和完善自己的观点，同时也推动了学术思想的进步。他通过对不同思想流派的辩论和对比，不断深化了自己的思考，并将这些学术争论的成果纳入自己的思想体系中。

（三）学术对话和影响

董仲舒的学术成就和影响离不开与其他学者的学术对话和交流。他与同一时代的儒家学者、法家学者以及其他思想流派的代表进行了广泛的学术辩论，争辩各自的观点，并从中辩论汲取启发。

1. 儒家学者之间的交流

董仲舒作为儒家思想家，与当时的儒家学者进行了密切的学术交流。他与其他儒家学者一同研究儒家经典，解读儒家的核心思想，争论如何将儒家的原则应用于现实社会。这种交流促使董仲舒对儒家思想进行深入思考和发展，形成了他独特的学术观点。

2. 与其他学派的对话

董仲舒还积极参加了与其他思想流派的对话和辩论。他与法家、墨家等学派的学者进行了学术交流，对比各种思想观点，探索不同学派之间的异同。这种对话为董仲舒的思想提供了广阔的视野和思想的刺激，激发了他进一步发展自己的观点和理论。

3. 学术影响力的扩散

董仲舒的学术成就逐渐在学术界扩散开来，他的思想被其他学者所接受和传承。他的学生和后继者继续发展和传承他的学说，将他的思想观点传播至更广泛的范围。董仲舒通过学术对话和交流，对当时的学术思潮产生了积极的影响，同时也受到其他学者的肯定和尊重。

董仲舒生活的时代是一个政治、经济和文化变革频繁的时期，这些变革对他的思想产生了重要的影响。在这个时代背景下，董仲舒深受儒家思想的影响，同时也在与其他学派的交流中不断发展自己的思想体系。他关注国家的治理和社会的稳定，注重民本思想，以实现社会繁荣和人民福祉为目标。董仲舒生活时代的文化样态为他的思想奠定了基础，也为他的思想在后世的传承和发展提供了坚实的支撑。

第二节　"独尊儒术"与雅俗分流的确立

一、传统文学雅俗之辨

雅俗之分是雅俗关系的起点，对雅俗关系进行研究，首先应在源头上予以观照。只有明确了"雅""俗"范畴的形成，才能对雅俗文学和雅俗关系进行具体的把握。否则，一切关系的表述都会陷于空谈。

"雅"和"俗"首先是作为语言存在。按照索绪尔的说法，"语言是一种表达观念的符号系统",随着时间的推移,符号总是处在变化的状态中,变化的"结果都会导致所指和能指关系的转移"。由于概念是文字符号的"所指",这种"转移"直接导致了文字概念的变化。正是因为这种"转移"造成了现在"雅"与"俗"的多重意义。随便一本汉语词典中,"雅"就有文雅、典雅、高雅等多种阐发,"俗"则有风俗、习俗、粗俗、庸俗等多项意义,这也成为理解雅俗的难点所在。同时,雅俗概念受雅俗观念影响,随着时间的变化而发展。

所以我们的研究采用历史的方式,从源头下手把握雅俗文学的划分,进而发掘出影响雅俗内涵的两种雅俗观念,并在静态的层面对传统文学雅俗关系进行辨析。

(一)雅俗之分的发生

文学的雅俗之分是发生在意义的层面上的。就现存资料来看,东汉许慎对雅俗本义的解释极具说服力。他的《说文解字》以训释词的本义为旨规。《说文》云:雅,"楚乌也。一名鸒,一名卑居。秦谓之雅。从隹,牙声。"可见,雅本义是一种鸟。俗,"习也。从人,谷声。"然而两者毕竟是一组对立范畴。对此,我们只能从雅俗的外延意义上去取证。作为语言符号,"符号在时间上的连续性与在时间上的变化相连,这就是普通符号学的一个原则"。文化传承的过程中,有限的文字背负了太多的文化内涵。正是这种内涵意义的积淀,造成词义的多样化,致使许多的文字在历史的进程中发生了意义的消逝或转变。雅俗作为一组对位性术语的出现,必然发生在这个历史过程中。

首先是"雅"的语义变迁形成"雅""风"之分。"雅""风"之分是雅俗之分的前奏。当代学者在讨论雅俗这一对立范畴的时候,大多把视线停留在《诗经》六义"风、雅、颂、赋、比、兴"上。我国古代诗乐舞三位一体。"诗三百"实际上是乐诗,学界普遍认为风、雅、颂都是乐调形式。既然和"风""颂"并列的"雅"是一种乐调形式,那么就意味着在《诗经》中,雅字的意义已经发生改变。

语义转变后的"雅"首先成为一个地域指称名词,这在学界已经达成共识。王引之在《读书杂志》中解释《荀子·荣辱》篇"譬之越人安越,楚人安楚,君子安雅"的"雅"字时认为"夏""雅"二字相通,说:"雅读为夏,夏谓中国也,故与楚、越对文。《儒效篇》'居楚而楚,居越而越,居夏而夏'是其证。古者夏、雅二字互通,故《左传》齐大夫子雅,《韩子·外储说右篇》作子夏。"对此,梁启超在《释四诗名义》中也指出:"'雅'与'夏'古字相通。"章炳麟则进一步考证"雅"意义转变的过程,他指出"雅"作为一种鸟应当是出现在西周王畿,雅字当是因鸟叫声而得名,逐渐演化成为代表西周王畿的地域名词。周人时常把自己称为夏人,这样,也就不难理解为什么会有"雅""夏"相通的认为了(《太炎文集》初编卷一)。

"雅""夏"相通,那么"雅"就和郑、卫、周南等词属性相当。这里出现这样一个问题:为什么只有"雅"成为代表本地乐调的词语,而和"雅"功能相近的地域性名词的郑、卫等却没有?根据前辈学者的考证来看,"雅"字意义的转变应是由概念意义向外延意义的关联性转变。一旦"雅""夏"相通,"雅"就具有了"中心"的意味,作为名词的地域指称开始虚化,并且更多地被后人赋予了形容词的意义。段玉裁解释说"雅之训亦云素也,正也,皆属假借"。(《说文解字注》)"正"也就是"中心"。"雅"即正,那么作为乐调的"雅",就指朝廷正乐,也就是西周王畿的乐调。《诗经》中,为了和朝廷正乐相区分,其他地区乐调总体上以一个"风"的形式出现。于是雅风之分成了雅俗之分的前奏。这也被看作是后世的雅俗之分的一个起点。

雅风之分在古人那里的明显表现是"雅郑"之说。此说法大体源于《论语·阳货》篇,"子曰:恶紫之夺朱也,恶郑声之乱雅乐也,恶利口之覆邦家者"。"郑声"是属于"风"的一种,也最能体现"风"的特点,即在乐调上和"雅"相对,故而被孔子频频使用,雅郑之别也正是雅风之别。《文心雕龙·体性》篇曰:"学有浅深,习有雅郑","体式雅郑,鲜有反其习"。这里"雅郑"已经被正式用作对位式术语来使用了。

其次是"俗"对"风"的取代形成雅俗之分。"俗"字,从学者张赣生的考证来看,至少是追溯到了战国时代,实际变化不大。这和"俗"出现历史相对短暂不无关系。张赣生对"俗"字的考证颇为详细,他认为:"中国人产生'俗'这个观念,大约是在西周时代,殷商的甲骨文和铜器铭文中均未见有'俗'字,似乎表明那个时候尚无'俗'的概念""从传世古籍来看,假如我未记错,《易》《诗》《书》《左传》和《论语》等重要典籍中均未见'俗'字,这不会是偶然现象,它似乎证明'俗'的观念在春秋时代尚未得到普遍确认。进入战国由时代以后,'俗'成了人们经常谈论的话题"。

"俗"的意义词源上的理解比较集中在两个方面。一是《释名》解为:"俗,欲也,俗人之所欲也。"再者是《说文解字》说:"俗,习也。"段玉裁进一步解释:"习者,数飞也。引申之。凡相效谓之习。""俗"表示为平常人本能的欲望,因而会有"低俗""庸俗"的意味;同时,"习"的存在使得"俗"在民众中具有了普遍性,因而成为一种"世俗"。总体看来,"俗"代表了大多数民众的生活方式和习惯。

"俗"对"风"的取代建立在意义趋同的基础上。这种"趋同"在先秦就已经发生。《曲礼》云:"入国而问俗。"段玉裁注:"俗,谓常所行与所恶也。"而《荀子·强国篇》有"入境观其风俗"的说法。这里,"俗"和"风俗"的意义是一致的,先秦时期人们已经对"风"和"俗"意义的等同产生认可。"风俗"的出现表明"俗"与"风"已经被相提并论了。如果说在这里"俗"等同于"风俗",那么,《汉书·五行志》记:"天子省风以作乐",应劭注:"风,土地风俗也",则表明了"风"等同于"风俗"。这时候,在逻辑意义上,"风"等同于"俗"。"风俗"是并列形式的合成词,在这个词语中,"风"和"俗"的意思已经是趋于一致了。今天人们所论及的对立毕竟是雅俗关系而不是雅风关系。可以接受的情况是,随着历史的推移,"俗"和"风"的意义产生重合,相比之下"俗"比"风"更有利于此种意义的表达,于是"俗"逐渐取代了"风"的位置,雅风之分就成了雅俗之分。

"风""俗"的"重合"是建立在"习性"的意义上的。《说文解字注》引用《汉地理志》注释"俗"字,并把"风"和"俗"的意义加以区分。《汉地理志》曰:"凡民函五常之性,其刚柔缓急,音声不同,系水土之风气,故谓之风;好恶取舍,动静无常,随君上之情欲,谓之俗。"在这里,"风"的意义侧重于民众之声,"俗"的意义则更侧重于民众之情,从"习性"的角度来看,"俗"与"风"的意义已经相同。而从《诗经》开始出现的"雅"被注入更多的阶级性后,已经成为统治阶级和贵族的专用指涉,"风"的地区性指涉必然相应要让位于被统治阶层——民众。与"风"相比,"俗"由于出现较晚,意义相对固定,不似"风"那样有较多的能指意义,因而在文化的发展过程中理所当然地取代了"风"成为"雅"的对立面。

最后是"雅""俗"之分在文化范畴内的贯彻,形成"雅""俗"文学的区分。从发生的角度来看,"雅俗"之分是在文化范畴内完成的。"文化"的含义极广,由于其内涵和外延的不确定性,很难进行精准的定义,对"文化"的解释也历来莫衷一是。梁漱溟的说法或可资借鉴,他认为文化乃是"人类生活的样法",分为精神生活、物质生活和社会生活三大内容。我们可以据此理解为,文化是人类活动过程和成果的总概括,在此意义上,文化就是"人化"。客观环境的限制和主体自身条件的不同造成文化创造主体的差别,在此基础上产生的文化形态必定具有相对的差异性。由雅俗的产生可以看出,这种差异性恰恰是雅俗得以生成的必要条件。我们甚至完全可以说,雅俗观念的生成是早期不同地域、人群文化差异性的最突出表现。

早期的中国社会只有贵族才有受教育的权利,文化为贵族所垄断,士是贵族的最底层。"文人阶级起于士阶级之分化",由于地位使然,士投向对文化知识的掌控,以求用另一种形式得到当权者的青睐,进而形成文士阶层。文学雅俗之分正是在掌握文化权利的文士这里完成的。随着文学自身的进一步独立,再加上文人阶层的壮大和对文化的掌控,文学上的雅俗之分日趋明朗化。雅成为文人之雅,具有了"精英""高级"的意味,俗则是民众之俗,更多是"世俗""低陋"的意义。

(二)影响雅俗之分的雅俗观念

从雅俗之分的形成来看,文学本质上是"俗"的。如范伯群所说,"文学巨树拔地参天,在它的母本上,又分叉为'雅''俗'两大枝干,双双生长繁衍。但是,这棵巨树在胚芽状态时,却是俗而又俗的。"文学"雅""俗"对峙的两大分支是随着雅俗观念的发生而分化的。雅文学的正统性及其在事实上形成对俗文学的强势,都是需要雅俗观念做依据的。雅俗观念影响着雅俗关系的形成,进而成为中国文学批评中的重要观念。在历史的长河中,文学的雅俗关系随雅俗观念的发展而不断演进,并且在每一个时期都呈现出不同的形态。从传统文学发展的历程出发,大致可以梳理出两种最主要的雅俗观念。它们和其他的雅俗观念一起,造就了文学的雅俗格局。

1. 政教型雅俗观

由雅俗之分的发生可以看到,"雅"之所以和"俗"区分开来,表面上是出于地域和文化的差异,实际上王权在其中起到了决定性的作用。"雅"本身是"俗"的一种,只是由于处于西周王畿之地,因此才受到重视。在这种情况下,雅俗关系具有了严格的阶级属性,表现为统治阶层和被统治阶层的对立。雅属于统治者、士大夫阶层,是正统的,严肃的,宣扬主流意识形态的;俗属于被统治者、平民大众,是世俗的,甚至浅陋的,并且因为娱乐消遣性而失其严肃,孔子口中的"郑声"即是如此。

就文学而言,文人阶层是作者,同时又是批评家,具有文学解释和评判的垄断权,是前所未有的文学权威。而士大夫的身份使他们自觉地去维护王权,因而他们的文学观念多是从政治教化的角度出发的,政教型的雅俗观念由此生成。文人强调"雅"文学的政教意味,必然要使雅文学尽快分离出来,并成为正统的、中心的文学。针对俗文学进行事实上的"造雅"也是在此观念上展开的。

对《诗经》"雅"的解释是政教型雅俗观念的最典型反映。按《毛诗序》的说法:"是以一国之事,系一人之本,谓之风;言天下之事,形四方之风,谓之雅。雅者,正也,言王政之所由废兴也。政有大小,故有小雅焉,有大雅焉。"《左传·襄公二十九年》有"为之歌小雅"之说,孔颖达疏:"小雅、大雅,皆天子之诗也。立政所以正天下,故《诗序》训雅为正,又以政解之。天子以政教齐正天下,故民述天子之政,还以齐正而为名,故谓之雅。"(《春秋左传正义》卷39)郑樵在《昆虫草木略·序》则直接指出"风土之音曰风,朝廷之音曰雅。""雅"是正统、王权的、朝廷的,是可以"正天下"的,所以需要大力提倡。

意识形态型雅俗观念下的"造雅"运动体现为两个方向。一个是创作方向,文人士夫自觉投入到文学的创作,创作出属于本阶级的雅文学,如屈原的《楚辞》可以视为早期雅文学创作的典范。另一个是"化俗为雅"方向,文人阶层垄断式地掌控话语权,利用文学解释和评判的方式,将原本的俗文学纳入雅文学的范畴,实现俗文学的雅观念化。按郑振铎的描述,俗文学的一大表征是很难确定作者的名字,这在先秦时期的很多雅文学作品中都可以见到,从而证明了"化俗为雅"的存在。文人产生以后,雅文学的创作多了起来。但在意识形态型雅俗观念产生之初,"化俗为雅"的形式在文学活动被更多地应用。

在意识形态型雅俗观的观照下,《诗经》在后世成为不折不扣的雅文学经典。《诗经》本身是雅俗并存的,并且更多应当是俗文学,其被称为雅文学事实上形成了一个人为的悖论。但由于孔子至高无上的圣人地位的确立,《诗经》作为雅文学经典被历代文人儒者所重视,甚至成为儒家"六经"之首。《诗经》之"雅"在历代文人对《诗经》的注解上更多体现出来,最有名的莫过于《关雎》乃形容"后妃之德"的阐释。

需要指出的是,春秋战国的百家争鸣时代,雅俗观念是多元化的,甚至可以说,后世传递下来的雅俗观念,那时候基本都有了。以先秦诸家的论述来看,大部分都有扬雅鄙俗的倾向。但在这一时期，雅俗对立之说只是作为一种区分存在，雅文学并没有形成对俗文学的挤压和排斥之势。儒家的孔子提倡"雅乐"，但并不删除郑卫之诗，孟子把雅俗审美观念的区别提高到了政治教化的高度，荀子则将通俗文艺的形式入雅；《墨子》《管子》《韩非子》等则对儒家提倡"雅乐"的审美教化论不满，提出多带"尚俗"的审美观念；屈原在诗歌方面化俗为雅，创作《九歌》《天问》。凡此种种，使得我们足可大胆推测，先秦时期是文学意识形态型雅俗观念的形成时期。"雅乐"的提倡，"雅俗转化"的提出，乃至"尚俗"的论调，事实上都是在推动雅文学的建造和地位的提升。

政教型的雅俗观念在西汉被大大强化。董仲舒提出"罢黜百家、独尊儒术"和"大一统"的主张，可以视为儒家意识形态型文学观念的极度强化，汉武帝对其理论的实施则实质上表明了统治阶层对意识形态型文学观念的接受。此后汉代儒家诗占据了统治地位，强调诗歌与政治教化的关系，诗歌被视为"经夫妇、成孝敬、厚人伦、美教化、移风俗"（《毛诗序》）的工具，兼为学者、官僚的士大夫承担了向全社会贯彻儒家正统意识形态的任务。从此以后，意识形态型雅俗观念作为雅俗观念的一个主要类型被传承下来。雅俗对立的关系由于政治意识形态的融入而具有了更多的敌对性。

2. 审美型雅俗观

审美的雅俗观念，就是指从文学的审美意趣和审美境界而言，可以看作是纯文学出发的雅俗观念。文士是最早的文人阶层，基于本阶层的生活经验最早创作出真正意义上的文人文学。文人文学展现了作者文学上的专业能力，能够自觉地追求文学审美特征，表达完整而细致的人生体验，目的是在予人欣赏的过程中达到影响和沟通。文人文学的特点由此表现为作品的抒情言志性和作者读者同源性。相比之下，俗文学则流于民间，表现为没有确定作者，质量相对粗糙，语言内容大众化。在审美型雅俗观下，雅俗关系表现为不同的审美取向。"雅"指高雅别致、庄重典雅、超凡脱俗的文学境界；"俗"则是通俗浅显，表达大众的人生感受。

应当说，审美观念伴随文学的产生而出现，雅俗文学之分也必然蕴含着审美观念上的区分。但是，中国文学审美雅俗观念的自觉形成却是在魏晋南北朝时期，具体表现为文学的自觉性和创作的个性化。文学的自觉性表现在文学真正地从广义的学术之中解脱出来，成为独立的学科门类，对文学的各种体裁有了细致的划分，最重要的是对文学的审美特性有了自觉的追求。文学自身的审美趣味被凸显出来，因而能够超越儒家诗教和礼乐思想的桎梏，真正成为独立于政教之外具有自身价值形态的东西。并且这一时期以刘勰的《文心雕龙》为标志，产生了大量探讨文学品格和文学内在规律的理论著作。雅俗成为魏晋南北朝时期人们品评文章的基本范畴，雅俗观念也真正成为表达评论者基本审美倾向的美学观念。

审美的雅俗观念并不是突然在魏晋时期发生的，任何文学观念的发生与发展都体现在历史的进程中。审美的雅俗观念在汉代已经有了明显体现，如杨雄较早注意到作者与作品的关系,"诗人之赋丽以则,辞人之赋丽以淫"(扬雄《法言·吾子》。)班固的《汉书·艺文志》云:"小说家者流,盖出于稗官。街谈巷语,道听途说者之所造也。"表达出对小说文体的审美态度等。然而,"大一统"的出现很大程度上限制了这些思想的发展。只有到了魏晋时期,一方面是汉末的战乱,三国纷争以来的社会动荡局面,意识形态"大一统"的状况不复存在;一方面是文学的"上移",具有较高文学素养的统治者参与文学的创作与批评,不同文学发展的政治障碍不复存在,同时魏晋玄学和佛老之学兴起并注入文学,更多的文学观念在文学范畴内展开。这些都成为魏晋时期文学摆脱经学政教观念的束缚、审美雅俗观念盛行的有利因素。

审美的雅俗观念是以文论为阵地展开的,明显表现在对文学的各种体裁的评价上。曹丕从文体上区分雅俗:"夫文本同而末异。盖奏议宜雅,书论宜理,名诔尚实,诗赋欲丽。"(《典论·论文》)刘勰《文心雕龙》文体论二十篇,其中论文十篇,以"明诗"居首、"谐隐"居末,叙笔十篇,以"史传"为首、"书记"居末。尤其从《明诗第六》和《谐隐第十五》来看,刘勰以诗歌为雅、以小说等文体为俗的观念已然显现。"又蚕蟹鄙谚,狸首淫哇"(《谐隐第十五》)的小说之流在刘勰这里是难登大雅之堂的。钟嵘将"雅"作为一种被肯定的文体风格,认为曹植"体被文质,粲溢今古,卓尔不群",任昉"少年为诗不工,故世称沈诗任笔,昉深恨之。晚节爱好既笃,文亦遒变,善铨事理,拓体渊雅,得国士之风"(《诗品》)。总之,中国传统文学以诗文格律为雅、小说为俗的观念于魏晋时期已经成型,发展到宋代,词被吸收进了雅的文学范围,雅文学文体就基本上局限在诗、词和文言散文之内了。

审美雅俗观念最重要的是自觉地强调文学的审美特性。主流文人都显示出强烈的崇雅抑俗倾向。他们从创作论出发描述作者的审美观念和文本的美学蕴含,从而提倡一种纯文学之"雅"。陆机《文赋》中提到作者的情感问题,以"诗缘情"形成对"诗言志"的冲击;《文心雕龙》一书中对160多位作家及其作品的评论,无不以"雅丽"作为标准;《诗品》列举122人,分"三品"评之,反映出审美雅俗观念下对作家作品的不同认识。审美的雅俗观念中或多或少地还存在儒家观念的影子,比如"雅正"观念。如刘勰的"宗经"和"征圣"思想可以说是儒家"雅正"思想的阐发,钟嵘的品评也是以"雅正"为标准进行的。但是,这里"雅正"观念的政治意识形态性已经大大弱化了,"雅正"是作为一种传统美学精神存在的,更多的是文学自身的美学韵味。在审美雅俗观念的观照下,"建安风骨"作为一种雅文学的诗歌范式在魏晋时期得到确立,和以后的"盛唐气象"相呼应,成为雅文学审美观念的典范。审美的雅俗观念本质是属于文学艺术范畴内的,因而必然和文学发展一样具有长久的生命力。

(三)传统文学的雅俗关系

传统的雅俗观念实质是提供了雅俗文学的判断方式,进而维护以雅为中心的雅文学,士大夫文人们参照雅俗观念进行文学的创作和评价,最终是树立雅文学的"中心"地位。

意识形态的雅俗观念和审美的雅俗观念作为最重要的两个观念存在于传统文学的雅俗范畴之内，因而判定文学雅俗的观念也是综合性的，在此基础上造就的雅俗关系也必然是综合性的。

意识形态雅俗观念下，儒家文学得到极大的兴盛，符合儒家理念的文学样式迅猛膨胀；审美雅俗观念的发生，促使更多的文人自觉地去追求和遵循"雅丽""高雅"的美学标准，从而创作出更多的雅文学。在这个程度上，整个封建社会的文学又是一极化的。即使是能够使雅文学相形见绌的俗文学，由于其不符合意识形态和审美上的雅的标准，也会备受压制。俗文学创作只能悄悄转入了"民间"，游走于文学的边缘地带。

中国文学每一个阶段的发展都和雅俗息息相关。以"雅"为中心的雅俗关系几乎贯穿了中国文学的全程。毫不夸张地说，我们的传统文学史就是雅文学的历史，俗文学的存在相对而言是一种"边缘性"的存在。传统文学的雅俗关系是以雅文学为"中心"的，主要体现为文人文学和民间文学的对立。

秉承传统雅俗观念的士大夫文人造就了文人文学和民间文学的雅俗对立。俗对立形成的先决条件是雅文学的创立。"雅乐"的提倡，"雅俗转化"的提出，乃至"尚俗"的论调，事实上都是在推动雅文学的建造和地位的提升。这一时期，从俗文学中转化生成的雅文学，都是带有文人的影子的，是被先秦文人所推崇并改进的俗文学，同时先秦文人也开始大量创作，经过文人的参与，雅文学得以迅速壮大。文人主导了雅文学，因此雅文学在此阶段称为文人文学是名副其实的。由于文人的参与，代表主流意识形态的雅文化地位被大大提高了。同时，拥有文化专利的文人士大夫又对雅文化加以提升改造，使文化的雅俗差异更加明显。于是有了这样的观点："中国古代的雅文化是以礼、乐、诗、书为内核，以士大夫标准为外壳的文化。孔子说：'《诗》《书》执礼，皆雅言。'（《论语·述而》）雅文化是士大夫文化或称贵族文化，俗文化是以民间意识为内核，是属于下层人民的俚俗文化。"文学史上的文人文学明显表现出两大向度，即意识形态化和审美化。文人要使雅文学尽快分离出来，并成为正统的、中心的文学。文人文学或维护王权，推行政治教化；或追求境界，强调文人的美学观念。在最初的"造雅"运动中，一方面文人进行着大量的雅文学创作；另一方面他们又赋予俗文学以雅的阐释，以传统的雅俗观念将"俗"文学"观照"进雅文学的领地。

文人文学和民间文学的对立直接影响到了文学雅俗观念的发展，并且这种对立作为一种传统观念被传递下来，进而积淀到人们的无意识层面。当人类群体中某种集体无意识一旦形成，往往展示出极大的影响力。在文学进程中，传统的雅俗观念终致成为文学革新的最大阻力。

政教型的雅俗观念是文人与生俱来的，浓重的政治伦理意味成为文人文学对立于民间文学的一个显著特点。文人的士大夫称谓表明，作为一个阶层出现，他们仍然和统治阶层有着千丝万缕的联系甚至等同。"雅俗对立"的出现适应了文人文学的形式，文人的参与使文学真正成为雅文学，此时的雅文学之"雅"是文人之"雅"，一旦雅俗文学的对立正式树立，雅俗对立对文学的推动作用便迅速体现出来——雅文学的创作由于文人的热衷而大量增加，一批经典性作品开始成型。为了进一步提高自身地位，宣扬自己的理念，自先秦开始，文人们就在寻求一条能够得到王权支持的道路。得到王权支持的文人文学才能够真正成为雅文学，成为思想上、文学上的正统。汉代"罢黜百家、独尊儒术"实际上表明了文人文学和权力勾结这一目的的实现。是以文人文学一开始就洋溢着政治性，这也决定了文人文学和民间文学之间明显的功利性区别。《离骚》中的"雅"、维护"正统"、拥护"中心"等意义随处可见，这也是雅文学主流意识形态性的较早展现。统治阶层对文人文学，尤其是符合儒家政治理念的文学的重视，提高到前所未有的地步，举国文人的文学创作皆为此服务。传承所致，当我们提到中国古代文学的时候，总是不自觉地把它和政治联系起来，从而想到它的教化性。

文人文学和民间文学对立的文学史表现是俗文学的"边缘化"。文人文学的政治教化性为统治阶层所看重，雅文学一家独大，消灭了文学上的百家争鸣状态，对文学发展的多样化、多元化是极大的打击；"独尊"的形式也使作为俗文学的民间文学日益边缘化。在这个程度上，整个封建社会的传统文学（即文人文学）又是一极化的。统治阶层和文人们将全部文学意愿付诸单一的文学教化理念之下。在一元理念的驱动下，符合该理念的文学样式迅猛膨胀。儒家文学也因此得到极大的兴盛，在儒家理念之上形成了雅文学"中心"。文学上的"大一统"阻滞了文学发展的多元化，但推动了儒家理念文学的拓展，使雅文学得以强化。雅俗文学的对立成为"中心"和"边缘"的对立。自雅从俗中被独立出来，雅俗已经具有了明显的等级观念，也就是说从"大一统"开始，雅俗文学之分就带上了深刻的阶级烙印。作为俗文学的民间文学被排斥在外，从文学性来看，即使是能够使雅文学相形见绌的民间文学，由于反映出被统治阶层的意识形态或话语，也受到无情的压迫和排挤。民间文学的创作由于雅文学的出现而备受压制，以至于在正统王家的文学史籍上，几乎见不到民间文学的影子。

二、雅俗关系的现代呈现

一个不容回避的问题是，文学由传统发展到现代，已经发生了巨大的变化。最明显的特征就是小说成为文学的主流，现代文学的雅俗关系基本上是在小说领域内展开的。而在传统文学的雅俗观念中，小说只是作为"小道"而受鄙弃的俗文学，是不配登大雅之堂的。这种情况表明，雅俗文学在从传统向现代的发展中，经历了一个过渡。过渡的结果是雅俗观念的转变，雅俗关系也因此发生了巨大变化。传统文学的雅俗双方主要是文人文学和民间文学，20世纪以后则转变为高雅文学和通俗文学。

雅俗关系的现代呈现表明，传统的政教型雅俗观念依然是雅俗关系的主导，并进一步发展，由政治教化转向启蒙，通俗文学也因此受到极大的压制。文艺大众化运动作为现代文学雅俗关系的一段特殊阶段，实质反映出政教型雅俗观念的进一步发展，意识形态型雅俗观念在此生成，对以后的文学雅俗关系产生极大影响。

（一）雅俗文学由传统向现代的转变

"历史悠久的中国文学，到清王朝的末年，发生了前所未有的重大转折：开始与西方文学、西方文化迎面相遇，经过碰撞、交汇而在自身基础上逐渐形成具有现代性的文学性质，至'五四'文学革命兴起则达到高潮。从此，中国文学史进入一个明显区别于古代文学的崭新阶段。"这个"区别于古代文学的崭新阶段"就是现代文学阶段。"新阶段"的重大转折显然是由于"现代性"的发生。"所谓'现代性'，指的是传统社会转变为现代社会过程中形成的一系列新的知识理念与价值标准。"19世纪末20世纪初，文学的现代性终于因社会转型的出现得以确立。文学现代性的产生意味着文学史上出现古代文学、现代文学两者的对立，于是，文学上又一个二元结构宣告生成。文学的发展就重新建立在了对前者的贬低和对后者的大力倡导的基础之上。古代文学成为"旧文学"，文人文学和民间文学之分已经不能继续应用于现代"新文学"领域。对于文学的雅俗范畴而言，和许多其他古文论范畴一样，要么停滞在古代文学的阶段，宣告自己的终结，要么向现代领域转化。文学史带给我们的讯息是，古文学领域内的文人文学和民间文学对立的文学主流被现代文学领域内的高雅文学和通俗文学的对立所取代。

近代通俗文学的繁荣，形成对既往雅俗关系的强力消解态势，这是文学雅俗关系发生转变的最直接原因。关于通俗文学，范伯群给出了较完备的定义："中国近现代通俗文学是指以清末民初大都市工商经济发展为基础得以滋长繁荣的、在内容上以传统心理机制为核心的、在形式上继承中国古代小说传统为模式的文人创作或经文人加工再创造的作品；在功能上侧重于趣味性、娱乐性、知识性和可读性，但也顾及'寓教于乐'的惩恶劝善效应，基于符合民族欣赏习惯的优势，形成了以广大市民层为主的读者群，是一种被他们视为精神消费品的，也必然会反映他们的社会价值观的商品性文学。"这一概念涵盖了艾布拉姆斯文学"四要素"的每一个要素，是对通俗文学本体的全面而完整的定义。李勇进一步将其概括为："'通俗文学'就是现代社会中，文人创作的供大众读者消遣娱乐的、模式化的商品性文学。"

社会的发展、市民阶层的壮大为通俗文学提供了良好的生存空间，通俗文学的基本属性得以充分展开，通俗文学的崛起成为必然。社会的现代性表明生产力和生产关系的变革。就世界范围而言，现代性体现为市场化、世俗化、人本化的转变。社会生产力的提高和生产关系的变革会进一步影响到意识形态和价值观念的变革，进而使文学文化都打上现代性的烙印。就如李勇所说："现代社会有两个特性与'通俗文学'直接相关：其一，社会关系的商品化促使作者为经济利益而写作，从而把作者、出版者和读者之间的关系变成了经济关系。

其二，对个人世俗欲望的肯定导致读者对文学娱乐性的大量需求，这种需求形成了巨大的市场，吸引着出版者和作者生产出可以满足这个市场的作品来，从而决定了'通俗文学'在现代社会的出现是一种历史的必然。"通俗文学迅猛发展，很快取代了传统雅俗二元中本就"边缘化"的民间文学的位置。传统的文人文学一方也为适应社会的现代性做出调整，转变为现代的高雅文学。雅俗的主体也就随之转变到了高雅文学和通俗文学上来。这样，在雅俗文学从传统向现代转变的过程中，通俗文学起到了助产士的作用。

知识精英参与俗文学的创作是通俗文学勃兴和雅俗文学主体转变的推动力。新文学的雅俗主体不同于旧的雅俗主体，但并非建立在否定或取代的意义之上。新的雅俗对立是在旧的雅俗对立的基础上的一种进步。商品经济的发展、文化市场的建立和深化吸引知识精英参与到通俗文学的创作中来。旧有俗文学中体现通俗文学基本属性的要素被发展，通俗文学的文学性也随之极大增强，由于是面向读者的创作，因而能够拥有更多的接受者。通俗文学的这些表现构成了对雅文学的挑战，促使雅文学自身做出进一步的调整，将一些俗文学的形式借鉴到雅文学的创作中来，力求保持自己的中心地位，小说文体就是因此为雅文学所接受的。

严格来说，知识精英参与俗文学创作并非只在20世纪发生，高雅文学和通俗文学在传统文学时期已经作为非主流的雅俗文学存在。随着社会的发展，文人阶层得到扩充，同时民众文化层次得到提升。由于种种原因，历史上往往出现文人阶层被排斥在主流文学之外的情况。这些文人由于种种原因，又往往投身于民间文学的创作，从而使代表了俗文学的民间文学之俗经历了民众之俗到文人之俗的转变。比如经过了隋唐科举取士的刺激，文人群体迅速扩充，文学重心开始下移，不再是专属统治阶层（事实上魏晋后期就已经出现这种情况，如陶渊明等），难登仕途的文人基本等同于平民百姓，一旦长期不为正统文人阶层所接受，他们的创作视角极易转向民间，在作品的娱乐性和消遣性方面下功夫，从而由"入仕"变为"入世"。宋元以降，文人"入世"开始形成潮流。到了晚清，现代通俗文学的起点已经显现了。

现代文学的最大变化体现在通俗性语言的使用上。文学是以语言为媒介的艺术，在传统的雅俗对立范畴内，应当说，使用某种语言在一定程度上是文人地位的象征。中国文人利用文言文，成功地将自身和民众分离开来。失去受教育权力的民众很难理解这种官方用语。文言文称为"雅言"，也表明文人和统治阶层对话语权的掌控。文言诗文是无可争议的"高雅派"，它们具备了"雅文学"的所有属性，文言表达、主流意识形态的推行、面向精英阶层的创作、文人内部运作、脱离凡俗大众的表意、接受者的高级姿态等。20世纪以降，新文化运动革命性地反对文言文，提倡白话，从语言上破除了传统文言文文学的"中心"地位，文言以其"旧"被抛弃，白话文学迅速壮大起来。高雅文学和通俗文学的对立，是在白话文学的范围内发生的。传统雅俗观念也在此得到发展，从文言文学进入到白话文学。

"五四"新文化运动的到来使中国文学发生全方位的变化，文学形态、文学内涵以及文学观念都出现了空前的更迭。因而"五四"新文化运动又被看作中国现代文学诞生的起点，现代文学雅俗分流、雅俗互渗的初步格局在此期间形成。正是在此阶段，雅俗关系真正实现了"文人文学——民间文学"对立向"高雅文学——通俗文学"对立的转变。

雅俗文学的转变是全方位的。社会的变更、文人意识的转变、文学自身的进步、读者需求的日益增长，共同促成了文人文学和民间文学向高雅文学和通俗文学对立的转变。雅俗对立的主体的转化也向我们说明，古代文论概念的现代转化是伴随着现代性的出现自然而然地发生的，是文学自身发展的结果，并非刻意人为就可以实现的。文学的雅俗对立推动着文学的发展，在一定的历史阶段，雅俗文学的本体随时代而升级，雅俗关系也会发生性质上的转变。

（二）从改良到启蒙：政教型雅俗观念的发展

20世纪初是文学的急剧变革时期。对这一时期雅俗关系的探讨，则必须追溯到清朝末期的"小说界革命"。

20世纪之前，小说是不折不扣的俗文学，总体上游离于文学的"边缘"，文人士夫以其"小道"而不屑为之。到了晚清，国家的内外交困使知识分子和文人感到强烈的危机，驱动着他们积极寻求救国之道。西方文学的涌入对20世纪初中国知识分子的影响是巨大的。"当我们描述中国小说发展的历史时，不能不把21世纪初域外小说输入造成的刺激与启迪作为中国小说嬗变的主要原因，并以之作为'20世纪中国小说的起点'。"梁启超他们正是在这种情况下提出了"小说界革命"的口号。这标志着掌控文学话语权的志士仁人正式把触角伸向了俗文学，并随之将其向雅文学的阵营拉拢。不过梁启超所提倡的是源自西方文学观念的"新小说"，而非"不出诲盗诲淫两端"，为"中国群治腐败之总根源"的中土小说。"欲新一国之民，不可不先新一国之小说。故欲新道德，必新小说；欲新宗教，必新小说；欲新学艺，必新小说；乃至欲新人心、欲新人格，必新小说。"梁启超所看重的是小说的社会功能——改良群治，在这点上，和中国传统雅文学的"文以载道"是一脉相承的，可以看作政教型雅俗观念的现代发展。可见，在梁启超提倡小说界革命的时候，已经存在了一个雅观念的前提，他只是要以俗文学的形式传达救世的主张，即俗为雅所用，范伯群称为"以雅携俗"。陈平原在谈及梁启超等的理论主张时也认为其"在强调文学必须'有用'这一点上，却是一以贯之"。同一时期的夏曾佑在《小说原理》的结尾中虽看到了小说的分化："综而观之，中国人之思想嗜好，本为二派。一则学士大夫，一则妇女与粗人。故中国之小说，亦分二派，一以应学士大夫之用，一以应妇女与粗人之用"，但又认为"体裁各异，而原理则同"。他强调的同样也是小说的意识形态性。

早期的鲁迅、周作人兄弟在文学观念上独树一帜，他们赞成小说界革命，对俗文学的雅化也持肯定态度，但他们和王国维观念比较一致，是从审美观念出发看待雅俗文学的，注重文学的艺术价值，对梁启超政教色彩的"雅化"持不赞同态度。但文学转向寻求个人艺术趣味和独立艺术价值，造成了读者层的脱离，难以发挥影响力。"五四"时期，审美的文学观成为新文学观的重要一翼，经过20世纪20年代到30年代文艺大众化运动不断批判后也消退下去。所以陈平原认为："晚清以降，文学的雅俗之争，有审美趣味的区别，但更直接的，还是在于社会承担：一主干预社会，一主娱乐人生。"

"以雅携俗"在短短几年之内取得巨大成功。小说也成了"文坛盟主"，正式入主雅文学。但是，这种成功很大程度借助于国民日益高涨的政治热情。辛亥革命后，这种高昂的政治热情迅速消退。人们无法从社会现实看到改观，因而转向以"避世"的娱乐形式寻求安慰，晚清小说创作的高雅文化很快就被旨在消遣娱乐的民国通俗小说所取代。以致梁启超在"吾安忍言"的喟叹之余，痛批通俗小说"其什九则海盗与海淫而已，或则尖酸轻薄毫无取义之游戏文也"。通俗小说的崛起，表明了晚清新小说家以小说开启民智、改良社会主张的失败。包天笑回顾说："小说界革命将小说的救世之力捧到天上，说小说有起死回生之功，然而看看社会，腐败依旧，其实不是小说能够转移人心风俗，而是人心风俗足以转变小说。"但不管怎么说，"俗的雅化"已经使小说正式入主雅文学。随着现代文学的发生，雅俗对立双方转而成为高雅文学和通俗文学。

民国初期的社会历史背景是这样的，中国社会处于转型期：外部环境上，时值第一次世界大战结束，列强对中国侵略的暂时放松为民族工业发展赢得时间；内部来看，一方面是科举早就废除、新式教育兴起，造就大批自由文人，另一方面是现代文学市场形成，稿酬制度规范化。以上种种，都成为文学发展的有利条件。反映到通俗文学上，在作家层面，传统文人的分流和新文人的增加壮大了创作的力量，文学市场的形成和稿费制度的规范促使更多的文人为生计而创作；同时，社会的内忧外患驱使更多的人从脱离现实中寻求慰藉，读者的娱乐消遣心理增强。迎合社会形式和读者心态的通俗文学迅速崛起，小说界革命的"巨大成功"很快被通俗文学所遮蔽。雅俗文学的对峙中出现了通俗文学的强势局面，鸳鸯蝴蝶—礼拜六派的通俗小说是这一时期最重要的通俗文学。

通俗文学的崛起很快受到新文学的打压。作为高雅文学一方的五四"新文学"以"启蒙"为己任，进而将"抑俗"作为自身的重要任务之一。在雅俗对立范畴内，"抑俗"传统由来已久。孔子一句"郑声淫"，代表了儒家学派对"俗"的鄙视，评《关雎》"乐而不淫、哀而不伤"同样是扬雅抑俗的表示。于是，"淫、伤"成了"俗"的审美附加。相对于"雅"，"俗"是低层次、低品位的。在文人文学和民间文学对立阶段，"雅"文学是一统天下的"中心"，文人的创作自然和俗文学撇开距离，其地位和文化层次上的差异是明显的，所以只要有文人的"鄙俗"，就可以把"俗"文学排挤到"边缘"，不需要刻意地压制。而在"新文学"阶段，雅俗的碰撞是发生在文人阶层的。一方是深受西方文艺思潮影响的"五四"文学健将，相比梁启超的文学政教观念，他们已经有了极大的进步，强烈的社会责任感驱使他们把表现人生、启蒙社会作为文学创作的方向；另一方被称为旧派通俗文学作家，他们以养家糊口为目的，以迎合大众口味、满足市民的娱乐消遣为创作方向。因而雅俗的交锋也就空前激烈。

"开始有了一点'现代性'变动的旧派通俗文学"被纳入旧文学领域,成为激进的"文学革命"的批判对象。钱理群等主编的文学史进一步指出,"现在看来,新旧文学的关键之一在于争夺读者"。由于知识分子参与到"俗"文学的创作中,通俗文学在世纪之交得到前所未有的兴盛。迎合大众兴趣创作的通俗文学威胁到高雅文学启蒙大众意愿的发扬,也成为新文学阶段"抑俗"现象产生的一个内在根源。1923年7月,《文学旬刊》趁更名《文学》之际,发表《本刊改革宣言》,其中说:"以文学为消遣品,以卑劣的思想与游戏态度来侮蔑文艺,熏染青年头脑的,我们则认为他们为'敌',以我们的力量,努力把他们扫出文艺界以外。抱传统的文艺观,想闭塞我们文艺界前进之路的,或想向后退去的,我们则认为他们为'敌',以我们的力量,努力与他们奋斗。"这可以作为新文学"抑俗"主张的最明显表露。

文学史表明,"抑俗"行为在20世纪初就取得了胜利。首先是在文学阵地上,以沈雁冰入主《小说月报》为标志,五四文学健将们逐步占领着文学阵地;其次是在读者上成功吸引到了青年读者群,"新文学的胜利主要是在青年学生读者群中的胜利";最后重要的一点是,新文学阵营成功得到当权者的支持,蔡元培、鲁迅等人都曾经在教育部任职,后者早在1915年就参加过对通俗小说的查禁。这样,以鸳鸯蝴蝶—礼拜六派为代表的早期通俗文学作家们在新文学的强大攻势下败退下来,由于失去了青年学生读者群,也预示着这一时期通俗文学必定失去在今后文学发展中的中心地位。这也使得失利后的部分知识分子进一步理清了自己的位置,同新文学相区分,把创作的方向投向一般市民读者,向"下"、向"俗"发展。通俗文学作家就这样被排挤出来,从而标志着现代文学正式分化为雅俗两大阵营,现代文学的雅俗对立关系鲜明地呈现出来。

(三)雅俗交融与文艺大众化

20世纪三四十年代是文学雅俗关系进程中的一个特殊阶段。通俗文学作家自觉对通俗文学进行改造,走向雅与俗的融合。雅文学作家则受固有的社会责任感和启蒙意识驱动,对"五四"文学观念和传统进行反思,从而使文学的"大众化"成为讨论的热点。致力于"文艺大众化",表明雅文学阵营开始把创作的方向转向更广大的人民大众。传统的、更易接受的俗文学形式受到重视,形成又一个雅俗交融的方向。其区别在于,文艺大众化具有更强烈的意识形态倾向,并对中国文学的发展产生了深远的影响。

通俗文学的"自我改造"在抗战期间表现明显。1938年中华全国文艺界抗敌协会成立,得到各阶级各学派的一致拥护,通俗文学作家开始为新文学阵营所接受。协会《宣言》指出:"我们必须有统盘筹妥的战略,把文艺的各部门配备起来,才能制胜。时间万不许浪费,步调必须齐一。在统一战线上我们分工,在集团创造下我们合作。"文学的现实功利主义目的在战争面前被肯定并得到充分的发挥,通俗文学的创作也开始明确注入"雅"的因子,加强文学的社会批判功能和探索精神。

以张恨水为代表的传统通俗文学,早就表现出积极的"雅化"倾向。他们突破固有模式，主动借鉴新文学的文学形式、审美情感，不断向新文学靠拢，并且自觉突出时代性和政治性，进一步把高雅文学的创作宗旨和主题融入通俗文学的创作中来，可以看作战争时期通俗文学雅俗共融的典范。通俗文学现代化的进程由此加速，大量的抗日救亡小说被创作出来。张恨水在抗战时期的创作或直接或间接，几乎都与促进抗战有关，而且在大后方极受欢迎。但是，为了赶上新文学步伐，而把时代性和政治性作为通俗小说的重点表现方面，是违背了通俗文学基本的消遣娱乐本质的。所以有人认为张恨水"终于由消遣文学走到了听将令文学，终于'带艺投师'，被新文学招安到账下。这使他终于有了'到家'的感觉。但是这种感觉使他在艺术技巧的雅化上有所放松……他写了那么多的贪官污吏、商贩屠沽，却没能留下几个生动的人物形象"。从这一点来看，通俗文学的"改造"并没有取得大的成功。

在民族国家的危亡时段，文学的消闲性和审美性变得不合时宜，对最广大的人民大众进行启蒙成为一个急迫的问题，"文艺大众化"可说是应运而生。1930年3月2日在上海成立中国左翼作家联盟（简称"左联"），标志着中国文学现代文学领域意识形态的统一，也使现代文学走向无产阶级的革命文学。左联积极推动文艺大众化运动，成立之初即设立文艺大众化研究会，并于1931年11月在题为《中国无产阶级革命文学的新任务》的左联执委会决议中，明确规定"文艺的大众化"是建设无产阶级革命文学的"第一个重大的问题"。大众化问题日益成为左翼文学理论的焦点之一，同时也说明文艺大众化和意识形态性是密切相关的，或者说，对文艺大众化的追求本身就是意识形态性的凸显。

刘方喜通过对文艺大众化论争的梳理，分析了"意识形态化"文学观的建构，从中我们也可以看出"意识形态化"成为文学主潮是雅俗文学发展过程中的必然结果。抗战前的文艺大众化论争集中于"大众文艺"和"大众语"的论争，其实质是"为谁写"和"怎么写"的问题，暗含着对创作者——知识精英阶层的认定。"大众"一词的提出和受重视是对文学"为谁写"的回答，同时也形成了对"为艺术而艺术"的文学观的批判，以审美为核心的雅文学在文艺大众化的热潮中逐渐消退。"怎么写"的问题围绕语言和艺术性等方面展开，实质是寻求能为大众乐于接受的新形式，这样，适于接受的俗文学为文化精英们所重视，雅文学和俗文学的互动势在必行。抗战期间的文艺大众化论争围绕"大众化"和"民族形式"展开，民族性和民间性相关联。出于对通俗文学的偏见，雅文学阵营的知识精英转而将目光投向了民间文学，以民间文学的形式表达新文学的内容，力求以"旧瓶装新酒"的形式创造出新的大众化的文艺作品。文艺大众化运动期间也不乏文艺价值高低之争、艺术与宣传的探讨等，但以"意识形态"为文学价值立足点的文学观念最终被树立。刘方喜进一步指出，在无产阶级的意识形态"一极化"趋势面前，以"精神享受"为价值立足点的审美型雅文学和通俗文学同时受到批判。这样，意识形态型文学的"一极化"同时对五四期间形成的雅俗关系构成了消解。以至于日后的文学雅俗关系，只能在一个意识形态型文学的领域内进行。由于这种意识形态型文学采用了"旧瓶装新酒"的形式，因而被赋予了"雅俗共赏"的赞誉。

意识形态文学观念的凸显有其历史的必然性，表现为政治意识形态和知识精英的主动结合。在国家危难和民族存亡的历史时段，极富社会责任感和民族意识的知识精英必然会作出积极的诉求。尤其是抗战伊始，"'救亡'压倒了一切，文学活动也就转向以'救亡'的宣传动员为轴心。'五四'以来新文学作家始终关注的启蒙的主题，包括'个性解放'或'社会革命'的主题，在国难当头的时刻，也都暂时退出了中心位置"。作家主动向意识形态靠拢，文学活动致力于宣传。政治层面也看到了文学的巨大宣传力量，加强了对知识分子的团结，并对文学的发展方向进行意识形态性的引导，从而使意识形态化文学观念得到强化。

知识精英的意识形态文学观念可以看作是传统政教型雅俗观念的转型。在维护政权、体现阶级话语的方面，两者具有天然的继承性，同时意识形态化大众化文学的宣传动员是为了"化大众"，具有"教化"的含义。但意识形态观念是在现代发生的，因而较政教型的雅俗观念具有了更多的现代性。就文学来看，文学精英参与了民间文学的创作，这是和传统的民间文学创作的最大区别。民间文学由于"文艺大众化"摆脱了自己在传统雅俗关系中的"边缘"地位。但由于意识形态化文学观念的凸显，文学的雅俗关系在单一的文学形式面前失去了存在的依托，雅文学强调的文学审美属性、通俗文学显见的娱乐消遣属性，通通被政治意识形态所压制。文学的雅俗对峙态势被消解，成为新中国成立后雅俗关系的直接表现。

需指出的是，极"左"意识形态化文学观念要求对知识分子进行改造，最终使知识分子丧失了自己的话语权，文学中出现了知识分子话语的大面积缺席。中华人民共和国成立前后到20世纪70年代末大约三十年的时间是大陆文学雅俗关系的"沉寂"期。陈思和在《民间的浮沉——从抗战到文革文学史的一个解释》中提出"民间隐形结构"的概念，认为当代文学（主要指五六十年代的文学）作品，在宣扬主流意识形态的显形文本结构之下，还有受民间文化形态制约的隐形文本结构，它决定着作品的艺术立场和趣味。由此看来，文学的雅俗中"俗"的基本因素依然存在，只是受到了暂时的极大压制而"隐形"。所以我们认为，"沉寂"也是"酝酿"。为"工农兵"服务的文学本身就具备通俗性，并且是相比过去更为平民化的通俗性，这决定了通俗文学必然继续存在于意识形态文学之中。事实表明，17年时期（1949—1966年），我们确实创作出大量适合民众阅读的文学作品。17年时期的文学繁荣景象实质是通俗文学的"隐形"存在，并且文学的"工农兵"形式使文学总体的发展更多了通俗文学的形式和内容，可以说是置之死地而后生。新的文学雅俗时代也因为"酝酿"得以迅速兴起。

第三节　当代语境与当代人文精神

一、当代雅俗关系的新情况

经历了建国初期的沉寂，新时期以来文学雅俗关系开始复苏，"文学的大一统格局，由于大一统的社会政治话语的结束而告终结，文化开始走向多元化，文艺的审美属性和娱乐功能也得到重新认识，文艺的雅俗之分又重新进入到人们的视野"。如果说20世纪前期的雅俗文学中的"雅"一方还占据"主流"位置的话，那么80年代末开始，文学的雅俗主流则明显地倾向通俗化。通俗文学进入勃兴期，逐步摆脱着"边缘"地位。

随着市场经济的推行、改革的深化，文学进入市场，面对人民群众日益增长的精神需求，通俗文学的通俗性、娱乐性和商品性在市场条件下能够得到最充分的发挥，读者的接受则进一步提升了其文学地位。高雅文学受市场的驱动，开始向"俗"靠拢，文学雅俗格局呈现新景观。

当代文学雅俗关系的发展暗含着雅俗观念的演进。随着意识形态文学的淡出，当代雅俗关系中，艺术之雅与商品之俗的对峙凸显出来，并且呈现出新的景观。雅文学阵营坚持以审美为核心的艺术性文学观念，其实质是传统审美型雅俗观念的发展。

（一）通俗文学的勃兴

当我们回过头来看当下中国文学发展状况的时候，就会惊讶地发现，在雅俗对立的文学格局中，通俗文学已经悄悄地崛起，竟似已占领了文学的大半个江山，形成了对雅文学的强势。朱立元甚至说："进入90年代以后，在整个社会审美文化中，雅俗的地位倒了个个儿，通俗文艺上升到了主流地位，高雅文艺反被挤压到边缘地带。"

20世纪90年代的国内文学评论中，"俗"字被大量运用，世俗、通俗、庸俗、粗俗、低俗等词汇大量出现，通俗文学受到的关注程度由此可见一斑。作为俗文学子系的通俗文学强势登场，一步步向文学的主流位置靠近，成为当今文学雅俗格局的一个突出特征。

通俗文学的强势首先表现为文学市场上通俗文学的大量发行。新时期以来，通俗文学期刊雨后春笋般涌现，20世纪90年代以来，"资料表明，通俗性的文化制品具有惊人的发行量，上海的《故事会》发行650万份，湖北的《古今传奇》接近200万份，北京的《啄木鸟》有175万份，山西的《民间文学》发行100万份，多种街头小报，也大多在100万~200万份。"一些雅文学刊物，甚至放下"天鹅"的架子，混迹到通俗文学潮流之间。"贵州的《苗岭》改名为《文娱世界》、安徽的《江淮文艺》改为《通俗文学》、天津的《新港》改为《小说导报》、北京的《评论选刊》改为《热点文学》等。"即使如此，雅文学的处境也日见边缘化，"1998年继大型文学期刊《昆仑》停刊之后，《漓江》《峨眉》《小说》也先后停刊了"。和通俗文学刊物的大量发行同步，通俗文学作品主要是通俗小说的热卖几乎从来就没有停止过，金庸热和琼瑶热经久不衰，至今还余热未消。盗版通俗文学作品的源源不断、屡禁不止似乎可以说明这一点。以金庸小说为例，据《远东经济评论》"文艺和社会"栏目的资深编辑西蒙·埃利根所做的粗略估算，光是中国大陆、台湾及香港这三大市场，历年来金庸小说的销售量连同非法盗印在内，累计已达一亿。

在作家方面，通俗作家的地位迅速提升，最典型的莫过于1994年的"重排座次"事件。由王一川和张同道主编的《20世纪中国文学大师文库》因为为文学大师重排座次而引起强烈反响，最引人注目之处是在"小说卷"中把通俗作家金庸、张爱玲列为大师，而茅盾却被淘汰出局。金庸、张爱玲的上榜同时也表明了通俗文学作家开始步入产生大师的时代。90年代末，金庸本人被聘为北京大学荣誉教授，后又担任浙江大学文学院院长。通俗文学作家受到极大的礼遇，俨然走上了大雅之堂。同时，由于雅文学在通俗文学的需求大潮面前逐步失势，雅文学作家为了生存，不得不放弃自身原有的价值追求，开始尝试通俗化的文学创作，融入通俗文学大众化的潮流。1987年，四川作家雁宁、谭力以"雪米莉"为名，发表了他们第一部长篇通俗小说《女带家》，迅速走红后又接连发表《女老板》《女人质》等，构建起"雪米莉"的女人系列，掀起社会上的"雪米莉热"。这是雅文学作家参与通俗文学创作的最显著的例子之一。众多的雅文学作家加入通俗文学创作阵营中来，如冯骥才（《神鞭》《阴阳八卦》）、从维熙（《野柳萍》）等，甚至王蒙也于1988年10月发表了他的第一篇通俗小说《星球奇遇记》。雅文学作家加入通俗文学创作阵营表明知识精英阶层创作价值观念的转变，这也成为通俗文学地位提升的强力助推器。

就通俗文学作品本身的情况来看，通俗文学的表现范围不断扩大，创作内容几乎渗透到了社会的各个领域。"20世纪80年代以来，中国通俗小说从旧作重印、台港小说到域外小说、反腐官场小说、新新人类小说，再到当下的家庭伦理小说、中外文化对比小说等，就如产品一样，不断地升级换代，新的阅读领域层出不穷地出现在中国的阅读市场上。"通俗文学从来没有像当代这样，随着社会政治、经济、文化的变革而迅速地演进，如此及时地反映出急剧变化的社会生活。与此同时，通俗文学于内容和形式上也在不断"雅化"，突出表现为许多通俗文学作家开始将雅文学的话语及叙述方式引进到通俗文学的叙事中来。雅文学作家参与通俗文学创作也把更多的雅文学创作思想和创作技巧运用到通俗文学当中，通俗文学作品的文学艺术性极大增强，也使通俗文学发生审美意识、审美方向和价值取向上的"雅化"。汪国真的诗歌、冯骥才的"津门小说"、叶永烈的纪实、传记文学都各具特色。但是，以吸引读者为方向的通俗文学不会抛弃它的娱乐消遣性和通俗性，创造商业利润为目的的文学创作也不可避免地存在思想上的缺失，通俗文学又展示出"媚俗""庸俗"的倾向。然而这一点也并非通俗文学所独有，高雅文学往往会以"俗"的形态示人，1993年6月《废都》《白鹿原》的问世，把20世纪90年代的文学引入了深沉的思考。

最后是在读者层面来看。随着社会的转型、经济的迅速发展和市场的勃兴，人们生活水平逐渐提高，普通民众对文学作品的需求呈现逐步的扩大趋势。文化市场的进一步开放，为市民大众阅读文学作品提供了良好的条件和氛围。通俗文学以其娱乐消遣性、通俗性和消费性成为市民的首选。通俗文学如大潮般弥漫开来，以前所未有的攻势迅速吸引了大部分的读者。通俗文学读者群呈现出巨大的影响力，在市场面前，更多市民大众以读者的面貌出现，甚而左右了文学创作的潮流。20世纪80年代后期，雅文学的接受呈现出尴尬现象，重要的表现是雅文学读者群体的分化。部分读者对雅文学产生厌倦情绪，转而从通俗文学作品中寻求安慰。一批专家学者也自动加入到了通俗文学的读者群，雅文学读者向通俗文学读者群体的分流大大加强了通俗文学读者群体的话语权。精英知识分子开始注意到接受者的话语存在，从接受的角度而不是传统的精英知识分子的评判视角去看待通俗文学作家。为文学大师"重排座次"的实质就是通俗文学读者话语的反映。文学创作和文学观念的重心已经由作家转向读者，具有了更多的"他律"性质。尤其是电视和互联网等大众传媒迅速发展，将这种文学的"他律"性推向了极致。高收视率、高点击率成为衡量作品市场价值的重要尺度，电视和网络与文学文本互相拉动，从而掀起并延续着一波又一波的通俗文学阅读浪潮。

集合娱乐消遣性、通俗性、商品性于一身的通俗文学，以不可阻挡之势，不容置疑地消解着高雅文学的"中心"地位，并宣告了一个以通俗文学为主体、体现大众情趣的大众文化时代的到来。进入21世纪，中国社会城市化步伐日益加快，社会转型仍在继续，大众文化受到越来越多人们的青睐。完全可以说，通俗文学的发展主导了当代文学雅俗关系的变迁。

（二）俗的"雅化"与雅的"入俗"：雅俗界限模糊化

应该说20世纪80年代是中国社会转型期的最初阶段，雅俗文学的界限还是分明的。此阶段文学的雅俗关系刚刚复苏，从意识形态的铁屋中解脱出来的知识精英们有着共同的话语诉求，他们纷纷把创作的方向指向对过去阶段的反思与批判，从而重建"光荣与梦想"，其主流的创作仍然可以看作是对"五四"以来"启蒙"观念的继承，这种形式得到了广大读者的接受，伤痕文学、反思文学、知青文学迅速得以流行；同时，西方文艺思潮的涌入也使得知识精英们应接不暇，从而无从顾及通俗文学。当然更重要的是，处于传统体制下的作家们还不需要靠写作维持生计。因此，当进行文艺创作时，他们更多的是从文学性上进行自我提升，力求表达出一种精神创造者的使命意识，创作出可以"传世"的文学精品。这样，80年代也就涌现出了一批具有纯粹"雅文学"意义的作品。相比而言，此时通俗文学主要是"港台之风"，而且仅仅在民间悄然流传。可见，雅俗文学之间不仅在作家群体中表现出明显的界限，即使是在读者群体中，也有着鲜明的区分。

雅俗界限的模糊化可以依据通俗文学发展的线索来考察。和以往雅俗文学格局不同的是，90年代以降的雅俗格局中，通俗文学的地位不断提升，部分通俗作家和作品被雅文学阵营所接纳，从而成为雅俗关系发展的一个显著特征。

通俗文学地位提升的表现为大众读者受到重视，成为推动文学创作和体现文学价值的方向。这从根本上来说，得益于市场经济的确立和发展。经济基础决定上层建筑，一定的文化形态总要和一定的社会经济情况相适应。市场的形成和发展使人们进一步认识到，文学的功能、价值必须通过读者的接受来实现。市场条件下，作家和读者成为供求的双方，文学必须为读者所接受，才会产生它的经济价值。当文学体制进一步变革，作家进入市场的时候，愈加认识到接受者的重要性。随着经济的迅速发展，20世纪90年代以后，人们生活水平逐渐提高，普通民众对文学作品的需求呈现逐步的扩大趋势。文化市场的进一步开放，为市民大众阅读文学作品提供了良好的条件和氛围。更多市民大众以消费者的面貌出现，进而左右了文学创作的潮流。金庸及其武侠小说在当代被作为雅文学来接受，实质正是反映出接受者地位的提升。

当然，当代中国文学的发展是在全球化的背景下展开的，西方文艺理论和文艺思潮的冲击是促进通俗文学地位提升最重要的外来因素。和新时期以来的文学发展相伴生的是西方文艺理论、文艺思潮的全面冲击。正是在这种情况下，我们的文学批评视角从作家中心转到了文本和读者。从20世纪中期开始，西方文学理论界研究的重点先后发生作者中心论向作品中心论的转变和作品中心论向读者中心论的转变，标志着现代文论的确立。随着改革开放的持续深化，国内的知识理论界迅速和西方接轨，并在极短的时间内"恶补"完了西方文学走过的几十年的路程。大量的西方文学论著被译介，理论界对通俗文学相对地宽容，精英知识分子的文学观念也在发生改变。当文学的接受意义进一步被强调，拥有更多读者的通俗文学势必受到更多的关注。

高雅文学的尴尬与通俗文学的发展形成鲜明的对比，由此导致了雅文学的"俗化"，雅俗文学的创作进一步靠拢。在雅文学一方，由于20世纪80年代的文学创作一度致力于再现先前遭到压制的方面来纠正过去的政治偏见，作家们将此视为自己的职责，由此又产生了一定程度的矫枉过正倾向。这种情况下一味地反思和批判很容易导致部分接受者的审美疲劳，从而向通俗文学读者的方面分流。同时，雅文学自身发展的过度理性化、哲理化、抽象化、实验化致使其越来越与社会脱离，这样雅文学面临被读者抛弃的尴尬，雅文学应当坚守的社会价值也由于后现代性的追求而面临丧失。"社会价值的追求是新文学以来中国精英小说最重要的特色之一，到90年代却让位给了通俗小说，实在是意味深长。"相比之下，在经济体制转换、社会转型、市场经济兴起和大众传媒迅速发展等背景下，集合娱乐消遣性、通俗性、消费型于一身的通俗文学，以不可阻挡之势，不容置疑地冲击着"高雅"。雅文学在通俗文学的需求大潮面前逐步失势，雅文学作家为了生存，不得不放弃自身原有的艺术观念，开始尝试通俗化的文学创作，融入通俗文学大众化的潮流。由于能够争取到更多的读者，这种情况愈来愈成为高雅文学发展的主流。与此同时，以金庸小说为代表的通俗文学却正被赋予"雅"的意义。正是在这个意义上，文学的雅俗界限趋于

· 109 ·

模糊。

　　雅俗界限的模糊化，实质是专就文学的形式而言的，事实上雅文学的"俗化"更多的是借鉴和接纳了俗文学的形式而非内容。在传统的雅俗观念中，文学形式的确是判定文学雅俗的重要方面。就当代情况看，这种形式上的评判标准已经不合时宜。坚守"高雅"阵地的作家创作着内容形式上都符合传统的雅文学，和传统的俗文学对举；向通俗文学靠拢，借鉴文学形式的作家创作出外俗内雅型的雅文学，和借鉴高雅文学形式的俗文学作家创作的外雅内俗型的俗文学相对；从文学发展的趋势看来，当代的雅俗文学样式越来越多地呈现。文学的雅俗关系在当代日趋复杂化，雅俗界限的模糊化就是雅俗关系复杂化的产物。当代雅俗关系不仅发生在文学之间，还发生在同一种文学、同一部作品上，这对我们评价文学的雅俗提出了新要求。

　　我们认为，当代文学的雅俗评价应当是综合性的。即要以内容为主，进行内容上、形式上、思想上、审美上的多重评判，最后得出文学雅俗成分所占比例的多寡，从而决定该文学的雅俗归属。雅俗文学的判定具有文学发展导向的作用，因而这样做还是有一定的必要性的。

（三）艺术之雅与商品之俗的对峙

　　笼统看来，高雅文学是追求艺术性的文学；通俗文学则体现为对娱乐消遣性的追求，从根本上看是为了获得更多的读者，以带来更大的发行量，最终追求的是文学的商品性。在当代文学模糊化的雅俗关系中，我们仍然可以清晰地分析出艺术之雅和商品之俗的对峙。这种对峙早在"五四"时期已经发生，当时的雅文学包含了启蒙的和审美的两个方面，通俗文学在市场的催生下得到兴盛。审美性文学更注重文学的艺术性，因而"五四"时期文学的雅俗关系中含有艺术之雅和商品之俗的对峙是不足为奇的。当代文学的雅俗关系艺术之雅和商品之俗的对峙并非"五四"时期文学雅俗对峙状况的重演，而是发生了更多新的变化。

　　首先，当代文学的艺术之雅和商品之俗的对峙在高雅文学作家阵营内部开始发生，并且高雅文学和通俗文学本有着明显的区分，前者以社会启蒙和审美培育为方向，后者则注重以趣味和娱乐占领读者。秉持高雅文学操守的文化精英们，以高度使命感、责任感，继续坚守着高雅文学的领地。然而，在咄咄逼近的通俗文学面前，高雅文学阵营也感到了强烈的危机意识。文学是需要读者的，高雅文学如果只能在文化精英内部传承的话，就会像文言文学那样日趋僵化，直至最后消亡。因而一些文化精英开始从通俗文学身上寻求出路，力图借鉴通俗文学的某些要素，达到其吸引读者回流的目的，虽然他们也有接近市民的文学创作，却不屑于仅供娱乐的叙事方式。与此同时，中国社会转型的步伐大大加快，文学环境发生了重大变化。社会体制改革的进一步深入，把高雅文学作家推向了市场，迫于生活的压力，部分文化精英不得不低下清高的头颅，开始创作商品性的文学作品。在文学发展的驱使和社会生活压力的双重推动作用下，高雅文学创作阵营发生着前所未有的巨变。最终我们看到的是高雅文学作家的分裂：部分作家正式地把目光投入到市民阶层，投身于通俗文学的创作。在市场体制下，他们的文学创作进一步地商品化，知识精英加入通俗文学的创作，很快在国内掀起了通俗文学创作的热潮。通俗文学在作家、作品和读者市场上迅速占据了对高雅文学的优势。无论在创作还是接受上，通俗文学都改变了过去雅俗对峙中自身的边缘化地位，完成着对高雅文学的比肩乃至超越。为了寻求更好的销路、获取更多的利润，商品化的创作成为通俗文学的主要方向。这样，他们创作出的作品必然是适合市民阶层接受的，具有"俗文学"特质的作品，是以不乏风花雪月、才子佳人，甚而神魔鬼怪。在利益刺激下，但凡能引起市民阅读兴趣的，无所不及，由此也必然加重通俗文学的世俗化和媚俗化。

其次，当代文学的艺术之雅和商品之俗的对峙进一步复杂化，由文学领域转向文化领域。20世纪90年代以来，文学研究转向文化研究成为一种风尚。这固然和文化全球化条件下西方大众文化与消费文化研究的影响有关，但中国文学自身的发展和文学研究的进步也是有目共睹的，因而可以说文化研究的到来是文学发展内外因素共同作用的结果。以通俗文学为主体的大众文化成为学界关注的焦点之一，雅俗关系随着文学研究视角的文化转向文化回归，由此当代文学雅俗关系迈入了文化雅俗的时代，精英文化和大众文化成为新的雅俗双方。

20世纪70年代末至80年代可以看作是精英文化的崛起时期。改革开放之后，中国的文化结构开始发生变化，主流意识形态型文化丧失了独霸地位，文学向自身的回归也是向精英文化的回归，精英文化正是在高雅文学的基础上建构起来的。而我国的大众文化的产生，应该说是伴随着通俗文学的崛起到来的，社会经济和科技的发展对大众文化的形成起到了助推的作用。90年代，有识之士喊出："中国文化一个新的时代来临了，一个以大众为主体，体现大众情趣的文化时代大踏步地走来。"大众文化随着通俗的流行歌曲的传唱，随着刺激、消闲的武侠、言情小说的热销蔓延，尹鸿据此指出，90年代后，以宣泄和释放为目的的消费型文化铺天盖地，"这一切，标志着中国文化进入了一个大众文化的时代"，也"标志了中国文化从政治、启蒙文化向娱乐文化的转变"。

大众文化的生产是靠文化市场来运作的，它基本上是商业化的生产方式。商业化的大众文化生产又给其产业本身带来了大量的资金投入，开辟了更广阔的文化市场，因而大众文化发展迅猛。但大众文化的商业化又是一把双刃剑，一方面，顾客就是上帝，大众文化给处于消费者地位的大众予以前所未有的重视，用丰富性和多样性的产品提供给大众空前的众多消费选择机会；但是另一方面，所有的文化活动和文化生产都围绕大众的接受展开，终将导致大众的文化生活一步步滑向平庸。事实上，大众文化商业化的弊端早就为西方学者所关注，当初法兰克福学派对大众文化的批判，矛头所指的就是它的商业化倾向。由于我国市场经济的迅速发展和大众文化的兴起，文艺"商品化"问题已经无法回避，由于"商业化"所导致的文学创作"世俗""媚俗"化也日趋显现。此外，"商业化"也造成了当代文学创作的浮躁心态。这些都驱使着文化精英们进行进一步的拷问。

最后，当代雅俗关系的艺术之雅和商品之俗的对峙伴随着文化精英深邃的人文思考。1993年第6期《上海文学》刊发了王晓明等的《旷野上的废墟——文学与人文精神危机》，该文列举了严肃文学刊物转向、文学作品内容俗化、文学评论家作家"下海"、文学的地位日趋败落、文化危机加重、人们精神生活苍白等现象，说明中国人文精神发生的危机，从而引发长达三年的人文精神大讨论。人文精神大讨论的目的是对文学"商业化"所带来的世俗化、媚俗化进行追问，从而力图回归高雅文学的主导地位。有学者对此指出，人文精神大讨论的实质是要夺回高雅文学在文学领域内的话语主导权，从而恢复高雅文人的领导者地位。评论这种观点正确与否对于本文没有意义，需要掌握的是，通过这种观点，我们可以看到文学雅俗关系的另一种表现，即文化精英站在雅文学艺术性的立场上看待主要是源于通俗文学的文学"商品化"，从而把艺术之雅和商品之俗的对立关系清晰地呈现出来。

对大众文化也有清醒的思考，从众多批评大众文化的文章中都可以见到类似的观念，即大众文化的平面化、娱乐化、对商业价值的追求，使它越来越失去了应有的文化价值。大众文化不是寓教于乐，让大众在进行文化消费的过程中得到或多或少的精神启迪，而是放弃了精神探索，抛弃人文价值，导致自身发展的轻浮局面。"它们只是一些无深度无景深但却轻松流畅的故事、情节和场景，一种令人兴奋而又眩晕的视听时空。这些文本是供人消费而不是供人阐释的，是供人娱乐而不是供人判断的，它华丽丰富，但又一无所有。在这里，只有现象没有本质，只有偶然没有必然。一切都朝生夕死，转瞬即逝，没有历史意识和美学个性。"

对文学现状的人文主义思考和讨论，是坚持雅文学操守的文化精英力图影响文学发展方向的一次集体努力。这也同时表明，精英文人们在雅文学认同上还是有着一致性的。这种一致性以反对"商品"之俗的形式反映出以审美为核心、富有人文意蕴的艺术型雅俗观念。这种雅俗观念是在社会主义市场经济的建立极大地改变了整个社会的价值取向之后，传统的审美型文学观念的发展。

二、对雅俗关系的理性审视

对文学发展中雅俗关系的分析和梳理，最终还要回到现实中来。市场经济的极度深化、经济全球化和文化全球化的冲击，使中国文学发展不可避免地步入多元化时期。当前情况下，对雅俗关系的理性审视变得更为必要。文学雅俗关系研究的终点必然是回归文学自身，我们必须深入地审视文学的雅俗关系，在一个理性的视野中来看待我们的文学，从而更好地继承、发扬并更新它。

雅俗关系总体上表现为两个方面，即雅俗对立和雅俗互动。由文学发展的宏观视角再来看雅俗关系，有利于我们对它进行客观的把握。文学雅俗对立可以说是利弊皆存，消极作用和合理性的意义同在；雅俗互动则有效地缓解了雅俗对立的不利因素，有力地推动了文学的发展。我们应当以客观理性的心态去面对雅俗的对立和互动。

雅俗观念贯穿了雅俗关系的始终，文学发展中的"雅"与"俗"的互动和对立、雅俗关系的变迁都是以雅俗观念为主导的。本章从雅俗观念入手，对互动和对立的雅俗关系进行客观的认识。雅俗观念从本质上是一种价值观念，无论是政教价值观念还是审美价值观念都反映着文学的价值取向。我们最终从价值取向上对文学的雅俗关系进行探讨和总结。

（一）对雅俗之分的客观认识

由发生学的角度来看，文学的产生之初是一种平衡的存在。文学起源于民众的社会生活，这已经成了学界的共识。种种证据表明，原始初民在社会祭祀活动或游戏、模仿、劳动中创造出了文学。学界关于文学发生有巫术仪式说、宗教说、游戏说乃至劳动说等多种认识，但无一不承认人民大众是文学赖以产生的土壤，文学具有本源的人民性。原初文学不会存在任何类型的划分，它以整一的独立的姿态存在于社会生活，是一种原生的和谐态。雅俗的划分是人为的，基于人群的差异而产生的雅俗观念推动着雅俗的划分，最终形成雅俗的对立，但是，当雅俗之分一旦形成，雅俗关系和文学的发展相关联，文学自身的规律性就会使其在很大程度上脱离人为的干扰，并对人们雅俗观念的发展产生影响。我们对雅俗关系的认识应当建立在客观公正的基础之上。从人为的角度看，雅俗之分造成的二元对立有其消极意义，包含了对文学发展的不利方面；在文学的层面上，雅俗之分又充分适应了文学的发展，从而体现出极大的合理性。

1. 雅俗之分的消极意义

文学雅俗之分的消极性在雅文学"一元中心"的格局下体现明显。雅文学一家独大，消灭了文学上的百家争鸣状态，对文学发展的多样化、多元化是极大的打击。决定雅俗之分的雅俗观念本身包含着不对等的"对立"意味。根据德里达的观点，在传统的二项对立的观念中，"对立面的平行并置是不存在的，在强暴的等级关系中，对立双方中的一方总是统治着另一方（价值论意义上的、逻辑意义上的，等等）"。于是"雅"属于统治者一方，带上了正统、上层、士大夫、高级的意味；"俗"则被应用于被统治者，带上了边缘、下层、民众、低级的意味。在此意义上，文学的雅俗之分同时也是一个具有灾难性的事件。当雅俗对立体现为阶级对立的时候，扬雅抑俗的行为必然会随之发生。"雅"是如此的重要，以致它很快地就把"俗"边缘化。一切标志为"俗"的东西都不得不游离于正统的边缘，并且随时准备向正统臣服。"雅"和王权挂上了钩，从而得到对话语的绝对主导权，政教型的雅俗观念便这样形成，"雅者，正也，言王政之所由废兴也"。凡是被赋予"雅"的事物，必然会与"王权"相关联，从而具有了"正统"和"权力"的功利性意味。后来突出表现出来的审美型雅俗观念虽然一定程度上和政治脱离，却仍然不能掩盖这样一个事实，即审美的雅文学总体上依然是为统治阶层服务的，因而最终高扬的仍然只能是正统之美。这样，雅文学的"一元中心"又有了过多的政治意识形态的倾向。

在雅文学一统天下的单级格局下，文学发展日趋走向狭隘的轨道。一方面是雅文学入主文学圣殿，成为至高无上的经典，另一方面是留置于庙堂之外的俗文学，默默流传于社会底层。这种文学"一元中心"主义必然极大损害文学的健全发展。以知识精英阶层的审美标准建构起来的雅文学在相对少数人中间传承，极易形成文学上的狭隘主义。借助文人阶层拥有的文化强势，雅文学取得了长期的文坛统治权。长期的统治权则意味着长期的文学灾难，文学必须依附于一个中心发言，知识精英阶层似乎成文学的唯一创作者，在作家中心论的时代，作者的权威等同于批评家的权威。于是兼具创作者、批评家于一身的知识精英成了前所未有的文学权威。文学的发展成为一个"圈子"内的事情，而俗文学是被规避在这个"圈子"之外的。

20世纪通俗文学几次崛起，每次几乎都受到雅文学阵营的打压。梁启超提倡的实际上是西方式带启蒙意识的文学作品，与其意识形态式雅俗观点相符。"小说革命"本身就有抵制、摒弃当时国内流行的通俗小说的意思，"五四"文学革命的目标之一就是要"革"掉民国时期通俗文学的"命"。大众化运动否定审美型的文学观念，同时造就了意识形态文学观念的一统天下，实质是意识形态型雅俗观念的极端化发展，结果造成了通俗文学一段时间内的湮灭。即便是当下，从众多的对通俗文学持批判观念的论调中，仍不难发现维护雅文学"一元中心"的论调。

雅俗对立的消极意义还表现为"雅""俗"的工具化，这还是从雅俗观念突出的政治教化意义上来说的。传统意义上，文人统治阶层掌握了雅俗划分的评定权，自孔子开端，以《礼记·乐记》和《毛诗序》为完善标志的儒家文艺理论中，"雅"和"俗"长期以来实质更多是被作为统治工具运用了。"雅"用来对政教、伦理进行维护，"俗"则用来对主流之外的文学进行批判。一个雅字赋予，可以把俗的变为经典；一个俗字的附加，也能够把经典贬为俗。于是我们可以看到，《诗》在儒家学派看来是"雅"的，所以宋代开始被称为《诗经》；"小说"这种文体就是"俗"的，以至于20世纪之前的通俗文学，包括"四大名著"在内，长期被视为"小道"，不被主流的雅文学所接纳。

文学的雅俗成为工具，注定被政治意识形态所左右，"中心"和"边缘"往往转变在意识形态的一念之间。于是"兴观群怨""助人伦成教化"等成为区分文学雅俗的重要标准。凡是符合儒家伦理观念的，就是雅文学，否则就只能被边缘化、丑陋化。对教化功能的片面强调，将文学束缚在了一个狭隘的功利框架之内，只能是大大损害文学的功能。政教雅俗观念一旦被作为传统文化继承下来，就会逐渐积淀于国人的意识深层，从而在以后文学雅俗观念的发展中形成对政教传统的自觉维护，展示出极大的影响力，以致在各个方面产生近乎不可逆转的力量，又成为文学变革的巨大阻力。

2. 雅俗之分的合理性

文学的雅俗对立长期得以延续，又充分说明了雅俗划分有其合理性。其合理性主要表现为适应性。一方面，雅俗观念的产生反映着一定社会条件下人群的文化需求，雅俗之分体现为对社会发展和人民需求的适应，属于对文学活动中外部环境的适应性；另一方面体现为对文学发展的继承、革新与创造规律的适应。

从社会发展的层面看，雅俗之分适应生产力对生产关系、社会存在对社会意识的决定性原则。文学是具有意识形态属性的文化样式。马恩指出，"不是人们的意识决定人们的存在，相反，是人们的社会存在决定人们的社会意识"。只有生产力提高了，出现"真正的分工"，即"物质劳动和精神劳动分离"时，才会出现专门的脑力劳动者。雅文学的出现正是发生在这样的一个社会背景之上的。所以说，雅的建构事实上是社会生产力提高后出现脑体分工的必然结果。从历史上文学的"造雅"活动可以看出，得以从事脑力劳动的群体享受到文化教育权，成为真正的知识精英阶层。既有的文化、文学已经不能满足需要，他们就会竭力创造属于自己文化和文学。文学群体作为一种社会存在出现，雅俗之分势在必行。

从人的发展与需要层面看，雅俗之分反映出不同群体中人的需求。有发展就会有需要，人本主义心理学家马斯洛提出了人的需要层次理论。他认为，个人是一个一体化的、有组织的整体，个人的绝大多数欲望和冲动是互相联系的。在人的内部本性中存在着低层次和高层次的生理与心理的需要，从而把人与动物相区分。马斯洛指出人的需要层次性，犹如一座金字塔。人的生理和安全的需要在金字塔的底层，最高层需要是自我实现的需要，而要实现自我需要，还需要满足归属和爱的需要、自尊的需要、认识的需要和审美的需要。文学恰恰可以在某些程度上提供这些需要。

然而必须说明，即便是同一种需要，由于人的个体差异性，也存在着方向、目的的不同。文学的雅俗之分就反映出了这种需求的不同。文学所要满足的人群不外乎文学的创作者和接受者。享受到文化教育权利的文人士夫们需要较高创作水平和知识含量的文学；与此相反，下层民众需要的是通俗易懂的文学。阶级的产生导致人群的分化，雅俗分流后的雅文学明显是文人士夫们的需求对象，俗文学则以其通俗性成为民间大众的需求对象。雅文学维护的是知识阶层的话语权，满足文人更高层次的审美需要，俗文学则满足了民众的审美需求。在此意义上，雅俗之分适应了作为群体中之个体的人的不同需求。

继承、革新与创造是文学自身发展的基本规律。通过继承，文学得以留存；通过革新与创造，文学得以进步。雅俗之分适应了文学自身发展的基本规律，反映在继承上最为明显。雅俗对立的结果是雅文学的一统天下，作为占统治地位的文学形态，雅文学受到志士仁人的呵护和士大夫的关切。文人士大夫本身就是文学的传承者，已经形成了对传统雅俗观念的维护意识，因而对于属于自己群体的雅文学，自然是很好地继承下来。可以说，中国文学得以延续几千年，雅俗文学的划分是功不可没的。

革新与创造是文学自身得以发展的重要方面。刘勰在《文心雕龙·时序》中说："时运交移，质文代变"，"歌谣文理，与世推移"。说明古代文人早已经从文学史的总览中归结出了文学发展的规律。文学的革新和创造本来是在一个初始文学的基础上进行的，而雅

·115·

俗观念驱动文人们更多地为雅文学的发展而努力，因此雅俗文学分流之后，革新性主要在雅文学上体现，文人士夫的雅文学创作本身就有很多新的成分，当雅文学受自身局限性而陷于停滞时，文学的革新性就愈发凸显出来。诗歌发展到一定程度，就有革新性的词介入；旧文学陷于发展的僵局，便发生了新文学的"革命"。俗文学因其创作者文化层次上的相对低下而革新性稍逊于雅文学，但其灵活性和开放性却给文学的创造提供了绝好的平台。由于雅俗互动的客观存在，文学发展的革新与创造性反倒可能因雅俗文学的对立而得到更好地施行。

以上我们从正反两个方面对雅俗对立进行了阐释。纵观文学发展的历史，我们认为总体上雅俗之分对于文学发展的意义是积极的。但雅俗之间的关系并非仅仅呈现为"分化"那么简单，事实上"雅俗关系"囊括了"雅俗对立"和"雅俗互动"两个层面，雅俗关系对于文学发展而言成为一种驱动力，主要就体现在雅俗互动上。

（二）雅俗互动：文学的合流与重建

文学上的雅俗对立不完全等同于客观的矛盾对立。"雅俗之间一直有一个中间地带，并通过这一中间地带实现其相互转化。"一方面是大量雅化的文学，另一方面是俗化的文学存在，雅俗文学的同源性造成了部分文学以"既雅亦俗"的面貌出现，成为"中间地带"。这个"中间地带"也成为俗文学雅化和雅文学俗化的过渡形式。它的存在表明雅俗文学之间互动乃至转化的可能。陈平原在写雅俗小说的对峙时，提到了雅俗"两极"和"中间地带"并存的局面，并"将雅俗对峙作为促使20世纪中国小说发展的一种重要动力来考察"，也是从文学雅俗矛盾的特殊性方面着眼的。这个"矛盾的特殊性"就在于，雅俗之间存在着互动关系。我们认为，"中间地带"的呈现，恰恰表明了雅文学与俗文学具体概念上的不确定性，事实上，至今为止，我们依然难以对雅俗文学进行精准的概念性表述。概念的不精准也直接反映出雅俗观念的笼统性。对于这一点我们可以这样理解，雅俗关系是发展的，雅俗观念也在不断演进，因而两者都是开放性的，随时都可能因为新的文学因素的加入而发生变化。雅俗互动也就是由此产生的。

雅俗观念的开放性使得它们可以自由地对彼此的优点进行借鉴，以促进自身的发展。解构主义理论指出二元的真正关系应该是既对立又互补，既承认差异又可以在平等的基础上实现对话与交流。作为二元对立式的结构性存在，无论是文人文学和民间文学还是高雅文学和通俗文学，在它们的雅俗对立关系中，不难看出，雅俗之间确实存在着对话与交流。这一点我们同样可以追溯到雅俗的缘起上。雅本身就是从俗中分流出来的，俗为雅源，雅俗对立就是建立在同一文学的基础之上，两者间内在的、本质的属性是有着共通之处的。换言之，雅俗文学都属于文化形态之一的文学范畴，它们共同具备文学的基本属性，比如话语性、审美属性、意识形态性等。正是这些共性的东西，使得雅俗文学的互动成为可能。随着文学雅俗观念的变革，雅俗文学之间甚至会有易位的可能，现代文学雅俗关系的转化就充分说明了这一点。

雅俗文学的互动表现为俗文学的雅化和雅文学的俗化。历史上的文学创作表明，雅文学的艺术水平远远高于俗文学。精英文人在文学创作过程中，把握住了文学创作的艺术技巧，并总结出系统的文学理论指导创作。然而雅俗观念导致的雅俗对立致使雅文学有它先天的局限性，即当它从俗的范畴升华出来以后，同时也给自己加上了一重桎梏，它的发展基本上被限定了文人的圈子之内，造成雅文学和人民生活相脱离，文学的"僵化"势所必然，文学的意义也将因此丧失。比如一段时期内，受审美雅俗观念的影响，文人刻意追求"雅"，文学发展经常会陷入刻意追求华丽辞藻的局面，导致其日益枯燥化、形式化、虚无化。齐梁时期可为例，由于诗的题材内容局限于宫廷文学应制咏物的范围之内，形成淫靡柔弱的诗风。俗文学是生活中产生的文学，具有更大的活力和更强的创造性。所以从文学发展中的雅俗关系看来，雅文学对俗文学的借鉴更为明显，因此鲁迅说"士大夫是常要夺取民间的东西的，将竹枝词改为文言，将'小家碧玉'作为姨太太"。每当雅文学遇到发展困境的时候，掌控雅俗话语权的文人学者们就会把目光投向俗文学，从中汲取文学发展的积极因素，借鉴新的文学形式应用于雅文学之中。这也就是俗文学的"雅化"。然而一旦俗文学的"雅化"发生，雅俗观念的影响也就立刻呈现出来，导致这种"雅化"的文学再次"僵化"。"小说界革命"把小说引入雅文学，但雅文学阵营的小说创作最终败给了民国初期的通俗文学，不得不说政教型雅俗观念在其中发挥了很大的消极作用。

作用总是相互的，俗文学"雅化"的过程同时也意味着雅文学的"俗化"，在雅文学取俗文学的某些东西为己用的过程中，雅文学的一些先进性文学要素也被俗文学所应用。总体看来，相互作用的实际效果也就是雅俗文学的合流，表现为形式和内容上的拉近。合流并不妨害雅俗文学各自的"雅"性和"俗"性，只是使双方都增加了彼此之前所不具有的成分，相较以往含义更为丰富。但即使从这种意义上说，雅俗文学的合流也形成对既有雅俗关系乃至雅俗观念的解构过程。正是在这一层面上，雅俗相互转化的合流过程造成每一个时代的雅俗意义都会有所不同，进而影响到雅俗观念的演进。在经历了量变的积累之后，最终达到质变，从而使雅俗合流的过程成了对雅俗意义、雅俗观念的重新建构过程。

某种程度上，雅俗互动也就意味着雅俗的合流。"造雅"运动本身就有将俗文学"雅化"的成分，是俗向雅的合流。文人文学创作为自身桎梏所限，虽然取得了文学的"中心"地位，其发展却也只能局限在已经成型的雅文学形式之内，文学发展缺乏生命力，必须不断地从民间文学中寻找借鉴。鲁迅对此有形象的表述："歌，诗，词，曲，我以为原是民间物，文人取为己有，越做越难懂，弄得变成僵石，他们就又去取一样，又来慢慢地绞死它。"俗文学在此过程中也相应地将雅文学的某些要旨俗化，进而使自身的层次、水平得到提升，实质是雅向俗的合流。20世纪初现代性因素的出现使文人群体分化，鸳鸯蝴蝶派文人们加入通俗文学阵营中来，形成了现代文学史上最大的雅俗合流，导致传统雅俗对立终于发生质变，成为高雅文学和通俗文学的对立。而高雅作家投身于大众通俗文学的创作，则是雅俗合流的当代呈现。

中国文学所呈现出来的雅俗主体的转变，实际上就是雅俗合流下的雅俗重构。雅俗文学的合流与新结构的重构整体上依然指向两个方向，一是高雅文学代表的依托"雅"审美范畴的雅文学方向，二是通俗文学代表的依托"俗"审美范畴的俗文学方向。文学发展总体上雅俗对立的二元格局没有发生变化。从文学史的发展规律来看，由于雅文学的局限性所在，俗文学"雅化"的最终结果仍然是走向"僵化"。"'俗文学'有好几个特质，但到了成为正统文学的一支的时候，那些特质便都渐渐地消灭了；原是活泼泼的东西，但终于衰老了，僵硬了，而成为躯壳徒存的活尸。"由此可见，雅文学的发展必将是一条发展—停滞—突破—最终僵化的循环轨道。虽然如此循环的结果必然导致雅文学发展的举步维艰，出于走出突破僵化状态的需要，雅文学不得不将目光投向俗文学寻求出路。而俗文学则是灵活开放的，由于根植于现实生活，俗文学自身发展具有极大的活力和创造力。同时，由于雅文学的存在，俗文学可以不断地以"俗化"的形式获取雅文学的先进因素，从而使自己的发展走向快车道。这样看来，通俗文学的繁荣势在必行，雅文学作为对立方也不会就此消逝，与之相伴生的是不断演进的雅俗观念和文学雅俗对立的二元格局。

（三）价值取向上的探讨

文学发展中的雅俗关系始终贯穿着雅俗观念，雅俗观念在事实上决定并引导着雅俗关系的发展。文学的雅俗观念问题，从根本上是文学的价值观念问题，"雅"或"俗"的取舍反映着文学的价值取向。

首先，我们应当讨论的是文学价值取向的发生及其表现。价值好像是根据接受者的需求而产生的，文学的价值取向就是阐释者的价值取向。如果以此推论，通俗文学大盛的时代，文学价值就表现为大众的价值取向，这显然有其不合理之处。弗莱早就指出，"不管以哪种方式，在艺术的价值与其公众的反应之间都不存在一种实际的对应关系"。文学的价值体现为对接受者的作用而非依附，并且这也只是价值直接体现的一个方面。因此我们说，以接受者的价值取向来定位文学价值高低是不可取的。通俗文学迎合了大多数的读者，但并不能说明它的价值就高于雅文学。

文学的价值取向是由文学的本质属性所决定的。韦勒克和沃伦指出："人认为文学有价值必须以文学本身是什么为标准"，"某一个东西的价值，即它的惯常的或最专门的或恰当的价值，应当就是那由它的性质（或它的结构）所赋予的价值"。据此可见，最终我们还要回到"文学是什么"和"文学怎么样"的问题上来。

"文学是显现在话语蕴藉中的审美意识形态"，这是当前典型的对于文学本质的定义。从中我们可以看到文学的两个基本性质，即意识形态性和审美性。文学的价值应当是它的这两个基本性质赋予的。换言之，文学的价值取向必须从这两个基本性质入手进行分析。文学的意识形态性质表面看表现为作者意识的表达。但人是"一切生产关系的总和"（马克思语），作者的意识必然隐含着超个人的阶级、阶层乃至民族的利益，呈现为具有代表性的意识表达。由此来看，雅俗文学能够代表不同阶层的价值取向，正是由于作者的功利性意识表达使然。在审美性质的方面，文学的价值取向是非功利性的，雅、俗之美都是自然的文学体现，代表了人自身的更高级诉求。从传统文学雅俗观念的角度，我们可以得到文学的两个基本价值取向，即产生自政教型雅俗观念的社会价值（或曰意识形态价值）和产生于审美雅俗观念上的美学价值（主要是审美价值）。正是这两种价值取向主导着文学雅俗关系的发展。因此，文学的价值取向在雅文学上更多地表现出来。

通俗文学所呈现出来的娱乐价值取向和商品价值取向也是从文学基本性质出发的，只是代表了持不同观念的阶层的价值认同。从群体的视角看，几种价值取向并不冲突，是不同人群的不同的价值取向使然。在价值取向意义上，文学是多元价值观念的共同表达。文学价值是一个复杂的构成，对它的评判还要从历史的、社会的视角来进行。荷兰学者佛克马就曾经提出评价文学价值的"三分法"。他从多元视角指出，文学的价值可以分为绝对价值、社会价值和个人价值三个方面，这恰恰说明了文学价值取向的多元性。

文学是一个不断发展变化的活动过程，文学的价值取向也在不断地发展变化之中表现出来。因为文学的雅俗观念本身包含着价值判断的意味，它其实是每个时代文学价值建构的一种方式，是拥有话语权的主流文学给予不同类型文学一个不同等级的定位。事实上，文学价值取向上也随着雅俗观念的发展而不断地发生变化。在20世纪中国文学史中，通俗文学的每一次崛起、雅俗文学的每一次碰撞，都是对文学价值取向的重新建构过程。以20世纪文学来看，其主要价值取向随着雅俗的变迁大致经历了"社会价值（梁启超等）—审美价值（早期周氏兄弟）—娱乐价值（鸳鸯蝴蝶派等）—启蒙价值（五四文学健将）—审美价值（80年代主流作家）—商品价值（90年代以降的作家群体）"的转变流程。

其次，经济社会的发展推动着当代文学的价值取向的多元化，但我们更应当关注艺术性的价值取向，并在这种价值观念下对雅俗文学进行重新定位。

雅俗文学的内涵在发展中不断完善，表现为意义上的开放性。雅俗的开放性是雅俗范畴能够历久弥新的一个重要原因，也是文学价值多元化的一个表现方面。文学的价值取向同样是发展的，从而也是开放性的。在文学基本性质的基础上，各式的文学价值取向都可能填充进来，文学自身也因此得以发展。然而，当代条件下，随着意识形态一元化文学的淡出，多种价值取向的文学迅速发生并壮大，也正是因为文学价值取向的"开放性"，导致文学发展过程中，过分追求商品价值，重销量重票房，只考虑文学产品在市场上的销路，为此不惜把一些"庸俗""媚俗"甚至"恶俗"的东西引进到文学中来，因而必然会带来文学价值上的某种混乱和倒退。这也是当前文学价值观念多元化的弊端所在。而避免这种弊端的方式就是推行积极的文学价值观念。

历史表明，必须拥有了话语的掌控权，才能使自身的文学观念得到切实的推行。政教型雅俗观念的形成，是文人看到了利用政治权力才会使对话语的控制成为可能，不得不接受权力话语，但最终难免沦陷为权力的奴仆。相比之下，审美雅俗观念的形成，更多表现为文人由文学性出发的话语显现，具有更多的非功利性。因而政教型和审美型的雅俗观念本身就有着对立性，表现在文学史上，就是价值取向的"异势"和主导地位的交替。不同历史时期和不同时代的雅文学，其价值取向上也是不相同的。政教型的价值取向和审美性的价值取向交替占据着主导地位。传统文学本来是以政教为主旨的，到了魏晋时期，文学的主要取向变成了审美，此后政教和审美的价值取向就在更迭中发展。20世纪初期，文学的意识形态取向由政教型价值取向发展而来，并且成为主导的价值观念，但极端的意识形态表现却造成了对文学发展的戕害。新时期以来，占据主导地位的是以审美价值取向为核心的艺术价值取向。于是我们发现，人为地强力推行某种文学价值取向而不去顾及文学自身发展的规律，最终会导致文学发展的停滞乃至倒退。

依据文学的发展现状，在价值多元化的文学语境中，"雅"和"俗"仍然是最基本的文学价值取向。对雅俗文学应该在价值取向的意义上进行合理定位。政教型和审美型雅俗观念的交替实质反映出文学竭力回归自身的努力。审美性雅俗观念更贴近文学自身，当代以审美为核心的艺术性雅俗观念是审美观念的发展，也充分表明文学雅俗关系向文学自身的回归。所以对雅俗文学的定位应当在艺术性价值取向的层面进行。

雅俗文学定位应当是：在促进艺术发展的层面上，推行雅文学的观念，提倡雅文学的创作；在提高大众的审美和认知水平的层面上，推行俗文学的观念，进行俗文学的普及。"雅"意义上的"提高"和"俗"意义上的"普及"还应当结合起来，从而使文学的发展和大众的提高互相推动，最终得到"人"与"文"的双重进步。

最后，雅俗文学的重新定位对文学的包容性提出要求，因此我们认为，当前条件下，应当建立多元价值共存的大文学观念。

这里提到的"大文学观念"是受范伯群"双翼齐飞"文学史观的启发，目的是和传统意义上的文学观念相区别。传统意义上的文学是"雅"文学，正是这种文学观念的传承造成了我们"半部文学史"尴尬。文学应当是雅俗兼容的，在此意义上，我们提出大文学观念的实质是向文学自身回归。

大文学观念要求我们摒弃传统的以雅文学为中心的一元化文学观念所导致的文学偏见，从多元并存的视角来看待文学，形成对文学真正的客观全面的把握。文学理论也应当围绕着大文学观念来建构。当代文学理论家在阐述其理论时，都宣称是以文学的整体的概念来展开论证，然而在进行具体分析时却大多是以雅文学作为其理论的基本支撑，这就在事实上表明，他们的基本观念仍然是以雅文学为中心的，从而导致了其理论体系只能是充满了雅文学倾向的体系，对俗文学的偏见是造成这种文论体系片面性的主要原因。而事实上，雅俗文学之间只有价值取向上的区分，而没有价值高低的区别。

钟敬文先生在20世纪90年代提出了"大文学理论"的观念，很显然他的观点就是建立在"大文学观念"的基础之上的。他发现，现有的文艺学主要研究的是上层的、文化精英创作的雅文学，而通俗文学与民间文学都受到了不同程度的忽视，甚至在一定范围内被排除在文艺学之外。2000年4月钟敬文在北京师范大学召开的"文艺学与文化研究学术讨论会"上明确指出："……大量的、原初的、有价值的东西（民间文学），却被忽略不计了。一个民族的大量的民间文学创作，没有被这个民族的文艺学作为应有的研究对象进行理论概括，而只集中于上层文学或精英文学，这样的文艺学，应该说是不完全的。""集中于上层文学或精英文学"的文学研究现状显现出传统雅俗文学观念的流弊。当前国内文学理论、文学批评和文学创作之间存在脱节现象，一些主流的理论阐述和主流评论家的文学批评往往会面临作家的不认同乃至抵制。某种程度上，对"俗"的偏见导致了我们对文学的理论评价不能保持全面性和客观性，从而导致理论上的偏颇，最终形成了理论和创作的各行其道。而理论一旦不能指导实践，就失去了其存在的必要。为理论而理论的阐发恰恰表明理论的穷途末路。因此我们必须重新来审视我们的文学理论，这种审视首先应当从出发点上摆脱片面性，也就是应当建立在"大文学"观念的基础之上。

但是，我们需要指出，大文学观念是一个尚未成型的文学概念，因此最为紧要的是对文学本身的涵盖范围进行重新审视。所以我们不仅应该研究文学之"雅"，还要关注文学之"俗"，并且要在雅俗之外进行多角度的阐发。《文心雕龙》较为全面地审视了各种形态的文学，可以视为古代文论家"大文学观念"的一种表达形态。当代明确提出大文学观念的是杨义，他的"大文学观"更注重因地域性而产生的文学多元性，因此他提出要"重绘中国文学地图"的观念。这提示我们，大文学还应当是民族性的大文学。透过当前文化研究兴起的文学现实，我们又发现，文化恰恰又是"大文学"的一种广义形式。总之，对大文学观念的阐释还有待学者们于文学发展中进行进一步探讨。

第五章 董仲舒思想对当代教育的启示

第一节 董仲舒思想的教育智慧

董仲舒创建了一个以儒学为核心的新的思想体系，系统地提出了"天人感应""大一统"学说，这些主张被汉武帝所采纳，使儒学成为中国社会正统思想，影响长达二千多年。董仲舒的教育思想体现在三大文教政策、人性与教育作用、道德教育等方面。

一、三大文教政策

（一）"罢黜百家，独尊儒术"

董仲舒的教育智慧中，有一项重要的文教政策被称为"罢黜百家，独尊儒术"。这一政策主张将儒学置于其他学派之上，以确保儒学在封建社会中的独一无二的统治地位。董仲舒的论证主要集中在强调儒学对于封建政治的合适性和独特价值的同时排斥了其他各家学说。他认为通过推崇孔子思想和抑制其他学派的影响，可以实现统一思想、稳定社会的目的。

首先，董仲舒认为儒学具有适合统治封建社会的特质。他认为儒学注重礼仪、人伦关系和道德修养，有助于建立稳定的社会秩序和封建等级制度。儒学强调个体与家庭、社会之间的亲密关系和责任，主张人人都应该履行自己的社会角色和义务。在董仲舒看来，儒学的价值观和原则可以维护社会的稳定和秩序，因此应该被奉为唯一的学说。

其次，董仲舒强调儒学对于培养君主和官吏的合适性。儒学注重君臣关系和礼仪规范，强调君主的德行和贤能。董仲舒主张通过儒学教育培养出具备良好品德和卓越才能的君主和官员，以确保政权的稳定和良好的治理。他认为其他学派的学说相对较为个人主义或思辨性，难以为政府提供有效的指导和治国理政的方法，因此应该被排斥。

最后，董仲舒的"罢黜百家，独尊儒术"政策具有一定的实践意义。

通过推崇儒学，可以确保社会的稳定和秩序。儒学的原则和价值观有助于塑造社会公民的道德观念和行为准则，促进社会和谐与团结。

儒学的教育体系和思想可以培养出具备良好品德和卓越才能的君主和官员，提高政府的治理能力和效率。通过独尊儒术，政府可以确保有资格和合适的人才来担任重要职位，从而促进政权的稳定和发展。

然而，董仲舒的"罢黜百家，独尊儒术"政策也存在一些问题和争议。一是这一政策排斥了其他学派的影响，限制了知识和思想的多样性。这可能导致思想的僵化和创新的缺失，限制了社会的发展和进步。二是这一政策可能使儒学变得僵化和教条化，难以适应不同时代的需求和变化。三是儒学作为一种思想体系，也应该与其他学派进行对话和交流，从中吸取有益的思想成果。

在当代，我们可以从董仲舒思想的教育智慧中获得一些启示。

首先，我们应该注重德育与智育的并重，培养全面发展的人才。教育不仅是传授知识，更重要的是培养人的品德和道德观念，培养学生的创新能力和批判思维。

其次，我们应该鼓励个性发展和自我完善，关注学生的个体差异和需求，引导他们发现和发展自己的潜能和兴趣。

最后，我们应该重视学习的过程和方法，培养学生的独立思考和批判性思维能力，引导他们通过深入思考和质疑来理解问题。

董仲舒思想中的"罢黜百家，独尊儒术"政策虽然在当时具有一定的实践意义，但在当代社会，我们应该从中吸取教育智慧，注重德育与智育的并重，关注个性发展和自我完善，培养学生的批判思维能力，以适应多元化和开放的现代社会。

（二）"兴太学以养士"

董仲舒思想中的教育智慧体现在他所提出的三大文教政策之一，即"兴太学以养士"。这一政策旨在确保国家在统治思想上的高度统一，并改变统治人才短缺的局面。董仲舒主张政府应当直接操纵教育大权，通过兴办太学来决定人才的培养目标，同时也成为整齐学术、促进儒学独尊的重要手段。

首先，董仲舒认为政府应当主导教育，以确保国家在统治思想上的高度统一。他认为教育是培养人才、塑造思想和价值观的关键环节。通过政府直接操纵教育大权，可以确保教育体系符合统治者的意图和要求，从而加强国家的统治力量和统一性。政府通过兴办太学，能够对学校的设置、教材的编制和教育内容进行规范和控制，以实现对人才培养的全面管理。

其次，董仲舒认为兴办太学有助于改变统治阶层人才短缺的局面。在封建社会中，人才的培养一直是一个重要问题。通过兴办太学，政府能够直接介入人才的选拔和培养过程，确保合适的人才能够得到适当的培养和发展机会。太学成为选拔和培养人才的重要渠道，政府可以通过选拔优秀的学生进入太学，并为他们提供系统的教育和培训，以培养出合格的政治和行政人才，解决人才短缺的问题。

最后，兴办太学也是推动儒学独尊的重要手段。董仲舒认为儒学是统治社会的最佳学说，具有维护社会秩序和统治稳定的独特价值。他主张通过兴办太学，将儒学置于其他学派之上，实现对学术的整齐和统一。政府通过太学的设置和教育内容的规定，将儒学作为主导学术，强调儒学的教育和研究，以确保统治思想的一致性和儒学的独尊性。太学成为培养儒学精英的重要场所，政府通过选拔儒学人才进入太学，并提供优质的教育资源和学术环境，以确保儒学的传承和发展。兴办太学的举措使儒学成为社会上层和政治精英的主导学说，进一步巩固了儒学在统治阶层中的地位和影响力。

但是，董仲舒的"兴太学以养士"政策也存在一些限制和争议。一方面，过分强调儒学的独尊地位可能导致对其他学派和思想的排斥，限制了学术的多元性和创新性。另一方面，太学系统的运作可能受制于政府的意图和控制，可能导致学术的僵化和思想的局限。因此，在实施这一政策时，需要平衡好政府的管理与学术的自由，保证教育的公正和开放，以促进全面的人才培养和学术的繁荣。

总而言之，董仲舒的教育智慧体现在他所提出的"兴太学以养士"政策中。这一政策强调政府对教育的主导和管理，通过兴办太学来确保国家在统治思想上的统一和人才的培养，同时也推动了儒学的独尊和学术的整齐。然而，这一政策也需要注意平衡政府的控制与学术的自由，以实现教育的公正和多元发展。

（三）"实行察举，任贤使能"

董仲舒的教育智慧在于他提出的三大文教政策之一是"实行察举，任贤使能"。这一政策旨在解决汉初人才选拔和使用中存在的弊病，推动选举合适的人才，并合理任用他们。董仲舒认为，政府应该通过察举制度，广泛观察和评估人才的品德、能力和潜力，从而选出最为优秀的人才，使其能够在适当的岗位上施展才华，为国家和社会做出贡献。

董仲舒主张通过察举制度来选拔人才。他认为传统的世袭制度和门第观念限制了人才的选拔和培养。相反，察举制度突破了出身和门第的束缚，重视个人的品德、能力和潜力。政府应当设立专门的机构，通过考察和评估的方式来选拔人才。这种制度可以公正地发现和评估潜在的人才，使人才选拔更加公平和科学。

除此之外，董仲舒主张合理任用贤能之人。他认为，选出优秀的人才只是第一步，更重要的是将他们合理地任用在适合的岗位上。政府应当根据人才的特长和能力，进行岗位的分配和任用。董仲舒强调了"任贤使能"的原则，即将具有才干和能力的人放在适合他们的职位上，充分发挥他们的优势和潜力。这样做不仅可以充分发掘人才的潜力，还可以提高政府和社会的效率和治理能力。

董仲舒的教育智慧体现在这一政策中。他认识到人才的选拔和任用对于国家和社会的发展至关重要。通过察举制度，政府能够更加全面地了解人才的素质和潜力，确保选出最优秀的人才。同时，合理任用人才能够充分发挥其才华和潜力，推动国家和社会的进步。

在实施这一政策时，汉武帝采取了一系列措施。首先，他设立了专门的机构，例如，五经博士，负责对人才进行察举和评估。这些机构通过广泛观察和考察，筛选出有潜力和才能的人才。其次，汉武帝开设太学，为选中的人才提供系统的教育和培训，以进一步发掘和培养他们的潜力。太学成为培养政治、文化和行政人才的重要场所，为他们提供学习、交流和思想研讨的平台。

然而，值得注意的是，察举制度也存在一些潜在问题和挑战。首先，选拔人才的标准和方法需要科学客观，避免主观偏见和腐败现象的出现。其次，合理任用人才需要充分考虑人才的特长和适应性，避免将人才安排在不合适的岗位上。此外，察举制度应当注重平衡，既要关注人才的个人优势和特点，也要考虑整体的政治和社会需求。

总的来说，董仲舒的教育智慧体现在他提出的"实行察举，任贤使能"政策中。这一政策通过广泛观察和评估人才，选拔出优秀的人才，并合理任用他们，为国家和社会的发展提供了有力支持。然而，在实施过程中需要注意平衡各方面的考虑和应对潜在的问题。确保选拔和任用人才的标准和方法科学客观是至关重要的，可以采用多元化的评估方式和专业的评审机构来提高选拔的公正性和准确性。此外，政府在任用人才时应该综合考虑他们的特长、能力和适应性，将其安排在适合他们的岗位上，充分发挥其潜力和才华。同时，要注重平衡，既要关注个人的优势和特点，也要考虑整体的政治和社会需求，确保人才的选拔和任用符合国家的发展方向和目标。

二、论人性与教育作用

（一）人性中有"仁气"和"贪气"

"仁气"指人性中有利于促进发展社会道德的先天因素，是主导方面；"贪气"指与社会道德相抵触的先天因素，是从属方面。

董仲舒的思想中涉及人性和教育的关系，他认为人性中存在着两个主要的先天因素，即"仁气"和"贪气"。这两个因素在人性中相互作用，对个体的道德发展和社会的道德秩序产生着重要的影响。董仲舒将"仁气"视为人性的主导方面，它具有促进发展社会道德的倾向；而"贪气"则是相对从属的方面，它与社会道德相抵触。

董仲舒将"仁气"视为人性中的主导因素。他认为人性中具备了一种先天的善良倾向，即"仁气"。这种"仁气"体现了人与人之间的情感共鸣和互助关系，是人们关心他人、乐于助人的本能。董仲舒认为，"仁气"是一种先天的道德情感，它植根于人的内心，能够引导个体遵循道德准则，追求公平、正义和善良。

董仲舒还指出人性中存在着"贪气"。他认为"贪气"是人性中与社会道德相抵触的从属因素。这种"贪气"指的是人的自私、贪婪和不义倾向。董仲舒认为，"贪气"是人性中的缺陷，它使个体追逐私利，不择手段地追求个人欲望，忽视他人的权益和社会的公共利益。因此，他强调了对"贪气"的抑制和纠正，以实现个体和社会的道德完善。

董仲舒的教育智慧在于他认识到人性中的这两个因素，并将其与教育相结合。他认为教育的作用在于引导和培养人的"仁气"，并抑制和纠正人的"贪气"。通过教育，个体能够接受道德教化，培养出具备良好品德和道德行为的能力。教育可以通过道德规范、榜样示范、情感教育等方式，引导个体培养出乐于助人、关心他人、守法守义的品质。

同时，教育也应当重视对"贪气"的抑制和纠正。董仲舒认为，个体的"贪气"是可以通过教育得到抑制和纠正的。教育应当注重培养个体的道德意识和道德责任感，使其认识到"贪气"对社会和个人的危害，并引导其调整自己的行为和态度。教育可以通过让学生了解道德准则和伦理原则，培养其正义感和公益意识，从而抑制个体的"贪气"，使其能够秉持公平、正义和道德的行为准则。

此外，董仲舒还强调了教育的重要性和智慧的培养。他认为教育应当注重培养个体的智慧和理性思维能力，使其能够正确判断和抉择。通过教育，个体可以培养批判性思维、逻辑思维和分析问题的能力，从而更好地认识自己和社会，提升自己的道德水平和社会责任感。

总的来说，董仲舒的教育智慧体现在他对人性中"仁气"和"贪气"的认识和教育的应对策略上。他认识到人性中的这两个因素对个体的道德发展和社会的道德秩序具有重要影响，并通过教育引导和培养个体的"仁气"，抑制和纠正个体的"贪气"，以实现个体和社会的道德完善。同时，教育应当注重智慧的培养和理性思维能力的培养，使个体能够正确判断和抉择，提升自身的道德水平和社会责任感。这些教育智慧对于个体的成长和社会的进步都具有重要意义。

（二）将人性和善区别开来

董仲舒的教育智慧体现在他对人性和教育作用的独特见解上，他将人性与善区别开来。在董仲舒的思想中，善指的是封建社会中所追求的伦理道德，而人性与善之间存在可能性与现实性的关系。人性被视为善的可能性和内在根据，而善则是在教育条件下，人性可能转化成"德"的一种结果。

董仲舒认为人性具备善的可能性。他认为人性本质上是善良的，具有追求善行和道德的倾向。这种善的可能性根植于人的内心，是人类共同的天性。董仲舒强调了人性中的善的潜在力量，认为人性的善良本质是人们追求道德和伦理的内在动力。

董仲舒也指出人性中善的可能性需要通过教育条件才能实现。他认为人性中的善需要通过正确的教育和培养，才能转化为实际的道德行为和品质。在封建社会中，教育被视为引导和规范人性的重要手段。董仲舒主张通过道德教育、榜样示范和规范行为等方式，引导个体追求善良，使人性中的善能够在实践中得以体现。

对于董仲舒来说，善是人性在教育条件下的一种结果。通过教育的引导和培养，人性中的善得以发展和实现，转化为具体的道德行为和伦理准则。他认为教育的作用在于引导个体认识到人性中的善的潜能，并通过培养和塑造，使个体能够根据善的内在根据行事，追求道德和伦理的完善。

此外，董仲舒强调人性与善之间的可能性与现实性的关系。他认识到人性中的善与社会环境和教育条件的相互作用。在恶劣的社会环境下，人性中的善可能受到阻碍和扭曲；而在良好的教育条件下，人性中的善才能得到有效的发展。因此，董仲舒强调了改善社会环境和加强教育的重要性。他认为社会应创造良好的教育环境，为个体培养善的品质提供必要的条件和机会。同时，教育的目标应当是引导个体认识到自身内在的善的潜能，并通过培养和塑造，使其转化为实际的道德行为和伦理准则。

然而，董仲舒也认识到人性中存在着"贪气"这一相对从属的因素。他意识到人性不完全是纯善的，也存在着自私、贪婪和不义的倾向。这种"贪气"与善相抵触，可能阻碍个体追求道德和伦理的完善。因此，董仲舒强调了对"贪气"的抑制和纠正。教育应当以培养善的品质为目标，引导个体认识到"贪气"的负面影响，并通过教育的力量抑制和纠正这种倾向，促使人性中的善得以真正体现和发展。

董仲舒的教育智慧在于他对人性与善的关系的深入思考，并将其与教育相结合。他认识到人性具备善的可能性，但这种善需要通过教育的引导和培养才能实现。他主张改善社会环境和加强教育，以引导个体认识到自身内在的善的潜能，并通过教育的力量将其转化为实际的道德行为和伦理准则。同时，他也提醒人们要警惕人性中的"贪气"倾向，并通过教育的力量加以抑制和纠正。董仲舒的教育智慧为人性的发展和道德的培养提供了重要的思考和指导。

（三）提出"性三品说"

董仲舒的"性三品说"在教育思想中具有重要的意义。这一理论认为人性的不同等级决定了个体的道德素质和潜力，同时也决定了个体在教育中的不同地位和作用。

首先，对于"圣人之性"，董仲舒将其视为人性的最高境界。圣人之性代表了极度高尚的道德品质和精神追求。这些人天生具备卓越的道德智慧和伦理素养，能够自觉遵循道德准则，并以榜样的力量影响他人。董仲舒将圣人之性视为道德的典范和理想，他们的存在对于社会的道德建设和秩序至关重要。

其次，对于"中民之性"，董仲舒认为大多数人的人性属于这一等级。中民之性的人具备一定的道德品质和潜力，他们有可能通过适当的教育和培养进一步发展和完善自己的道德素质。董仲舒强调，中民之性的人是教育的主要对象，通过教育的引导和塑造，他们可以逐渐提升自己的道德水平，为社会做出贡献。

最后，对于"斗筲之性"，董仲舒认为这是人性的低等级。斗筲之性的人具有相对较差的道德品质，往往难以通过教育改变。然而，董仲舒并未放弃对他们的教育。他主张对斗筲之性的人采取适度的教育干预，通过不断的努力和引导，尽可能提高他们的道德素养，促使他们朝着更高的道德境界发展。

董仲舒的"性三品说"强调了教育的普遍性和差异性。他认识到每个人的人性都存在着不同的特点和潜力，因此在教育实践中需要针对不同的人性进行差异化的教育引导。通过教育，个体可以实现人性的提升和完善，为社会和国家的发展作出积极贡献。

在实施这一理论时，董仲舒主张教育应该注重培养中民之性的人。他认为大多数人性属于中民之性，这意味着他们具备发展为优秀人才的潜力。中民之性的人在教育中应成为重点关注的对象。董仲舒主张通过教育的引导和培养,激发中民之性的人的道德潜能,并培养他们具备优秀的道德品质和行为。这样的教育旨在提升他们的道德素养,使他们能够在社会中担负起责任,为社会和国家的发展作出积极贡献。

三、论道德教育

(一)道德教育的作用:德教是立政之本

董仲舒在其教育思想中强调了道德教育的重要性,他认为道德教育是立政之本,对于建立和维护社会秩序以及促进国家发展至关重要。董仲舒深刻理解到个体的道德品质与社会的和谐稳定密切相关,因此他主张通过道德教育来塑造和提升个体的道德素养,以实现社会的和谐与进步。

1. 道德教育对于建立社会秩序至关重要

道德教育在社会秩序建立和维护方面具有不可替代的重要作用。董仲舒坚信道德是社会秩序的基石,只有通过道德的约束和规范,个体之间才能形成和谐的相互关系。他深刻认识到,社会秩序的维系不仅依赖于法律和制度,更需要个体具备良好的道德品质和道德自觉。因此,他强调通过道德教育来培养和提升个体的道德素养,从而建立和维护社会的秩序。

首先,道德教育通过传授道德准则、价值观念和道德行为,使个体了解和内化社会公共利益,明确个人行为对社会和他人的影响。通过教育,个体可以学习到什么是善良、公正和道义的行为,以及如何尊重他人的权益和利益。道德教育使个体明白违背道德规范和伦理原则将导致社会秩序的破裂和混乱,从而激发个体自觉遵守道德规范,积极参与社会活动,建立和维护社会秩序。

其次,道德教育通过培养守法守义、守德守信的品质,促使个体形成正确的行为准则和自我约束机制。通过教育,个体能够认识到遵守法律和道德规范的重要性,理解到道德行为对个人和社会的价值。道德教育培养个体遵守法律、恪守道义的意识,使其在面对诱惑和困境时能够坚守道德底线,以公正和公平的态度对待他人,树立起守法守义的道德信念和行为习惯。

最后,道德教育通过情感教育和道德榜样的塑造,使个体形成正确的道德情感和道德判断能力。董仲舒强调通过教育培养个体的道德感受和情感共鸣,使其能够体验到善行所带来的内心愉悦和他人受益的快乐。通过教育,个体能够感知到道德行为的美好和影响,从而在行为选择和道德判断中能够更加明确和准确。道德教育通过塑造道德榜样和提供真实案例,激发个体的道德想象力和责任意识,帮助他们形成正确的道德判断和决策能力,避免违背道德原则和伦理准则的行为。

2. 道德教育对于促进国家发展具有重要意义

道德教育对于促进国家发展具有重要意义,这是董仲舒教育思想中的一大核心观点。

他深刻认识到，国家的繁荣和进步不仅依赖于政治和经济的力量，更需要有道德高尚的公民作为支撑和推动力量。董仲舒强调，只有具备良好道德品质的公民才能够为国家和社会做出真正的贡献，从而推动国家的发展和进步。

首先，道德教育能够培养公民的公共利益意识。通过道德教育，个体可以深入理解公共利益的重要性和必要性，意识到个人的行为和选择对整个社会的影响。道德教育使公民明确自己的责任和义务，以社会的整体利益为出发点和归宿，从而在行动中考虑社会的福祉和发展。公民具备公共利益意识后，能够积极参与社会事务，为国家的发展做出贡献。

其次，道德教育能够培养公民的责任感和奉献精神。道德教育引导个体树立正确的价值观念，明确个人在国家和社会中的责任和义务。通过教育，个体能够深刻理解个人的行为和选择对他人和社会的影响，从而形成对社会的责任感和奉献精神。具备责任感和奉献精神的公民能够主动承担社会责任，积极参与社会事务，为国家的发展贡献自己的力量。

最后，道德教育能够培养公民的道德品质和道德行为。董仲舒认为，国家的发展需要具备高尚道德品质的公民。通过道德教育，个体能够学习到正确的道德准则和行为规范，培养出守法守义、守德守信的品质。这些道德品质使公民在各个领域中能够表现出高尚的道德行为，遵循道德规范和伦理准则。这种高尚的道德品质和行为不仅能够维护社会的正常秩序，还能够促进社会的和谐发展。在一个道德水平高、人人遵守道德准则的社会中，公民能够建立起互信和合作的关系，增强社会凝聚力和稳定性，为国家的长期发展提供坚实的基础。

3. 道德教育还对个体的个人发展和幸福具有重要影响

道德教育对于个体的个人发展和幸福具有深远的影响。董仲舒强调通过道德教育，个体能够培养出正直、宽容、谦虚等美德，提高自身的道德水平，并塑造积极的人生态度和价值观念，从而实现个人的发展和幸福。

首先，道德教育培养个体的道德品质。通过教育，个体可以学习到正确的道德准则和行为规范，明确善恶之分。道德教育引导个体树立正确的价值观念，明白道德行为对个人和社会的价值。个体通过道德教育的指导，能够树立起守法守义、守德守信的品质，表现出高尚的道德行为。这种道德品质的提升不仅能够增强个体的自信心和自尊心，还能够赢得他人的尊重和信任，为个体的个人发展和幸福奠定坚实基础。

其次，道德教育塑造个体的人生态度和价值观念。董仲舒认为，道德教育不仅要教会个体正确的道德行为，更要引导个体形成正确的人生态度和价值观念。通过道德教育，个体能够培养出积极向上的人生态度，学会关注他人、乐于助人，以及拥有谦虚、宽容和感恩的心态。这些积极的人生态度和价值观念使个体更加坚韧、乐观，能够在面对挫折和困难时保持积极的心态，追求个人的成长和幸福。

最后，道德教育提供了个体自我完善的路径。通过道德教育，个体能够了解自身的缺点和不足，并通过自我反省和修正来提高自身的道德素质。道德教育引导个体追求卓越、持之以恒地追求道德上的进步，使个体能够不断成长和完善自己。通过自我完善，个体能够不断提高自己的道德水平和道德判断能力，更好地应对人生中的挑战和抉择，实现个人的发展和幸福。

（二）道德教育的内容："三纲五常"

董仲舒在其教育思想中提出了道德教育的内容，主要包括了"三纲五常"。他认为通过这些道德准则的教育，个体可以树立正确的道德观念和行为准则，塑造高尚的道德品质。

1. "三纲"

董仲舒的教育思想中，他强调了道德教育的重要性，并提出了"三纲"作为社会关系的道德准则。这三纲分别是君臣之纲、父子之纲和夫妻之纲。通过教育和实践这些准则，个体可以培养出正确的道德观念和行为准则，从而建立和谐的社会关系和促进个人的发展。

首先，君臣之纲是指君主与臣民之间的道德关系。董仲舒认为君主应具备仁德和智慧，成为臣民的榜样和引领者。君主应以仁爱之心对待臣民，关注民生，以德治国。同时，君主也需要具备智慧和明智的决策能力，为国家的繁荣和发展提供指导。而臣民则应具备忠诚和尊重，遵守君主的统治，为国家的稳定和社会秩序做出贡献。

其次，父子之纲强调父母与子女之间的道德责任和亲情。父母作为子女的启蒙教育者，应尽责教育子女，传授正义、仁爱和诚信的道德准则。父母的言传身教对于子女的道德成长至关重要。同时，子女应孝顺父母、敬重长辈，以及遵守家庭规则和传统礼仪，从小培养起家庭和社会的道德责任感。

最后，夫妻之纲强调夫妻之间的相互关爱和责任。董仲舒认为夫妻关系应以仁爱、忠诚和互助为基础。夫妻应相互扶持、尊重对方的权益和感受。他强调夫妻之间应保持信任和沟通，共同面对生活中的挑战和困难，共同营造和谐的家庭环境。这种和谐的夫妻关系不仅对个体的幸福和满足感有益，也对家庭的稳定和社会的和谐起到重要的作用。

这些道德准则所体现的君臣、父子和夫妻关系，构成了社会伦理和道德观念的基础。通过教育和实践这些准则，个体可以逐步树立正确的道德观念和行为准则，促进道德品质的提升。

2. "五常"

董仲舒将个体的道德行为准则总结为五常，包括仁、义、礼、智、信。这些准则涵盖了个体在不同情境下的道德责任和行为规范，是培养个体道德品质和塑造良好人生态度的重要指南。

第一是仁，仁者，即慈悲、宽容和善良的品质。仁是人与人之间关爱和互助的基础，体现了对他人的关怀和善意。个体应培养出慈悲心和宽容度，对他人的需要和困难给予帮助和支持，以创造一个温暖和谐的社会。

第二是义，义者，即对道德准则和伦理原则的遵守。个体应秉持公正、正直和公义的行为准则，尊重并遵守社会规范和道德原则。义的实践需要个体具备正确的价值观和道德判断力，能够在面临困难和选择时做出正确的抉择，并以正义的方式行事。

第三是礼，礼者，即尊重他人和注重礼仪的品质。个体应遵循社会礼仪规范，尊重他人的权益和感受，注重社交场合的得体行为。礼不仅是一种行为方式，更是一种价值观念，体现了个体对社会秩序和人际关系的尊重和维护。

第四是智，智者，即智慧和明智的行为。个体应培养理性思维和明辨是非的能力，具备正确的判断力和决策能力。智的实践包括正确分析问题、明晰思路，以及在面临挑战和抉择时能够做出明智的选择。

第五是信，信者，即言行一致和守信用的品质。个体应具备诚实、可靠和守约的品质，言行一致，信守诺言。信的实践建立在个体的诚信和信誉基础上，为人处事诚实可靠，对承诺和责任负责。

董仲舒将这五常作为个体道德行为准则，强调了个体在不同情境下应该具备的道德素质。通过教育个体培养这些准则，可以引导个体形成正确的道德观念和行为准则，塑造高尚的道德品质。

董仲舒认为通过教育个体的"三纲五常"，可以培养出高尚的道德品质和行为习惯。他认为这些道德准则涵盖了个体在不同社会关系和情境下的道德责任和行为规范，有助于个体树立正确的道德观念和行为准则。以下将详细探讨每个准则在个体发展和幸福中的重要作用。

（三）道德修养的原则与方法

在董仲舒的教育思想中，道德修养的原则之一是"重义轻利"。这一原则强调个体在道德行为中应重视道义和公益，而不是过分追求个人利益。重义轻利的核心观念是道义高于私利，个体应将道德责任和义务放在首位，而非以个人私利为中心。

1. 道德原则的重要性

重义轻利原则体现了个体对道义和公益的高度重视。在现实生活中，很多问题和冲突涉及个人利益与道义责任之间的平衡。如果个体过分追求个人利益而忽视道义，将会导致社会的不公平与不和谐。相反，如果个体以道义为重，主动承担道德责任，关注社会公益，将有助于构建和谐的社会关系和稳定的社会秩序。

2. 培养高尚的道德品质

重义轻利的道德修养方法有助于个体培养高尚的道德品质。个体应该从小培养对公正、正直和公义的追求，意识到道义和道德责任的重要性。在日常生活中，个体应该树立正确的道德观念，明辨是非，不为个人私利而背离道义。此外，个体应积极参与社会公益事业，关注他人的需求，并以实际行动回馈社会，从而实现道义价值的体现。

3.培养公益意识和责任感

重义轻利的道德修养方法还包括培养公益意识和责任感。个体应该意识到自己作为社会成员的责任和义务，关注他人的需求和利益。个体可以通过参与公益活动、志愿服务等方式，积极回馈社会，为社会公益事业贡献自己的力量。同时，个体还应主动承担自身的道德责任，遵守社会规范和法律法规，不以牺牲他人利益来谋求个人私利，以道义为重，坚守道德底线。

4.树立正确的价值观

重义轻利的道德修养方法也要求个体树立正确的价值观。个体应重视道义和公益的价值，将道德责任放在首位，而不是片面追求个人私利。个体应该明确认识到道义高于私利的原则，并以此为指导，做出正确的道德选择和决策。树立正确的价值观可以帮助个体树立正确的行为准则，培养出高尚的道德品质。

5.培养自我约束和自律能力

重义轻利的道德修养方法还包括培养自我约束和自律能力。个体应该有意识地约束自己的行为，不以个人利益为中心，而是以道义为重。个体需要培养自我控制的能力，避免陷入私利的诱惑，始终保持道义准则的坚守。自我约束和自律能力的培养需要个体持之以恒，通过反思和修正自己的行为，不断提升道德意识和品德修养。

总结起来，董仲舒强调的"重义轻利"原则是道德修养的重要指导。个体应该以道义和公益为重，将道德责任和义务放在首位，培养高尚的道德品质。通过培养公益意识和责任感、树立正确的价值观、培养自我约束和自律能力，个体能够实现道义与私利的平衡，促进社会的和谐与进步。这样的道德修养方法不仅有助于个体的成长和幸福，也对社会的发展和进步具有重要影响。

第二节　基于"立身处世"的人才成长理念

一、立身

董仲舒的教育思想强调个体的立身，即个体应该树立正确的人生观和价值观，以及塑造高尚的品德和道德品质。立身包括对自我的认知和定位，以及对社会责任的认识。

（一）人生观和价值观

在董仲舒的教育思想中，他强调了个体的立身，即个体应该树立正确的人生观和价值观。这涉及个体对自己的认知和定位，以及对生命意义和价值的理解。以下是对立身部分的详细探讨，重点是人生观和价值观的培养。

1. 人生目标的明确

董仲舒认为，个体应该明确自己的人生目标和追求。个体应该仔细思考自己想要实现的目标和成就，无论是在个人生活、职业发展还是社会贡献方面。这样的明确目标将为个体提供方向和动力，使其能够积极追求自身的成长和幸福。

2. 真善美的追求

董仲舒主张个体应该追求真善美的境界。真指追求真实、真诚和真理，个体应该对自己的内心和行为保持真实和诚实。善指追求善良、仁爱和善行，个体应该关心他人，乐于助人，秉持慈悲和宽容的态度。美指追求美好、卓越和高尚，个体应该追求精神和道德的美，塑造高尚的品德和道德品质。

3. 人生意义和价值的认识

个体应该深刻理解生命的意义和价值。董仲舒认为，每个人的生命都有其独特的意义和价值，个体应该认识到自己的存在对世界的意义，并通过实际行动来体现自己的价值。这种意识将激发个体的自我价值感和责任感，推动他们在追求个人成长的同时，为社会做出贡献。

4. 道德行为和原则的坚持

个体在立身过程中应坚持正确的道德行为和原则。董仲舒认为，一个人只有在行为上符合道义，遵守道德准则，才能真正立足于社会并取得长远的发展。个体应该树立高尚的品德和道德品质，秉持诚实守信、正直公正、仁爱宽容等价值观，将这些原则贯彻于日常生活和工作中。

5. 价值观的传承和弘扬

董仲舒强调个体应该传承和弘扬正确的人生观和价值观。这需要个体通过自身的言行和实践，将正确的人生观和价值观传递给后代，并积极参与社会活动以推动这些观念的普及和实践。个体应该成为价值观的践行者和传播者，通过自身的行为示范和言传身教的方式，影响他人，塑造正面的社会氛围。

6. 教育的重要性

董仲舒认为教育是培养个体正确人生观和价值观的重要途径。教育机构和家庭应该致力于向个体传授正确的道德价值观，引导他们形成正确的人生观。教育应该注重培养个体的道德品质和品德修养，让个体在学习和成长的过程中逐渐认识到人生的意义和价值，并积极追求真善美的境界。

7. 自我反思和修正

个体在培养人生观和价值观的过程中，应不断进行自我反思和修正。个体应该审视自己的行为和思维模式，及时发现并纠正不符合正确价值观的行为。同时，个体也应该不断学习和成长，通过与他人的交流和碰撞，拓展自己的视野，增强对人生的理解和把握。

董仲舒强调个体的立身，即树立正确的人生观和价值观。个体应明确自己的人生目标，追求真善美的境界，深刻理解生命的意义和价值，并坚持正确的道德行为和原则。同时，个体应传承和弘扬正确的人生观和价值观，通过教育、自我反思和修正等途径，培养高尚的品德和道德品质，为个人和社会的发展作出积极的贡献。

（二）品德

在董仲舒的教育思想中，品德即道德品质是个体立身之本。他认为个体的品德决定了其行为和处事方式，而高尚的品德将使个体成为具有道德修养的人才。

1. 诚实守信

诚实守信是品德修养的基石。个体应具备真实和诚实的品质，坦诚地对待他人，不撒谎、不欺骗。同时，个体应守信履约，信守承诺，以诚信的行为赢得他人的信任和尊重。

2. 谦虚有礼

谦虚有礼是体现个体谦逊和尊重他人的品德。个体应虚怀若谷，不自负、不傲慢，善于倾听他人的意见和建议。同时，个体应保持礼貌和善良的态度，尊重他人的权益和感受。

3. 勤奋进取

勤奋进取是体现个体积极进取和努力奋斗的品德。个体应具备良好的工作态度，勤奋学习，不断提升自己的知识和能力。同时，个体应追求卓越和进步，不畏艰难困苦，不断超越自我，为个人和社会的进步做出贡献。

4. 宽容友善

宽容友善是表现个体包容和友好心态的品德。个体应具备宽容的心态，理解和接纳他人的差异，尊重他人的观点和选择。同时，个体应友善待人，善良待人，关心他人的需求和福祉。

5. 公正正直

公正正直是体现个体公平和正直品质的重要特征。个体应具备公正的判断力和决策能力，不偏袒、不偏私，维护公正和公平的原则。同时，个体应坚守正直，不为个人私利而背离道义，敢于说真话、做正确的事情。

6. 慈悲宽容

慈悲宽容是体现个体关爱和宽容心态的品德。个体应具备慈悲心和同情心，关心他人的需求和困境，乐于助人。同时，个体应宽容待人，理解他人的过失和错误，并给予包容和宽恕。这种慈悲和宽容的品质能够建立和谐的人际关系，促进社会的和睦与共融。

7. 责任担当

责任担当是个体品德的重要方面。个体应意识到自己在家庭、社会和职业等各个领域的责任，并主动承担起这些责任。个体应尽职尽责，勇于承担困难和挑战，为实现个人和社会的发展贡献力量。

8. 自律与克己

自律和克己是培养良好品德的关键。个体应具备自我约束和自我管理的能力，约束自己的欲望和冲动，控制情绪和行为。同时，个体应克制自己的私欲和贪婪，追求道德和精神层面的满足，不为了个人私利而违背道德原则。

9. 持续学习和反思

个体应具备持续学习和反思的品德和道德修养。个体应不断学习新知识，不断提高自己的道德素养。同时，个体应反思自己的言行和行为，不断反思自身的不足和缺陷，以进一步完善自己的品德和道德品质。

董仲舒强调个体品德的培养，认为这是个体立身之本。通过培养诚实守信、谦虚有礼、勤奋进取、宽容友善、公正正直、慈悲宽容、责任担当、自律与克己以及持续学习和反思等品德，个体能够塑造高尚的道德修养，成为对社会有益、对他人有帮助的人才。

（三）社会责任感

董仲舒强调个体应该对社会负有责任感。个体应该认识到自己是社会的一员，应该为社会的进步和发展做出贡献。个体应该主动承担自己的社会责任，关心他人的需求，积极参与社会事务，为社会公益贡献自己的力量。通过履行社会责任，个体能够实现自身的成长和价值，同时也推动社会的进步和发展。

1. 社会认同和归属感

董仲舒强调了个体与社会之间的紧密联系，并提倡个体应该具备对社会的认同感和归属感。他认为个体不应将自己看作是孤立存在的个体，而是应意识到自己是社会的一员，与社会共同发展、共同进步。

首先，个体的认同感是指对社会价值观、文化传统和社会规范的认同。董仲舒强调了社会共同体意识的重要性，个体应该认同社会的共同价值观和道德准则，并主动参与到社会生活中去。通过对社会的认同，个体能够融入社会，与他人建立良好的互动关系，形成积极向上的社会氛围。

其次，个体的归属感是指对社会群体和社区的归属和依恋。个体应该认识到自己是社会中的一员，并与社会群体建立联系和互动。通过加入社会组织、参与社区活动等方式，个体能够感受到集体的温暖和支持，同时也能够为社会的发展和进步做出积极的贡献。

董仲舒认为，个体的认同感和归属感对于社会的稳定与和谐具有重要意义。当个体能够真正认同社会的价值观和道德准则时，他们会在行为和决策中考虑社会的利益，注重个人行为的道德性和社会责任感。同时，当个体具备强烈的归属感时，他们会关心和参与社会事务，积极为社会的发展贡献自己的力量。

在实际操作中，个体可以通过多种途径培养对社会的认同感和归属感。首先，个体可以积极参与社会公益活动，为社会发展做出实际贡献。其次，个体可以加入社会组织、参与社区建设，与他人建立紧密的联系和交流。此外，个体还可以通过学习社会科学知识、了解社会历史和文化传统等方式，增加对社会的认同和理解。

2.关心他人需求

董仲舒认为，个体应该超越自我，关心他人的需求和福祉，展现出同情心和关爱心。他强调个体应该从人道主义的角度出发，特别关注那些处于弱势和困境中的人们，为他们提供帮助和支持，推动社会的公平和正义。

首先，个体应培养同情心和关爱心。同情心是指个体对他人困境和痛苦的感同身受和关切。个体应该努力理解他人的处境，体验他们的情感和需求，对他们的困境和苦难感到关切。关爱心是指个体对他人的深情关爱和关注，体现出对他人幸福和福祉的渴望。个体应该用心倾听他人的心声，关心他们的需求，为他们提供支持和帮助。

其次，个体应特别关注弱势群体的权益。弱势群体包括贫困人口、残障人士、老年人、儿童等。个体应对他们面临的困境和不公平现象保持敏感和关注，积极维护他们的权益，为他们争取公平和尊严。个体可以通过参与公益组织和社会服务活动，为弱势群体提供支持和帮助，倡导社会的包容和关怀。

最后，个体应积极参与公益事业。个体可以通过参加志愿者活动、捐赠物资和资金等方式，为社会做出贡献。个体还可以参与社会公益项目的策划和实施，推动社会的发展和进步。通过这些行为，个体不仅能够帮助他人，同时也能够提升自身的社会责任感和人文关怀能力。

在教育领域，培养学生关心他人需求的意识也是重要的任务。教育机构应注重培养学生的同情心和关爱心，通过教育活动和课程设置，引导学生关注社会弱势群体，了解他们的需求和困境，并培养他们积极参与公益事业的意识和能力。

3.积极参与社会事务

个体积极参与社会事务是实现社会进步和发展的重要途径。董仲舒强调个体应当超越个人利益，投身于社会事务中，为社会做出积极贡献。

首先，个体可以参与社区组织和志愿者活动。社区是个体生活的重要空间，通过参与社区组织的活动，个体可以更好地了解社区的需求和问题，为社区提供帮助和支持。个体可以参与社区服务、环境保护、文化活动等各种志愿者活动，为社区的发展和居民的福祉做出贡献。通过这种参与，个体能够增强社区意识，加强社区凝聚力，共同营造和谐宜居的社区环境。

其次，个体可以积极参与慈善机构和公益组织。慈善机构和公益组织致力于解决社会中存在的各种问题和困难，个体可以通过捐赠物资、资金或者参与志愿者工作等方式，为这些机构提供支持和帮助。个体还可以参与公益项目的策划和推动，为弱势群体提供帮助和关爱。通过参与慈善和公益活动，个体能够深切感受社会的需求，增强社会责任感，推动社会的公平和正义。

此外，个体应当关注社会问题和挑战，并积极参与公共讨论和决策。社会问题的解决需要集体的智慧和力量,个体可以通过参与公共讨论、社会研究和政策制定等活动,为解决社会问题提供自己的观点和建议。个体可以关注教育、环境、贫困、健康等各个领域的问题,通过发表意见、参与公民论坛、投身政府与非政府组织等途径,推动社会改革和进步。

4. 推动社会进步和发展

个体通过履行社会责任和积极参与社会事务,可以推动社会的进步和发展。董仲舒强调个体的努力和贡献对社会具有积极的影响,个体在推动社会进步和发展方面可以发挥重要作用。

首先,个体可以通过创新和创造推动社会的科技进步和文化发展。个体具有独特的思维和创造力,可以提出新的理念、创造性的解决方案和科技成果,促进社会在科技、工业、文化等领域的发展。个体的创新活动可以推动社会的变革和进步,为社会带来新的发展机遇和动力。

其次,个体可以积极参与社会改革和发展,为社会制度和公共政策的完善和进步贡献自己的观点和建议。社会的改革和发展需要来自各个层面的参与和贡献,个体作为社会的一员,应积极关注社会问题和挑战,并提出自己的观点和建议。个体可以通过参与公共讨论、参与社会团体和组织、参与政府和非政府组织的工作等方式,为社会改革和发展贡献自己的智慧和力量。

最后,个体还可以通过社会创业和社会企业的方式推动社会的进步和发展。社会创业是指个体以创新的方式解决社会问题、推动社会发展的创业活动。个体可以创办社会企业,通过商业模式和创新产品或服务,实现社会价值和经济效益的双重目标,为社会发展作出积极贡献。

在教育领域,教育机构应注重培养学生的创新思维和社会责任感,引导他们积极参与社会进步和发展。通过提供创新教育和实践机会,鼓励学生提出新的观点和解决方案,培养学生的创新能力和创业精神。同时,教育机构还可以开展社会创业教育,引导学生关注社会问题,激发他们积极投身社会事务的热情和动力。

5. 培养公民意识和道德素养

个体的公民意识和道德素养是社会健康发展与和谐稳定的重要基石。董仲舒认为,个体应该培养公民意识和道德素养,以实现自身的全面发展并为社会作出积极贡献。

首先,个体应遵守法律法规,尊重社会规范和公共秩序。法律是社会的基本准则,个体应当遵守法律法规,不仅是出于自身的合法权益和安全考虑,也是对社会公共秩序的维护和支持。个体应了解并遵守法律,尊重他人的权益和自由,并积极参与法律制定和司法实践,为法治社会的建设和维护贡献自己的力量。

其次,个体应具备正确的道德观念和行为准则。道德是社会共同行为准则的体现,个体应当树立正确的道德观念和价值观,用道德原则来指导自己的行动。个体应尊重他人,关爱他人，秉持诚实、正直、公正、宽容的道德品质。个体在日常生活中应注重道德修养，注重与他人的公平交往，弘扬正能量，为社会营造和谐、友善的氛围。

最后，个体应积极参与公民权益的维护和社会问题的解决。个体作为社会的一员，应当关注公民权益的保障和社会问题的解决，积极参与公共事务，行使公民的权利和义务。个体可以通过参与社会组织、政治参与、舆论表达等方式，表达自己的声音，推动社会的进步和改革。个体还可以参与公共讨论和决策，为解决社会问题提供自己的观点和建议。

在教育领域，教育机构应注重培养学生的公民意识和道德素养。通过德育教育和公民教育，培养学生对法律法规和社会规范的尊重和遵守，树立正确的道德观念和行为准则。

6. 社会责任教育的重要性

社会责任教育对于个体的成长和社会的繁荣具有重要意义。董仲舒认为，个体的成长和发展不仅是个人的事务，也关乎整个社会的繁荣和稳定。因此，通过教育和培养社会责任感，可以激发个体对社会问题的敏感性和关注度，引导他们在自己的领域内为社会作出积极的贡献。

首先，社会责任教育有助于培养个体的社会意识和公民意识。通过教育，个体可以了解社会的结构、文化和价值观，认识到自己作为社会成员的重要性和责任。个体能够意识到自己的行为和决策对社会有着深远的影响，进而形成积极的社会意识和公民意识，主动参与社会事务，为社会的繁荣做出贡献。

其次，社会责任教育有助于培养个体的道德观念和价值观。通过教育，个体可以接触到不同的道德观念和伦理原则，学习到正确的价值取向和行为准则。个体能够树立起以诚信、正义、宽容、尊重为核心的道德观念，注重他人的需求和福祉，以道德原则来指导自己的行动，形成良好的道德品质和行为习惯。

此外，社会责任教育有助于培养个体的批判思维和问题解决能力。社会责任教育强调个体对社会问题的敏感性和主动性。个体通过学习和了解社会问题的背景和原因，培养批判性思维和问题解决能力，能够独立思考和分析社会问题，并寻找解决问题的途径和策略。个体通过实际行动，参与社会改革和公共事务，为解决社会问题贡献自己的力量。

二、处世

董仲舒的教育思想还强调个体在社会中的处世之道，即个体应该具备正确的行为准则和与人相处的智慧。处世包括个体在社会中的交往方式、解决问题的能力以及处理人际关系的智慧。

（一）社交智慧

个体应该具备良好的社交能力和智慧，善于与他人建立良好的人际关系。个体应该懂得尊重他人、倾听他人的意见和看法，善于沟通和协调，以达成共识和合作。董仲舒认为，一个人在社会中成功与否，不仅取决于个体的个人能力和才干，还取决于他们的人际关系和与他人的合作。因此，个体应该学会与人相处并善于处理人际关系。这包括与不同背景和观念的人建立有效的沟通和合作，解决问题时采取公正和平衡的态度，以及在团队合作中发挥积极的作用。通过培养社交智慧，个体能够更好地适应社会环境，与他人建立良好的关系，共同实现个体和社会的发展。

1. 尊重他人

个体应该学会尊重他人，尊重他人的权利、观点和感受。这包括倾听他人的意见和看法，尊重他人的自主权和选择权。个体应表现出真诚的兴趣，关注他人的需求和关心，积极倾听他人的需求和问题，建立起互相尊重的良好关系。

2. 善于沟通

个体应该善于沟通，能够清晰地表达自己的观点和意见，并理解他人的表达。个体应注重语言和非语言沟通的技巧，包括语言表达的准确性、语调的适宜性和肢体语言的协调性。个体还应学会倾听和理解他人的观点，善于沟通解决问题，达成共识和合作。

3. 协调能力

个体应该具备协调能力，能够处理人际关系中的冲突和矛盾。个体应具备冷静和客观的态度，能够站在不同的立场上思考问题，并寻求合理的解决方案。个体还应具备协商和妥协的能力，以达成双方或多方的共赢结果。

4. 公正和平衡

个体在处理人际关系和问题时，应保持公正和平衡的态度。个体应具备公正的判断力和决策能力，不偏袒任何一方，不受个人情感或利益的干扰。个体应维护公平和正义，以公正的方式对待他人，并根据事实和实际情况做出明智的判断和决策。

5. 团队合作

个体应具备团队合作的意识和能力。董仲舒认为，个体的成功与否不仅取决于个人的能力和才干，还取决于他们在团队中的协作和贡献。个体应学会与不同背景和观念的人合作，发挥自己的优势，同时尊重和理解他人的贡献。个体应具备团队精神和团结合作的意识，以实现共同的目标和利益。

6. 人际影响

个体应该认识到自己在人际关系中的影响力，以及自己的行为和态度对他人的影响。个体的言行举止会对他人产生积极或消极的影响，因此，个体应该在与他人互动时保持良好的形象和态度。通过积极、正面的言行，个体能够产生积极的人际影响，建立起良好的人际关系网，增强自己的社交能力。

7. 情绪管理

个体应该具备情绪管理的能力，能够控制和表达自己的情绪，同时理解和应对他人的情绪。个体应学会在与他人交往时保持冷静与平和的情绪，避免情绪冲动和冲突的发生。此外，个体还应懂得关心他人的情绪，给予支持和安慰，建立起互相信任和理解的关系。

8. 冲突解决

个体应具备冲突解决的能力，能够处理人际关系中的矛盾和纷争。个体应采取合适的方法和技巧，以寻求和谐的解决方案。个体应倾听各方的意见，寻找共同利益和共同目标，以达成双方或多方的妥协和合作。通过妥善解决冲突，个体能够维护和加强人际关系，促进良好的合作氛围。

9. 文化敏感

个体应具备对不同文化和背景的人的敏感性。个体应尊重和理解不同文化的差异，避免对他人的偏见和歧视。个体应展示对多元文化的开放态度，并愿意学习和了解其他文化的习俗、价值观和行为准则。这样的文化敏感性将有助于个体更好地与不同背景的人建立联系，增进相互的理解和尊重。

总结来说，董仲舒强调个体的社交智慧是个体成功与否的关键之一。通过培养尊重他人、善于沟通、协调能力、公正和平衡、团队合作以及人际影响等方面的能力，个体能够更好地适应社会环境，与他人建立良好的关系，并共同实现个体和社会的发展。个体通过展现良好的社交智慧，能够建立良好的人际关系，获得他人的支持和信任，这有助于个体在职场上获得更多机会和资源，提升个人的影响力和领导力。

（二）解决问题的能力

董仲舒强调个体应该具备解决问题的能力。个体应该具备分析和判断问题的能力，能够从多个角度和维度思考问题，找出合理和有效的解决方案。此外，个体还应该具备行动力和执行力，能够将解决方案付诸实践并取得实际成果。通过培养解决问题的能力，个体能够更好地应对挑战和困难，为个人和社会的发展作出积极贡献。

1. 问题分析与判断

个体应具备问题分析和判断的能力。他们应该能够全面地理解问题的本质、原因和影响，并通过分析和评估来判断问题的优先级和紧迫性。个体需要采用科学、逻辑的方法，收集并整理相关信息，分析问题中的关键要素，以获得准确的问题认识和评估。

2. 多元思维与创新

个体应具备多元思维和创新的能力。他们应该能够从不同的角度和维度思考问题，避免受限于传统和常规的思维模式。个体应鼓励尝试新的解决方案和创新思维，以寻找更有效、更创造性的解决途径。他们应具备应对变革的勇气和适应能力，敢于挑战现状，追求卓越。

3. 合作与团队协作

个体应具备合作与团队协作的能力。解决复杂问题往往需要集体智慧和协同合作。个体应懂得与他人合作，善于发挥团队成员的优势和专长，共同解决问题。个体应具备有效的沟通技巧和协商能力，能够促进团队合作的顺利进行，达成共识并协调各方利益。

4.决策与执行

个体应具备决策与执行的能力。他们应该能够做出明智的决策,并有能力将决策付诸实践。个体应考虑问题的各种可能性和风险,评估不同决策方案的优劣,并选择最佳的方案。同时,个体应具备行动力和执行力,能够有效地组织资源,推动决策的实施,并取得实际成果。

5.持续学习与反思

个体应具备持续学习与反思的能力。他们应保持持续学习的态度,不断提升自身的知识、技能和经验,以应对不断变化的环境和挑战。个体应反思并总结自己在解决问题过程中的经验和教训,并将其应用于未来的问题解决中。持续学习和反思能够帮助个体不断改进自己的解决问题能力,更加高效地解决复杂的问题。

6.创造性解决问题

个体应具备创造性解决问题的能力。他们应能够思考和应用创新的方法和策略,找到非传统的解决方案。个体应培养灵活的思维,敢于挑战传统观念和固有模式,以找到更具创造性和独特性的解决方案。创造性解决问题能够帮助个体应对复杂和变化多样的挑战,推动个人和社会的进步。

7.实践与反馈

个体应注重实践和反馈。解决问题的能力需要在实践中不断磨砺和提升。个体应积极参与实际问题的解决过程,将所学的知识和技能应用于实践中,并通过实践来验证和完善解决方案。同时,个体应接受来自他人和环境的反馈,及时调整和改进自己的解决问题能力。

8.独立思考与责任承担

个体应具备独立思考和责任承担的能力。他们应该有自主思考问题、独立做出决策的能力,并对自己的决策和行动负责。个体应积极主动地承担责任,不逃避问题和挑战,勇于面对并解决困难。独立思考和责任承担的能力能够培养个体的领导力和自信心,使其在问题解决中更加成熟和可靠。

董仲舒认为解决问题的能力是个体处事能力的重要组成部分。通过培养问题分析与判断、多元思维与创新、合作与团队协作、决策与执行、持续学习与反思等方面的能力,个体能够更好地应对挑战和困难,为个人和社会的发展作出积极贡献。个体通过展现出优秀的解决问题能力,不仅能够有效解决各种复杂的问题,也能够在职场和社会中展现出更高的竞争力和影响力,实现个人价值和社会发展的双赢局面。

(三)智慧与明智

董仲舒认为个体应该具备智慧和明智的品质。智慧包括正确的判断力、明辨是非的能力和正确决策的能力。个体应该培养理性思维,不受情感和个人偏见的干扰,能够客观地评估和解决问题。明智则是指个体应该具备正确的行为准则和行事方式,能够遵循道义和道德原则。通过培养智慧和明智，个体能够在各种情境中保持冷静和理性，做出明智的选择和决策。

1. 理性思维

个体应该培养理性思维，不受情感和个人偏见的干扰。董仲舒强调个体应该具备客观、冷静的思考能力，能够从事物的本质出发，理性地评估和解决问题。个体应该学会收集和分析信息，运用逻辑和推理，以获得准确的判断和结论。通过培养理性思维，个体能够减少主观偏见和错误判断的发生，更好地应对复杂的挑战和决策。

2. 明辨是非

个体应该具备明辨是非的能力，能够区分善恶、真伪和正误。董仲舒认为个体应该具备清晰的道德观念和价值观，能够正确判断事物的道德性质和社会影响。个体应学会辨别虚伪和欺骗，以及避免受到违背道义的行为的影响。通过培养明辨是非的能力，个体能够坚守道义，做出符合伦理和社会准则的行为选择。

3. 正确决策

个体应该具备正确决策的能力，能够在各种情境中做出明智的选择。董仲舒认为个体应该全面考虑问题的各个方面和可能的后果，以制订出最佳的决策方案。个体应学会权衡利弊，评估风险和机会，并在决策过程中遵循道义和伦理原则。通过培养正确决策的能力，个体能够在复杂的情况下做出明智的决策，避免错误和后悔。

4. 持续学习与思考

个体应具备持续学习和思考的能力。董仲舒强调个体应不断积累知识和经验，持续提升自己的智慧和认知水平。个体应保持思维的灵活性和开放性，勇于挑战现有观念和思维模式。通过持续学习和思考，个体能够拓宽视野，增强问题解决的能力，并不断提高自己的智慧和明智的行为水平。

5. 责任担当

个体应具备责任担当的精神。董仲舒认为个体应该承担起自己的社会责任和义务，勇于面对困难和挑战，并积极解决问题。个体应明确自己的责任范围，并在其中尽职尽责。个体应具备勇于承担责任、勇于面对挑战的勇气和决心，以推动个人和社会的发展。

6. 与他人的合作

个体应具备与他人的合作能力。董仲舒认为个体应懂得与他人合作，善于发挥团队成员的优势和专长，共同解决问题。个体应具备有效的沟通技巧和协商能力，能够促进团队合作的顺利进行，达成共识并协调各方利益。个体应培养团队精神和团结合作的意识，以实现共同的目标和利益。

董仲舒认为智慧和明智的行为是个体处事能力的重要体现。通过培养理性思维、明辨是非、正确决策、道德原则等方面的能力，个体能够在各种情境中保持冷静和理性，做出明智的选择和决策。个体通过智慧和明智的行为，不仅能够有效解决各种问题，还能够在个人和社会层面推动和谐与进步。个体应具备正确的判断力和明辨是非的能力，能够在复杂的情境中做出明智的决策。个体还应遵循道德原则，树立良好的道德形象，关注社会公共利益和整体利益。持续学习和思考能够帮助个体不断提升智慧和认知水平，增强问题解决的能力。同时，个体应具备责任担当的精神，勇于承担自己的社会责任和义务，积极解决问题并推动个人和社会的发展。与他人的合作和团队合作能力也至关重要，个体应懂得与他人合作，善于发挥团队成员的优势，共同解决问题，并达成共识和协调各方利益。

三、从《春秋繁露》看董仲舒的立身处世观

《春秋繁露》是董仲舒立足于《春秋》242年的史实，从天人关系的角度对统治者的得失成败进行深入思考的结晶，其写作目的也处处体现了为当世以及后世统治者提供借鉴的意图。的确，其中的许多思想、观点在当下来看，仍具有重要的现实意义。尽管董仲舒主要是从国家治理的角度来分析问题，但换个角度来看，他的一系列观点对于个人的立身处世同样具有足资借鉴的价值。古人常常讲修身齐家治国平天下，将修身与治国放在一起，可见它们之间有着密不可分的关系。不仅如此，从其排列顺序来看，修身还是治国的基础，言外之意就是，如果修身达到一定的程度，那么治理国家也就是水到渠成的事了。比如历史上的舜在被尧选拔重用之前，就是天下闻名的大孝子，"舜业业日致其孝，善积而名显，德章而身尊"（《汉书·董仲舒传》），正因为其孝行被认为是可恩及天下，所以顺理成章成为尧的接班人。而舜果然不负众望，在他的治理下，天下一片太平景象，"垂拱无为而天下治"（《汉书·董仲舒传》）。所以，认真研读《春秋繁露》等董仲舒相关著作，不仅能学到好的治国思想，而且对于个人的立身处世也具有非常重要的参考价值。现撮其要者，作一大致分析。

（一）利以养其体，义以养其心

人生于世，常常为义利而困惑，虽然儒家早期代表人物孔子、孟子早有"重义轻利"的观点，但在实际生活中，好多人却很难做到正确处理二者的关系，其中的一个主要原因就是对于二者于人的独特作用及其作用大小认识不清，以致常常出现临事而迷的现象。在这个问题上，董仲舒给出了很好的答案。在《春秋繁露》第三十一篇"身之养重于义"（注：根据下文内容，本篇的题目疑有漏字，应为"身之养莫重于义"）一文中，董仲舒说："天之生人也，使人生义与利。利以养其体，义以养其心。心不得义，不能乐；体不得利，不能安。义者，心之养也；利者，体之养也。体莫贵于心，故养莫重于义。义之养生人大于利。"在这里，董仲舒首先从义利的缘起给予二者明确的定位，认为它们都是人与生俱来的本性，哲学上有一句话叫"存在就是合理"，既然是本性，那就有存在的合理性。肯定二者存在的合理性，就为人们追求义利提供了法理依据。接下来，董仲舒进一步指出了义利对人生存的重要性，利是用来养肉体的，义是用来养心灵的。用通俗的话来讲，董仲舒认为所谓的"利"即是物质财富，它是供养人身体不可缺乏的物质基础；"义"

则主要指精神财富，是满足人内心需求的重要保证，二者缺一不可。但在"养身"与"养心"的关系问题，也就是二者孰轻孰重的问题上，董仲舒给出了明确的回答，他认为"身"与"心"相比，"心"比"身"更重要，因此"养心"比"养身"更重要，也就是"义"比"利"更重要。为什么这样说呢？董仲舒结合史实从正反两个方面进行了论证。孔子的弟子原宪、曾参、闵损等人生活贫困，但是他们胸怀道义，内心充实而丰盈，故此每天都过得很快乐；相反另有一些人，虽然生活很是富有，但因为缺乏道义，所以遭受的羞辱大，怨恨大，祸患重，终身也感受不到快乐。西汉的大赋名家枚乘写过一篇有名的赋作《七发》，里面记载了一个楚太子，因为长期沉溺于奢靡享乐的生活而卧病在床，所以当吴客用音乐、饮食、车马、宴游、田猎、观涛等楚太子习以为常的贵族生活启发诱导他时，楚太子基本是无动于衷的，但是最后当吴客打算给他讲解圣贤的要言妙道时，他却出了一身透汗，疾病也突然消失了。这个故事虽然是虚构的，但却真实地揭示了一个生活的本质，那就是丰富的物质生活代替不了精神世界的苍白，决定一个人幸福的关键主要在于内心世界，这也生动地印证了董仲舒"义之养生人大于利"的观点。当下的中国，经过多年的奋斗，我们已经全面过上了小康生活，衣食住行等最基本的生存问题得到极大改善，但生活中不难发现仍有为数不少的人感觉不到幸福，其根本原因就是内心空虚，精神世界缺乏有力的支撑，用董仲舒的话来说就是"心不得义，不能乐"。所以从这个意义上来说，我们的当务之急是要解决"义"的问题，"义"的问题解决了，生活质量就会有一个明显的提高。

那么何为义？董仲舒在《春秋繁露》一书中有多处谈及，其中最典型的当是《春秋繁露》第三十九篇"仁义法"中对义的明确解释："义者，谓宜在我者；宜在我者，而后可以称义。"董仲舒认为，义就是适宜、适合的意思，主要针对的就是自身，也就是说自身的言行符合要求，规范合理，这就可以称作义。但在实际生活中，这种规范和要求其实是很不好掌握的，尤其在法制还不健全的年代。如果从当事人的角度来说，自认为做得已经很适宜很恰当了，但在民众的心里可能还远远不够，所以对义的规定应该是有明确的制度来进行，尤其要用法律制度来限定，否则，这似乎是一个永远扯不清的话题。当然，人毕竟是生活在社会中，在历史的长河中，早已形成了一些公序良俗，人民群众对身边的事情都有大致相同的是非好恶判断，符合广大人民心理意愿的事情一般来说都符合"义"。这里，我们暂时撇开这些大的是非方面不说，单从"养心"的角度来看，如果事事能做到自我感觉良好，身心舒坦，问心无愧，就如孟子所言"仰不愧于天，俯不怍于人"（《孟子·尽心章句上》），就可以说是做到了董仲舒的"义以养其心"。再如，董仲舒认为"喜怒必当义而出"，就是说人的情感的宣泄必须符合义的要求，该宣泄的时候才能宣泄，也就是"如寒暑之必当其时乃发"，如果一个人喜怒无常，情绪不由自己控制，就很难做到"养心"了。

（二）以仁爱人，以义正我

如果说正确处理好义利关系是一个人安身立命的基础，那么善于运用仁义法来处理人事关系则是一条基本的准则。在《春秋繁露》第三十九篇"仁义法"，董仲舒专门就如何施用仁义进行了详细的论述："《春秋》之所治，人与我也。所以治人与我者，仁与义也。以仁安人，以义正我，故仁之为言人也，义之为言我也，言名以别矣。仁之于人，义之于我者，不可不察也。众人不察，乃反以仁自裕，而以义设人，诡其处而逆其理，鲜不乱矣。是故人莫欲乱，而大抵常乱，凡已闇于人我之分，而不省仁义之所在也。是故《春秋》为仁义法，仁之法在爱人，不在爱我；义之法在正我，不在正人。我不自正，虽能正人，弗予为义；人不被其爱，虽厚自爱，不予为仁。"董仲舒认为《春秋》一书探讨的核心问题就是自身和别人的关系，这个问题的落脚点就是仁与义。其具体做法就是以仁爱人，以义正我。

先说以仁爱人。这里的人，所指对象是别人，而不包括自己。也就是说，仁是对外的，而不是对内的，爱别人，这就是仁，爱自己就不能算作仁。为什么这样说呢？董仲舒认为仁所强调的是对别人施与爱，如果有人不明白其中的道理，只知厚爱自己，对别人却是极尽求全责备，事情往往会越办越糟。春秋时期的晋灵公为了满足口腹之欲和内心的快乐，随意杀死厨师，毫无顾忌地在高台上用弹丸弹射前来上朝的大臣，这就是典型的爱自己不爱别人的表现，所以他最终也没有一个好的下场。相反，对于鲁庄公十八年"追戎于济西"的做法，《春秋》给予了高度的赞美，原因就在于鲁庄公关爱百姓，忧虑长远。"以知明先，以仁厚远。远而愈贤，近而愈不肖者，爱也。故王者爱及四夷，霸者爱及诸侯，安者爱及封内，危者爱及旁侧，亡者爱及独身。独身者，虽立天子、诸侯之位，一夫之人耳，无臣民之用矣。如此者，莫之亡而自亡也。"董仲舒认为，仁德深厚就会惠及远方的人，仁爱施与的范围越大，就越是贤明。能成为圣王的人，他的仁爱会扩大到周边的少数民族；能成为霸主的人，他的仁爱会扩大到其他诸侯国；能安定一方的人，他的仁爱会惠及自己封地内的百姓；给国家带来危难的人只爱他身边的人；导致国家灭亡的人只会关注自身的利益，这样的人即使处于天子、诸侯的高位，也只不过是孤家寡人罢了，没有人会为其效劳，所以即使别人不去灭亡他，他也会自取灭亡。

再说以义正我。"义云者，非谓正人，谓正我。虽有乱世枉上，莫不欲正人，奚谓义？昔者，楚灵王讨陈、蔡之贼，齐桓公执袁涛涂之罪，非不能正人也，然而《春秋》弗予，不得为义者，我不正也。阖庐能正楚、蔡之难矣，而《春秋》夺之义辞，以其身不正也。潞子之于诸侯，无所能正，《春秋》予之有义，其身正也，趋而利也。故曰：义在正我，不在正人，此其法也。夫我无之而求诸人，我有之而诽诸人，人之所不能接受也。其理逆矣，何可谓义？义者，谓宜在我者；宜在我者，而后可以称义。故言义者，合我与宜以为一言，以此操之，又言我也。故曰：有为而得义者，谓之自得；有为而失义者，谓之自失；人好义者，谓之自好；人不好义者，谓之不自好。以此参之，义，我也，明矣。"

董仲舒认为，义，主要针对的是自我，而不是别人。义的含义就是要求自己做事适宜，符合道义。如果自身做事不符合道义，就不能算作义。春秋时期，楚灵王征讨陈蔡两国的叛贼，齐桓公惩处袁涛涂的罪行，吴王阖闾能公正地处理楚国和蔡国之间的战争，从表面来看，他们做的都是替天行道的正义之事，但是《春秋》一书对他们的行为并不赞许，原因就是他们自身都不符合道义。自身行为尚未端正，就想去端正别人的行为，这就是典型的不合道义的表现。这正如孔子所说的"其身正，不令而行；其身不正，虽令不从"（《论语·子路》）。而潞子作为一个小国的君主，虽然对于其他诸侯不能端正什么，但《春秋》却赞美他有义，原因就是自身的行为端正。

"君子求仁义之别，以纪人我之间，然后辨乎内外之分，而著于顺逆之处也。是故内治反理以正身，据礼以劝福；外治推恩以广施，宽制以容众。"弄清了仁义所指对象有别，这就为日常生活中正确处理人际关系提供了一条指导原则，即"以仁治人，义治我，躬自厚而薄责于外"，用大家耳熟能详的一句话来概括就是严以律己，宽以待人。道理容易明白，但在实践中却很难把握分寸。正如董仲舒所言："以自治之节治人，是居上不宽也；以治人之度自治，是为礼不敬也。为礼不敬则伤行，而民弗尊；居上不宽则伤厚，而民弗亲。弗亲则弗信，弗尊则弗敬。"如果以对待自己的严格要求去对待别人，这就显得不够宽容；以对待别人的仁爱对待自己，礼节方面就做得有点欠缺。礼节方面有欠缺就会影响自己的品行，那样别人也不会尊重你；对别人不够宽容就显得缺乏仁爱之心，这样别人也不会亲近你。得不到别人的亲近也就意味着失去了信任，得不到别人的尊重也就意味着自己没有尊严，失去了别人的信任和自己应有的尊严，这种生存状况未免也太尴尬了。

（三）美事召美类，恶事召恶类

生活中，我们总希望自己遇到的人都是好人，碰到的事都是好事，但许多时候，往往事与愿违，于是许多人就自怨自艾，满腹牢骚。乍一来看，我们似乎没有理由要求自己遇到的各方面都好，毕竟大千世界，无奇不有，好坏各占一半，生活中既有好人，也有坏人，既有好事，也有坏事。是的，在客观世界面前，我们似乎只有顺从接受的份儿，没有理由拒绝。但我们别忘了，人是具有主观能动性的高级动物，是可以通过自己的努力使自身和周围有所改变的。有一句话说得很好："你若盛开，蝴蝶自来；你若精彩，天自安排。"就是说要想得到自己满意的结果，也不是没有可能，但前提是自己首先要努力，自己想要遇到好人好事，首先自己就要做好人，办好事。关于这个道理，董仲舒在《春秋繁露》第五十七篇"同类相动"中有非常生动的论述："今平地注水，去燥就湿；均薪施火，去湿就燥。百物去其所与异，而从其所与同。故气同则会，声比则应，其验皦然也。试调琴瑟而错之，鼓其宫则他宫应之，鼓其商而他商应之。五音比而自鸣，非有神，其数然也。美事召美类，恶事召恶类，类之相应而起也，如马鸣则马应之，牛鸣牛应之。"这段话中，董仲舒主要借助于人们熟悉的生活实例来讲道理：你往平地上倒水，水总是避开干燥凸起的地方而流向低洼潮湿的地方；烧柴的时候，火总是避开潮湿的地方而趋向于干燥的地方；弹奏乐器的时候，如果你用的是宫调，那么就会有其他的宫调来呼应；用的是商调，相应地也会有其他商调来和鸣。各种音调都是选择与自己相同的音调而发声的，就像一匹马的鸣叫则会引得其他的马也一起鸣叫一样，一头牛的鸣叫也会引起其他牛的鸣叫。这就是人们经常说的"同声相应，同气相求"的道理。董仲舒认为其中没有什么神异之处，而是万事万物都有其内在的规律性，即好事招来的是好事，坏事招来的是坏事，好事坏事都是由其同类事情而引起的。事物都有一个共性，那就是都喜欢避开与自己不同的事物而趋向于与自己相同的事物。明白了这个道理，我们就可以通过改变自身行为来获得自己想要的结果。

东晋大诗人陶渊明写过一首诗《移居》，里面有几句话交代了自己搬家的缘由："昔欲居南村，非为卜其宅。闻多素心人，乐与数晨夕"，陶渊明搬到南村的缘由是因为这个村里住的多是一些淳朴善良的人，这与自己向往的自然宁静的生活很是一致。同样的还有孟母三迁。起初孟子和母亲住在一个坟场附近，经常看着办丧事的场面，年幼的孟子便好奇地学起了这些，孟子母亲不想让孟子成为这样的人，于是便搬家了；第二次搬到一个集市上，受市井商人的影响，结果孟子又喜欢上了做生意的事情，母亲认为这样也不好，于是又搬家了；第三次搬到一个学校附近，里面有老师带着孩子们学习诗书礼仪，受他们的影响，孟子也跟着学习这些，孟母认为这才是自己想要孟子学的，于是住了下来。所以，在母亲的悉心培养下，孟子最终成为儒家学派的代表人物。由此可见，环境对人的影响是很大的，不同的环境会造就不同的人生。

俗话说，善有善报，恶有恶报。不同的行为就会导致不同的结局。在《天人三策》第三策中，董仲舒说："夫善恶之相从，如景乡之应形声也。故桀、纣暴谩，谗贼并进，贤知隐伏，恶日显，国日乱，晏然自以如日在天，终陵夷而大坏。"他认为，善恶所带来的结局如影随形，无法摆脱。就像夏桀和商纣这两位残暴的君主一样，自身暴虐无道，重用奸邪，排斥贤良，恶行日益彰显，国家日益动乱，最终都走向了灭亡。相反，"尧兢兢日行其道，而舜业业日致其孝"，所以"善积而名显，德章而身尊"。

在对比分析了尧舜与桀纣不同的行为导致不同的结果之后，董仲舒自然而然得出了"故治乱废兴在于己"的道理，并进而提出了"强勉学习，则闻见博而知益明；强勉行道，则德日起而大有功；此皆可使还至而有效者也"的主张。从表面来看，"美事召美类，恶事召恶类"有点宿命论的色彩，但通过大量人事以及自然现象可以看出，"美事"跟"美类"、"恶事"跟"恶类"之间其实都有着必然的因果联系，我们平时也总说，种什么因结什么果，关键还在于我们自身有怎样的行为。在此，董仲舒不仅为我们揭示了这个深刻的道理，还明确提出了行动的方向，那就是努力学习，踏实做事，总会有所收获的。

除了上述三个方面，董仲舒还有许多观点对于我们如何立身处世具有借鉴意义。如"君子贱二而贵一"，强调的是做事情要一心一意而不能三心二意。这里董仲舒特别从造字角度揭示"忠"与"患"两个字的含义："古之人物而书文，心止于一中者，谓之忠；持二中者，谓之患。患，人之中不一者也，不一者，故患之所由生也"，意思是心中只考虑一件事情，这就是"忠"的表现，考虑两件以上的事情，那只能会招致祸患，这个观点很令人深思。我们平时也总说"忠心""忠于职守"，其实就是专一的意思，相反，如果总是"脚踩两条船""这山望着那山高"，就很难成事。再如"人之所为，亦当弗乍而极也"，认为做任何事情都是一个脚踏实地、循序渐进的过程，不能追求一步到位、一蹴而就，就像四季的更替一样，必须遵照一定的次序；"天者，百神之君也，主者之所最尊也"，强调的是尊天，也就是要尊重自然；"君子不隐其短"，认为君子的品德应该像玉一样，纯洁无私，不隐藏自己的缺点。凡此种种，都包含着深刻的道理，值得我们借鉴和反思。

第三节 "明师"理念下的树人观念

董仲舒生活在西汉时期，今河北景县广川镇大董古庄人，是汉代著名的政治家和教育家。在政治上，他以向汉武帝提出"罢黜百家，独尊儒术"的大一统思想而闻名；在教育上，他凭借自己几十年的治学经验，提出"明师"观，对当今教育仍大有裨益。

一、董仲舒的教育实践活动

董仲舒作为西汉时期的鸿儒，不但十分详细地阐述了儒家思想和政治伦理观，而且对于封建社会的教育工作也提出了一整套设计方案。可以说，在一定意义和范围上，董仲舒堪称汉代封建政治与教育事业的开拓者和改革家。作为一名教师，他的教育实践活动大致可以分为三个阶段：

第一阶段，早年授徒。

董仲舒在早年从事教育活动时，经历了第一阶段——早年授徒。由于他在学术上的杰出成就，许多学者都以老师的身份尊称他，并希望能够成为他的门徒。因此，他的门下聚集了许多学生，门徒众多。然而，由于人数众多，董仲舒无法亲自逐一传授知识，于是采取了一种新的授徒方式。

董仲舒将新入门的弟子分派给那些在他门下有成就的大弟子，让这些大弟子担任教师的角色，负责教授和指导新入门的学生。这种授徒的方式让他能够更好地管理和教育众多的学生。这些大弟子们成为新入门学生的导师，承担起传授知识和引导学生成长的责任。

然而，由于董仲舒的名声较大，新入门的弟子往往渴望能够亲自接受他的指导，但由于董仲舒无法面面俱到，有些学生甚至从未有机会与他见面。这对那些追求与董仲舒学习的学生来说，无疑是一种遗憾。然而，董仲舒所采取的这种教育方式，也有其合理性和实际性的考虑。

首先，董仲舒的学术成就是众所周知的，他的教诲和知识已经得到了广泛的认可和传播。通过由大弟子代为传授，可以确保新入门的学生能够接触到董仲舒的学术思想和知识体系。

其次，董仲舒所选择的大弟子们都是在他门下有一定成就的学生，他们不仅具备了较高的学术造诣，而且也对董仲舒的学说和教导有着深入的理解。因此，他们能够将董仲舒的思想和教诲传授给新入门的学生，并通过自己的实践和经验加以诠释和传递。

虽然有些学生从未见过董仲舒本人，但通过向大弟子的学习和交流，他们仍然能够接触到董仲舒的学术思想，并从中获益。在这样的教育环境中，学生们也能够相互交流和学习，通过彼此的讨论和分享，加深对董仲舒思想的理解和应用。

同时，董仲舒所采取的这种授徒方式也有助于培养学生的独立思考和自主学习能力。由于他无法亲自面对每个学生，学生们需要主动积极地研读董仲舒的著作和其他相关文献，去理解和吸收其中的知识。他们也需要在与大弟子的互动中思考问题、提出疑问，并不断探索和寻求解答。

这种授徒方式同时也对大弟子们提出了更高的要求。作为导师，他们需要充分理解董仲舒的学说，并能够将其传达给学生；他们需要具备良好的教学能力，善于引导学生的学习，帮助他们理解和运用董仲舒的思想。这对于大弟子们来说也是一种提升和锻炼的机会，通过教学和指导，他们自身的学术造诣和领导能力也得到了提高。

总的来说，董仲舒在早年的教育实践中通过授徒的方式来传承自己的学说和思想。虽然有些学生无法直接与董仲舒见面，但通过大弟子的教导和学习交流，他们仍然能够接触到董仲舒的学术思想，并在这样的教育环境中得到成长和发展。这种教育方式不仅能够传承董仲舒的学说，也培养了学生的独立思考和自主学习的能力，为后来的学习和发展打下了坚实的基础。

第二阶段，中年执教。

在董仲舒的教育实践中，第二阶段是他中年执教的时期。这一阶段发生在汉景帝时期，董仲舒出任博士官职，这时他已经进入了中年阶段。博士官职是一种供天子咨询的闲职，董仲舒在担任这个职位期间，他有机会在任官时进行讲学和收徒。

虽然博士官职并不是官方规定的教育职位，但董仲舒以私人身份从事教育活动，利用任职的机会来开展讲学和培养学生。这种任官修学和亦官亦教的情况不仅继承和发扬了孔子的游宦授徒和"仕而优则学"的传统，也延续了战国时期稷下学士"皆赐列第，为上大夫，不治而议论"的做法。这种做法广泛收纳门徒，并将知识传授给他们，具有发展学术与教育事业的重要意义。

在董仲舒担任博士官职期间，他的教育活动取得了显著的成就。尽管他在政治方面展现出了出色的能力，但他并未放弃教学，而是继续传授知识。他宣讲的《春秋公羊学》成为当时的热门学科，甚至当朝太子以及汉武帝的宠臣吾丘寿王都向他学习《春秋》。

董仲舒在教学中注重对《春秋》的研究和解读。他通过研究《公羊春秋》一书，深入挖掘其中的思想精华，并加以讲解和阐释，使学生们能够理解和运用这一经典著作。他注重培养学生对历史文化的理解和对道德伦理的思考，以及对社会治理和政治事务的洞察力。

董仲舒的教学活动受到了广泛的关注和认可。他的学术声望和教学水平使他成为备受推崇的学者和教育家。他的教育方式深受学生和社会的赞赏，许多人都渴望能够成为他的门徒，以接受他的指导和影响。董仲舒在教学中注重培养学生的思维能力和学术素养，他鼓励学生思辨、质疑和探索，而非单纯地接受他的观点。他倡导学生积极参与学术讨论和辩论，以培养他们的批判性思维和表达能力。

董仲舒的教育活动不仅局限于课堂教学，他还鼓励学生进行独立研究和学术实践。他鼓励学生到实际社会中去观察和实践，通过亲身体验来加深对社会和人生的认识。他注重培养学生的实际应用能力，使他们能够将学到的知识运用到实际问题的解决中，并为社会发展做出贡献。

董仲舒在教学中还注重德育的培养。他强调学生应具备正确的道德观念和行为准则，以及为人处世的智慧和明辨是非的能力。他提倡学生遵守道义和道德原则，注重诚信、公正、宽容和友善的品德培养。他鼓励学生以身作则，做一个有道德操守的人，并在实践中体现这些价值观。

董仲舒的教育实践活动在当时产生了广泛的影响和深远的意义。他培养了一大批优秀的学生，其中不乏后来成为政治家、学者和教育家的人物。他的教育思想和方法也为后世教育事业的发展奠定了基础，对中国古代教育产生了重要的影响。

总的来说，董仲舒在早年授徒和中年执教的过程中，通过他的学术声望和教学水平，为学生们提供了深入的学术指导和道德教育。他的教育实践活动不仅推动了当时学术的发展，也对后世的教育理念和实践产生了深远的影响。董仲舒以他的教育工作和学术成就，为中国教育事业的发展树立了光辉的榜样。

第三阶段，晚年传道。

董仲舒的教育实践经历了第三阶段，即晚年传道的阶段。在汉武帝元狩二年，董仲舒已在朝为官达二十年之久，年近60岁。这一时期，他选择退隐乡里，希望能够安享晚年的宁静和自由。然而，他并没有将注意力放在置产兴业上，而是专心致力于著书和传道的工作，直到生命的尽头。

退隐乡里后，董仲舒将大部分精力放在著书方面。他撰写了大量的著作，总结和归纳了自己多年来的学术思想和研究成果。其中最著名的著作是《春秋繁露》，这部作品成了董仲舒晚年学术成就的巅峰之作。《春秋繁露》是关于《春秋》思想的探讨和解释，深入剖析了人性、道德、治理和礼制等重要议题。这部著作为后人提供了重要的学术参考和理论基础，对于中国古代文化的发展和传承产生了深远的影响。

除了著书之外，董仲舒还致力于传道教学的工作。他并没有将自己的学问埋藏于心，而是积极与他人分享并传授自己的学术思想。董仲舒在乡里设立了一处讲学的场所，定期为前来求学的学生讲授学问，并与他们进行学术交流和讨论。他对学生们倾囊相授，倾注了晚年的心血。

董仲舒晚年传道的教育实践活动受到了广泛的认可和尊敬。他以卓越的学术造诣和教学质量，吸引了许多求学者和学生前来拜访和学习。他的教学活动不局限于教授知识，更注重培养学生的人格和品德。他倡导道德修养和品德塑造，教导学生如何以仁爱之心对待他人，如何以公正和宽容的态度面对人生的挑战。他通过言传身教，将自己的学问和智慧传递给学生，并努力培养他们成为有道德修养、才干过人的人才。

董仲舒一生兢兢业业，勤于治学，多年以来坚持不懈地从事教育实践活动，弟子甚众，如通五经的博士褚大后来成为梁相，精通《春秋》的吕步舒官至长史，嬴公做到了大夫的职位等。

二、董仲舒的"明师"观

董仲舒汲取了前人的教育思想，加上自己办学收徒的多年教育实践经验，提出了"明师"观。"明师"与"名师"二者只有一字之差，意义却大不相同。"名师"较多地指教师的教学水平和业务素养，而"明师"不仅包括了前者的内涵，还包括为师者的道德涵养，亦即德才兼备的教师。这正是我们今天所提倡的合格的教师所需兼备的全面素质。董仲舒"明师"观所包含的内容主要有以下几个方面。

（一）置明师，以养天下之士

董仲舒为汉朝制定的教育宗旨是"独尊儒术"。而要实现这一宗旨，需要广大教师向学生传授儒家思想，培养更多的儒家学士，把他们安置到国家的各个职能部门中，担任各级官吏，为汉王朝实现大一统的战略目标服务。他在给汉武帝的奏章中指出，"兴太学，置明师，以养天下之士"。董仲舒在《举贤良对策》中说："故养士之大者，莫大乎太学。太学者，贤士之所关也，教化之本原也。"这句话包括两个相辅相成的办学宗旨：一是养士育才，二是推广教化。董仲舒主张如果统治者任用有贤德的人，用仁德感化百姓，用仁义教育百姓，用礼节管束百姓，就能达到"教化行而习俗美"的理想境界。因为贤才的典范作用能够促进习俗的改善，而教化的推广又为贤才的培养提供了广泛的社会基础。董仲舒的建议表明了教师在兴办学校以及培养人才方面可发挥不可忽视的作用。汉武帝采纳了董仲舒的建议，在太学中设"五经"博士，还让"五经"博士招收弟子，使他们传授儒家之道。弟子们各自随从儒经博士成为儒术人才而从政为官，从而培养了汉王朝所需要的统治人才。汉武帝时的儒经博士不同于以前仅仅是议政之官，而成为学官和太学的专职教师，占据并垄断着国家教育领域，其作用和影响巨大。董仲舒独尊儒术的办学养士的建议与实施，为汉朝建立了儒学深厚的教师队伍和文官队伍。西汉时期，特别是自汉武帝以后，不少儒者被征为博士和受任为郡文学等，为中央太学和地方官僚提供了教师人才。此外，从太学和选举中出来的很多人士并未入仕，多从事私人授徒的人群，也为私学输送了大批儒学教师，有助于教育的发展和人才的培养。董仲舒主张设立太学以养士，任用"五经"博士教授弟子，这是重视教育和促进汉代学校教育发展的体现，是应予肯定和赞许的。但他倡导的只是儒学教育，轻视乃至排除其他思想学说特别是自然知识技能，导致文化教育内容单一，不足以适应社会发展的要求，更不足以促进社会生产力的发展，这是其教师观的局限性所在。

（二）"圣化"之功

董仲舒所提倡的"圣化"之功，相当于今天我们所说的教师的教学艺术。一个好教师，如果可以达到出神入化的境地，可称为具有"圣化"之功。所谓"圣化"，就是一个教师能协同运用多种教学原则和方法，从而达到一种很高的育人境界。董仲舒根据自己治学的经验，总结出一套教学方法，可以视为他的"圣化"之功。

1. 要使学生了解读书的目的是通经致用，不是为读书而读书

董仲舒在教育实践中强调了通经致用的理念，即学习经典著作的目的不是为了读书而读书，而是要将所学知识应用于实际生活中，为治国安邦做出贡献。他主要讲授儒经，特别是解说《春秋》，旨在为汉王朝尊王、大一统与天下和合的治理目标服务。

在政治方面，董仲舒通过教授《春秋》以维护封建统治。他教导君臣们如何行使符合《春秋》的法则，以保持社会秩序和政治稳定。董仲舒认为《春秋》是一部具有道德和政治指导意义的经典，君臣们应该通过学习和遵循《春秋》的原则来实践君主的权威和臣子的忠诚，以维护封建制度的稳定。

在教育方面，董仲舒致力于培养明晓《春秋》大义且能修身治世的臣子。他希望通过教育将儒学的价值观和道德准则传授给学生，培养出德才兼备的人才。他认为只有学以致用，将所学知识运用于实际生活中，才能成为有能力修身齐家治国平天下的臣子。他强调了"学而优则仕"的理念，鼓励学生在学术修养和道德品质上取得优异成绩后，积极参与政治事务，为汉王朝的治理做出贡献。

董仲舒的通经致用的教育理念在当时具有相当积极的意义。

首先，他的教育实践有助于发展儒学，并将其应用于社会实践中。他通过解说《春秋》等经典著作，加深了学生对儒家思想的理解和应用能力，培养出懂得运用儒学原则的人才。

其次，董仲舒注重培养学以致用的人才，强调学生要将所学的知识和道德准则应用于实际生活中。他不仅重视学术修养，还强调品德塑造和道德行为的培养。他教导学生要注重个人修身，树立正确的道德观念，培养高尚的品格和优秀的行为习惯。他强调君子应具备仁爱之心，以公正和宽容的态度对待他人，并将这种道德准则应用于实际生活中的各个领域。

董仲舒的教育实践具有为政治服务的功用。他意识到教育不仅是传授知识，更重要的

是培养人才为社会和国家的治理做出贡献。他鼓励学生参与政治事务，成为汉王朝的治世之臣。他的教育理念强调儒学的应用和实践，将学术知识与社会实践相结合，培养出具备学以致用能力的人才，为社会的发展和国家的稳定作出积极贡献。

董仲舒通经致用的教育实践活动在当时起到了积极的作用。他的教育理念和实践方法为后世儒学的发展奠定了基础。他注重将儒学的原则与现实生活相结合，使学生能够将所学知识运用到实际中去。这种通经致用的教育理念对于中国古代教育的发展产生了深远的影响，也为后世的教育改革提供了借鉴和启示。

2.读书的具体方法是明义和博节适度

董仲舒在教育实践中强调了明义和博节适度的读书方法。他教育弟子们在学习六艺（礼、乐、射、御、书、数）时，要能够掌握各门学科的主旨大义，而不是纠结于细枝末节的问题。他提出了博与节要适度的问题，旨在指导学生在读书学习中找到平衡点。

董仲舒主张以六艺为基本教材进行教学，他提出"简六艺以赡养之"。六艺是儒家传统教育的核心内容，包括礼仪、音乐、射箭、驾驭、书法和数学。他认为六艺的学习可以培养学生的品德和能力。此外，他还鼓励学生参考其他著作，如《春秋公羊传》等，以丰富知识和视野。

董仲舒不主张只通一经，他认为只通一经的局限性太大，有些思想难以理解，而且每一经都有其独特的特点和价值，只通一经会导致对其他五经的了解不足。因此，他主张读书要博学多闻。然而，如果读书范围太广，学习任务过重，可能会产生厌烦情绪，而且贪多嚼不烂，不能理解书中的精华。

在读书方法上，董仲舒提出了博节适度的原则。太博和太节都是读书的两个极端，容易产生问题。太节意味着过于拘泥于细节，可能导致对整体意义的理解不足；太博则意味着学习范围过广，难以深入理解和消化所学内容。正确的做法是在两者之间找到平衡，实现博节适度。这意味着根据具体情况，合理选择学习的范围和深度。适度的读书方法需要根据学生的能力、兴趣和时间等因素进行调整。

董仲舒强调给学生留出足够的思考时间。他认为学习不能只停留在书本知识的积累，更重要的是要进行思考和领悟。他引用了"学而不思则罔"的名言，强调学习要与思考相结合，只有通过思考才能真正理解和应用所学的知识。因此，在教育实践中，董仲舒鼓励学生在学习过程中积极思考，独立思考问题的本质和意义，培养批判性思维和创新能力。

董仲舒的明义和博节适度的读书方法具有重要的意义。明义的读书方法强调把握学科的核心概念和主要原理，培养学生对知识的整体把握能力。这样，学生能够抓住学科的本质和基本思想，形成对知识的系统性理解。同时，博节适度的原则指导学生在学习过程中选择适合自己的学习范围和深度。这样，学生既能够拓宽自己的知识面，又能够保持对所学内容的深入思考和理解。

董仲舒主张以六艺为基本教材进行教学，这一选择体现了他对于教育的重要性的认识。六艺的学习不仅培养学生的道德品质和文化素养，也有助于塑造学生的思维方式和行为规范。董仲舒的教学实践中，除了六艺的学习，他还鼓励学生参考其他经典著作，如《春秋公羊传》等。这样的教育方法丰富了学生的知识层面，拓宽了学生的思维视野。

总的来说，董仲舒在教育实践中注重明义和博节适度的读书方法，旨在培养学生全面把握学科核心概念和主要原理的能力，同时兼顾学科的广度和深度。这样的教育方法有助于学生形成系统性的知识结构和思维方式，促进他们的综合素养和创新能力的发展。董仲舒的教育实践对于推动儒学的发展和传承，培养优秀人才，以及为社会治理和国家发展做出贡献具有重要意义。

3. 学习态度上要专心致志和持之以恒

董仲舒在教育实践中强调了学习态度上的两个重要方面：专心致志和持之以恒。他教育弟子们要在学习和做事时一心不能二用，不要分心走神，而是要全神贯注、专心致志、集中注意力。他认为即使是一些看似小而容易的任务，如果没有专注和集中注意力，也很难取得成功。

专心致志是指学生要将全部精力和思维集中在当前的学习任务上，不受其他杂念的干扰。董仲舒强调专一不是暂时的功夫，而是需要持续保持。学习者需要时刻保持注意力的集中，不断提醒自己要专注于学习的过程，不被外界的干扰和诱惑所分散。

专心致志的学习态度具有重要的意义。首先，专心致志可以提高学习效率和质量。当学生能够将全部精力集中在学习任务上时，能够更深入地理解和消化所学知识，提高学习的效果。其次，专心致志可以培养学生的自律和注意力控制能力。学生通过持续的专注训练，可以提高对学习任务的持久关注和自我调节的能力。

持之以恒是指学习要坚持不懈，不因困难而退缩，要有持续学习的毅力和决心。董仲舒认为学习不是一蹴而就的，需要长期的积累和努力。学生需要时刻保持学习的动力和热情，不断坚持下去，才能真正取得进步和成就。

持之以恒的学习态度也具有重要的意义。首先，持之以恒可以培养学生的毅力和耐力。学习过程中会遇到各种困难和挑战，只有坚持不懈，才能克服困难并取得成功。其次，持之以恒可以形成良好的学习习惯和积极的学习态度。当学生习惯于持续学习，并愿意为之付出努力时，他们的学习能力和成就也会逐渐提高。

董仲舒对于学习态度的强调对于学生的成长和发展具有重要的指导意义。通过专心致志和持之以恒，学生可以养成良好的学习习惯和心态，提高学习效果和学业成绩。

4. 在教学方式上要言传身教

教师对学生进行教育的方式不仅通过言传，还包括身教。董仲舒在教育实践中强调了少而精的原则，他认为最重要的是仁义，并且要反复解说，以确保学生能够深刻理解和领悟。

董仲舒认为教师应该专注于传授最重要的道德和伦理原则。他告诫说，如果教师没有抓住这个根本，而东拉西扯、胡吹瞎侃，用不急需不重要的话语迷惑后进的学生，那么君子（指道德高尚的人）会极度憎恶这种行为。他强调教师要反复讲解、强调仁义的重要性，以便学生能够真正理解和体会到这些道德价值。

因此，董仲舒告诫教师要慎重行事。他说："呐！作为教师的人，可不能不慎重啊！"他认为教师应该努力研究，将最重要的道理和最好的研究成果奉献给学生。只有这样，才能对得起那些急切求知的学生，才能避免误导他人，才能成为可尊敬的灵魂工程师。

董仲舒强调教师的言传身教的重要性。言传是指教师通过言语的方式传授知识、理论和价值观念。在教学过程中，教师应该用准确、简明的语言向学生阐述道理，帮助他们理解和掌握知识。同时，教师要不断重复强调仁义的重要性，使学生在道德品质和伦理观念上得到提升。

然而，董仲舒也强调身教的重要性。身教是指教师通过自身的行为和榜样影响学生。教师应该以身作则，做学生的榜样，展示正确的道德品质和行为准则。他们应该以高尚的品质和精神风范来感染和启发学生，引导他们树立正确的价值观和人生观。

董仲舒认为，教师不仅是知识的传授者，更是道德的引导者。他们承担着培养学生的品德和塑造他们的人格的重要责任。教师应该以自己的言行举止，成为学生学习的楷模。通过正确的行为示范，教师能够激发学生的积极性和潜力，引导他们树立正确的价值观念，并在实践中践行道德原则。

董仲舒的教育理念强调教师要尽责尽职，不断追求学问的精深和道德的高尚。他强调教师要对学生负责，不断努力研究，将最重要的知识和最好的研究成果传授给学生。只有这样，才能满足学生的求知欲望，避免误导他人，成为值得尊敬的灵魂工程师。

董仲舒的教育理念对今天的教育仍然具有启示意义。教师应该注重言传身教的双重方式，通过言语和行为来引导学生。他们要善于选择适当的方式和语言，以使学生易于理解和接受。同时，教师要注重自身修养和道德品质的培养，不断提升自己的专业素养和学术水平，成为学生学习的榜样和指导者。

总之，董仲舒在教育实践中强调了教师的言传身教的重要性。教师不仅是知识的传授者，更是道德的引导者。他们应该通过言语和行为，向学生传递正确的知识和价值观念，成为学生学习的榜样和引路人。只有具备良好的教育理念和高尚的道德品质，教师才能真正履行自己的使命，对学生产生积极而深远的影响。

5. 在教育实践中要因材施教

董仲舒在教育实践中注重因材施教的原则。他认为教师应该先了解学生的情况，根据他们的才能和接受程度来制定教学计划。这包括根据学生的学习能力和兴趣，适时调节学习的时间，确定合适的学习进度和内容。

教师在因材施教时应注意以下几点。

首先，齐时早晚，意味着教师要考虑学生的学习时间和生物钟，合理安排教学的时段。有些学生在早晨较为清醒，而有些学生则在晚上更为专注。教师应根据学生的个体差异，选择适合他们的学习时间，以确保最佳学习效果。

其次，任多少，适疾徐，意味着教师要根据学生的能力和接受程度，授予适合他们的学习内容和难度。教师应根据学生的学习进展和理解能力，灵活调整教学内容的多少和难易度，确保学生能够适度地接受和消化所学知识，避免给学生过大的压力或学习上的困扰。

最后，教师还应掌握学生的能力水平和教学内容的难易情况，以便适时、适量和适度地进行教学活动。教师需要具备敏锐的观察力和判断力，准确把握学生的学习状态和需求，灵活调整教学策略和方法。只有根据学生的实际情况进行因材施教，才能使学生在学习过程中感到愉悦和快乐，既能充分发挥潜力，又不会过度劳累。

董仲舒将他所讲授的因材施教的教学艺术和取得的成效称为"圣化"之功。这意味着教师通过因材施教的方式，能够发挥自己的教化力量，使学生在道德、智力和人格等方面得到全面发展。因材施教不仅关乎学生个体的发展，也关乎整个社会的进步和发展。通过精心的教育引导，教师能够培养出德才出众的人才，为社会做出积极的贡献。

6. "久次相授业"的教育传授方法

在当时，教学活动主要依靠口耳相传的方式进行，教师很难亲自面对每个学生进行教授。由于董仲舒的弟子众多，他无法亲自教授每一个弟子，因此他采取了一种创新的教育传授方法，即让先入师门的弟子去教授后入门或学业较浅的弟子。这种教学模式被称为"久次相授业"，是董仲舒在教学领域进行的大胆改革和尝试。

"久次相授业"的教学方法具体来说是，董仲舒向先入师门的弟子授予教学的任务，让他们负责教授后入门或学业较浅的弟子。这样一来，先入师门的弟子既有机会复习和巩固自己的学习成果，又可以通过教学实践来提升自己的教学能力。同时，后入门的弟子也能够从先入门的弟子身上得到指导和帮助，加速学习的进程。这种教学方法带来了多重好处。

首先，它减轻了董仲舒作为教师的负担。由于弟子众多，董仲舒无法亲自面对每一个学生，采用"久次相授业"的方式让先入门的弟子担当起教学的责任，有效分担了董仲舒的教学压力。

其次，这种方法为久入师门的弟子提供了实践的机会。通过教授后入门的弟子，久入门的弟子不仅可以复习和巩固自己的学习成果，还能够通过教学实践来提升自己的教学能力。这样一来，他们在教学过程中不仅能够更好地理解和应用所学的知识，还能够通过与学生的互动和反馈不断改进自己的教学方法和风格。

此外，"久次相授业"的教学方法也促进了师生之间的相互学习和交流。通过这种方式，师生之间形成了良好的互动和合作关系，久入门的弟子可以成为后入门的弟子的良师益友，互相学习、互相成长。

（三）善为师者，既美其道，有慎其行

一个优秀的教师，只具备过硬的业务本领还不够，还要具有较高的职业道德修养，按照董仲舒的说法就是"既美其道，有慎其行"（《春秋繁露·玉杯第二》），这样才能称得上是一位"明师"。"明师"的职业道德修养主要表现为以下几点。

1. 美道慎行

在董仲舒那里，"美道"指教学内容，即对六艺的深刻理解和赞美。"慎行"指个人行为，即要求授业者处处符合"三纲五常"的要求。今天，我们把董仲舒的"美道""慎行"观转换后可理解为，教师首先要对所宣讲的社会主义核心价值观的内容既在言语上赞美，又在内心深信不疑，只有这样，才能满腔热情地从事教育工作，才能把自己的知识融会贯通地传授给年轻一代；"慎行"就是教师时时刻刻都要注意自己的言行举止，尤其是在学生面前要言行一致，要成为他们心目中的楷模，以一个灵魂工程师的形象来影响下一代。"美道慎行"的实质就是教书育人，是教师职业道德的核心内容。

2. 仁智结合

这既是董仲舒所坚持的一条道德教育原则，也是对师德的一项基本要求。"仁"是涉及人与人关系的，其表现是"博爱于人"；"智"是涉及人与事物关系的，其表现是"能处事物"。所以，"仁"和"智"作为人所具有的品质和能力，是通过处理人与人之间的关系以及人与事物之间关系的活动行为来表现、实现和得到确证的。对于教师而言，他首先得具备一定的知识和智慧，即"智"，这样才有可能传授给学生所需要的知识和技能，同时，教师还要爱自己的教育对象，即"仁"，只有这两者结合，才能达到董仲舒所说的"仁且智"。董仲舒认为，"仁而不知"和"知而不仁"都有各自的弊端。只有仁而无智慧不能为他人和社会做出贡献；相反，只有智慧而无仁爱，就不能为所当为，甚至会做不该做的事情，会危害他人和社会。

3. 积习渐靡，贵微重始

教师这个职业有为人师表的职责，更要加强自身的道德修养。董仲舒认为个人良好的道德品质的形成不是一朝一夕完成的，它需要一个过程。他说道："积习渐靡，物之微者也，其入人不知，习忘乃为常然若性，不可不察也。"（《春秋繁露·天道施第八十二》）因此，要加强自身修养就要注重平时的渐习与日常的浸染，亦即"积习渐靡"。虽然个体可能觉察不到这种细微的变化，但久而久之就会形成良好的道德品质。对于错误和消极的思想意识苗头，董仲舒提出要"贵微重始"，就是要预见、明察和防止一切有害于美德善行的不良兆头，对于恶习要让它消除在萌芽状态，做到防微杜渐。董仲舒"积习渐靡，贵微重始"的道德修养方法，不仅适用于教师，而且对于全体国民都具有普适性。

三、董仲舒"明师"观的启示

董仲舒的明师观虽是站在汉王朝立场上阐发的，但时至今日仍有积极意义，它带给我

们重要的启示。

（一）大力培养优秀教师

教师是文化知识的传递者，对人类社会的延续与发展有承前启后的桥梁作用；教师是人类灵魂的工程师，对青少年一代的成长起关键作用；教师是教育工作的组织者和领导者，在教育过程中起主导作用。好教师不仅是学校之本，而且也是教育之本。我国为了培养业务精湛、教学能力突出的世界一流教师，从20世纪90年代初就在教师教育制度变革方面颁布了一系列政策。可是，目前由于受市场经济的影响，教师职业的社会地位以及收入水平对大多数优秀年轻人来说都极为缺乏吸引力。针对这种现状，有学者提出，建立培养教师和教育专业发展的全国网络中心，提高在职教师队伍的专业水平，形成全社会尊师重教的良好风尚。这些建议似乎不错，但仍不能有效地解决教师职业吸引力的问题，因而也就不能有效地解决优秀教师缺乏的问题。为了培养更多、更好的教育人才，我们除了借鉴国外重视教师的政治地位、经济地位和社会地位的做法外，还要做到以下方面。

1. 牢固树立全面培养教师的理念

"尊重知识、尊重人才"是我们这个时代发出的最强音，这要求我们打破常规，不拘一格地做好教师工作，全面盘活教师资源。从不同类型、不同层次教师的实际需求出发，优化教师成长和可持续发展的环境，促进教师不断更新知识，提升能力。

2. 强化为教师服务的理念

要坚持以人为本，努力在全社会形成爱护和珍惜教育人才的良好环境。要关心、爱护、理解和信赖教师，用事业凝聚人才，用感情关心人才，用适当的待遇留住人才，用科学的态度培育人才。

3. 进一步打造教师发展平台

为学校教师的职业发展创造有利条件，为教师的学历提升、职称晋升、职业发展和科研活动等提供条件。

4. 完善激励制度，培育优质师资

要深化教育人事分配制度改革，坚持多劳多得、优劳优酬，研究探索教学名师、学术大师、学术带头人及技术带头人的鼓励奖励政策，切实解决教师学习、研究以及生活等方面的实际问题，使他们能够安心从事教学和科研工作。

（二）综合素质是现代教师发展的方向

董仲舒所处的西汉，无论是教育和科技发展都与现代社会不可同日而语。教师的业务素养和能力无非是体现在教学生如何读经、教师自己如何讲经和解经的问题上。我们正处在一个信息时代，人类社会的高速发展给现代教育带来了巨大冲击，素质教育的提倡、信息技术在教学领域的广泛应用和新课程改革步伐的不断加快等一系列变化都对广大教师提出了更高和更新的要求。

1. 树立正确的教育方法和教育理念

教师作为从事教育事业的重要角色，肩负着关系社会发展、民族兴旺和国家未来的重大责任。同时，教师的工作也关系到每个受教育者的生命价值，承载着每个家庭的殷切期望。为了满足这些期望，教师应当树立正确的教育方法和教育理念，并在教学实践中做好以下几件事情。

首先，教师要把素质教育放在首位。素质教育强调培养学生的全面发展，包括智力、品德、创新能力、社会责任感等方面。教师应以开发学生的智力和解放学生的个性为宗旨，注重培养学生的综合素质和核心竞争力，使其具备适应社会发展和自我实现的能力。

其次，教师要积极进行教育教学改革，不断探索适合大多数受教育者需求的科学教学方法。教育教学改革是促进教育进步的重要手段，教师应积极参与其中，不断更新教学理念和方法。他们应当关注学生的学习需求和特点，注重培养学生的创新思维和实践能力，使教学更加贴近学生的兴趣和实际需求。

同时，教师要不断充实自己和完善自我，形成独特的教育教学风格。教师的专业素养和知识水平对教学质量有着重要影响。因此，教师应持续学习和自我提升，不断充实自己的知识储备和教学技能。他们应通过参加教育培训、研修学习、教学观摩等方式，积极更新教学内容和方法，提高自身的专业素质和教学能力。

此外，教师还应成为一名"一专多能"的教师。教师不仅要具备专业知识和教学技能，还应具备跨学科的视野和综合能力。他们应具备教育管理、心理辅导、沟通与协作、评价与反思等多方面的能力，以更好地满足学生的需求和教学的多样化要求。

2. 建立多元知识结构

当前，信息的爆炸性增长为年轻人提供了广泛的知识来源，年轻人对世界的好奇心和渴望进一步加深。然而，对于那些仅仅专注于某一学科的教师来说，这也带来了巨大的挑战。尤其是一线教师，如果只掌握单一的学科知识，他们将难以满足学生对多元化知识的需求，甚至对课本中新增的知识也难以理解。以高校开设的马克思主义基本原理概论课为例，这门课程涉及马克思主义哲学、政治经济学和科学社会主义等多个部分，而能够全面掌握这三个部分知识的教师并不多。面对这种情况，教师不仅需要传授更多的知识，甚至在讲解课本知识时也会感到吃力。因此，教师不仅需要掌握本专业的知识，还需要具备多元化的知识储备，如适当涉猎自然科学或社会科学的知识，以扩展自己的知识面。只有这样，才能充分发挥教师的教育功能，更好地满足学生对多样化知识的需求。

建立多元知识结构对于教师具有重要的意义。首先，多元知识结构能够帮助教师更好地理解和应用不同学科领域的知识。通过涉猎多个学科的知识，教师可以更全面地把握知识体系的结构和相互关联，有助于教师将知识融会贯通，更好地解答学生的问题，提供更丰富的教学内容。

其次，多元知识结构能够提升教师的教学质量和能力。教师掌握多元化的知识，能够更好地应对教学中的各种情况和需求。他们可以灵活运用不同学科的知识和方法，为学生提供更多元化的学习体验和教学资源，激发学生的学习兴趣和创造力。

此外，多元知识结构有助于培养学生的综合素养和跨学科思维能力。通过教师的示范和引导，学生不仅能够更好地理解本专业的知识，还能理解其他学科领域的知识，并将它们进行整合和应用。这种综合知识结构能够培养学生的跨学科思维能力，帮助他们更好地从多维度理解问题，培养综合分析和解决问题的能力。

3.完善自己的能力结构

教师在完善自身能力结构时需要具备获取知识、教学和科研三个方面的能力。其中，科研能力已成为现代大学教师的基本要求，它对于教师的教学水平和教学质量具有重要的推动作用。

首先，教师需要具备较高的获取知识的能力。获取知识是教师不断充实自己、提高专业素养的基础。教师应当具备良好的学习能力和自主学习的意识，通过阅读专业书籍、参加学术研讨会和培训课程等方式不断拓宽知识面。同时，教师还应保持对新知识的敏感性，及时了解和掌握最新的研究成果和学科发展动态。

其次，教师需要具备基本的教学能力。教学能力是教师的核心素养，包括教学设计、教学组织、教学方法和评价等方面的能力。教师应具备科学的教学思维和教学理念，能够根据学生的特点和需求进行个性化的教学设计和组织。同时，教师还应灵活运用多种教学方法和教学技巧，激发学生的学习兴趣和主动性。教师还应具备良好的课堂管理和学生指导能力，能够有效地组织课堂活动，引导学生积极参与学习，促进学生的全面发展。

最后，教师还应具备相当的科研能力。科研能力对于教师的教学水平和教学质量具有重要的影响。通过参与科研项目和学术研究，教师能够深入探究学科领域的前沿问题，加深对学科知识的理解和应用。科研活动还能够提高教师的创新能力和问题解决能力，培养教师对学科知识的深度思考和批判性思维。同时，教师的科研成果和学术影响力也能够提升其在教学领域的声誉和影响力。

总之，为了适应社会发展的需要，现代社会需要综合素质的教师，这体现了现代教师素质的发展方向。教师业务素质和能力包括富有成效的教学能力、生活指导能力和了解学生心理能力等。只有具备这些能力的教师，才能培养全面发展的国家所需要的新一代的人才。

（三）强化师德建设是教师教育的核心内容

良好师德是教师应遵守的思想道德准则和行为规范，是教师思想觉悟、道德品质以及精神面貌的集中体现。为了给广大教师提供一个可遵循的师德标准，我国制定了教师道德规范，提出了爱国守法、爱岗敬业、关爱学生、教书育人、为人师表、终身学习六项内容。这一标准分别从政治、法律、道德、职业精神、业务和行为举止方面对教师职业提出了明确要求，基本涵盖了教师职业的各个方面。师德是教师职业素质的核心要素，也是托起教师社会形象的基石。可是，近年来由于诸多因素的影响，一部分教师的师德受到社会诟病。如一些中学教师在课堂上保留一部分内容不讲透彻，留待课下办补习班讲，以赚取额外报酬。

因此，为了保障教育的健康发展，确保后代子孙受到良好的师德熏陶，教师应不断加强道德自律，并采取以下具体策略。

首先，积极投身教学实践，通过实践来砥砺个人的道德品质。教师的道德品质的形成需要依靠社会实践这个大熔炉，而教学实践则是教师主要的社会实践场所。教师应将师德的原则和规范融入到教学实践中，通过具体的教学活动，逐渐内化为自己的思想，最终转化为良好的道德行为。

其次，教师应勇于剖析自己。在批评或剖析别人时，往往并不困难，但要剖析自己，特别是对自己那些不符合社会和道德要求、可能受到批评的思想和行为进行严厉的剖析，却是一项艰难的任务。然而，如果教师能够勇于对自己进行毫不留情地剖析，那么道德修养就能够逐渐提升。

再次，教师要自觉坚持"慎独"，追求高尚的道德境界。所谓"慎独"即在独处时或没有他人监督的情况下，仍能坚守道德原则和规范。它就像一面盾牌，能够抵御各种诱惑，防范各类"糖衣炮弹"。教师应在日常生活中注重点滴小事，在没有人监督的情况下，也要自觉修养自身，防微杜渐。

此外，教师应加强道德教育和自我约束。学校和教育机构应加大师德教育的力度，为教师提供道德规范和指引。同时，教师自己也应加强自我约束，建立明确的道德底线和行为准则，树立良好的榜样。

最后，还应加强师德评价与监督机制。建立健全的师德评价体系，对教师的师德进行定期评估，并采取适当的监督措施，对违背师德的行为进行纠正和惩处。同时，要加强对教师的监督和引导，建立起相互监督、互相学习的机制，通过同行评议、师德考核等方式，促进教师的师德自觉和提升。

结语

综合以上各章节的内容，我们可以得出以下结论。

首先，将董仲舒思想与当代人文精神相结合，有助于深入阐释其内在价值。董仲舒的民本意识和政治理想建构关注人的主体性和价值追求，与当代人文精神相呼应。同时，董仲舒的哲学思想对人生真谛和人类命运的探讨也具有当代的意义。

其次，研究董仲舒思想与文化思潮的关系有助于理解文化在社会发展中的地位和作用。董仲舒政论思想对文化的作用和董仲舒思想与文化观念的关系进行研究，从发展的视角探究董仲舒思想的辩证之道，以及阐释董仲舒大一统思想中所蕴含的人类命运共同体意识，为当代文化思潮的发展提供启示。

再次，研究董仲舒思想与现代生活的关系，可以从多个角度进行探究。从雅俗关系的范畴切入，研究董仲舒思想对不同层面文化的影响；从文学发展和审美价值的视角，探究董仲舒的立身处世观对中国文人和当代美学的影响，为当代生活提供借鉴。

此外，研究董仲舒思想与家国情怀的关系，有助于阐释家国情怀和民族凝聚力的当代意义。结合董仲舒的家国观念和治国理念，探讨家国情怀在当代社会的重要价值和意义，同时研究批判思维和理性自觉在董仲舒思想中的价值，为当代社会的治理提供思考。

最后，研究董仲舒思想对当代大学教育的启示，可以为教育界提供宝贵的经验和教训。通过挖掘董仲舒的人生历程和思想形成过程，探索董仲舒思想中的教育智慧，比较董仲舒的教育思想与当代大学教育，探究大学教育的传承基因以及明师观等，可以为当代大学教育提供改进策略和方向。董仲舒思想强调教育的终极目标是培养德才兼备、有社会责任感和民族情怀的人才，这与当代大学教育的追求是一致的。因此，研究董仲舒思想对当代大学教育的启示，有助于提高教育质量和培养具有全面素养的人才。

通过对董仲舒思想与当代人文精神、文化思潮、现代生活、家国情怀以及当代大学教育的关系进行研究，可以深化对董仲舒思想的理解，同时揭示其在当代社会的现实意义。这一研究不仅有助于传承和发扬董仲舒思想的精华，更能够为当代社会的发展和进步提供有益的借鉴和启示。希望通过这项研究能够促进对董仲舒思想的深入探讨，并为构建和谐、进步的社会提供智慧和指导。

参考文献

[1] 丁为祥. 董仲舒天人关系的思想史意义[J]. 北京大学学报（哲学社会科学版），2010（6）：35–43.

[2] 韩星. 董仲舒天人关系的三维向度及其思想定位[J]. 哲学研究，2015（9）：46–54.

[3] 任继愈. 中国哲学史（二）[M]. 北京：人民出版社，1966.

[4] 侯外庐，赵纪彬，杜国庠，等. 中国思想通史（卷二）[M]. 北京：人民出版社，1957.

[5] 金春峰. 汉代思想史[M]. 北京：中国社会科学出版社，2006.

[6] 阳作华. 董仲舒"天人感应"论批判[J]. 黄石师院学报，1981（1）：25–36.

[7] 康中乾. 董仲舒"天人感应"论的哲学意义[J]. 吉林大学社会科学学报，2014（5）：106–115.

[8] 王永祥. 董仲舒的科学思想初探[J]. 河北大学学报（哲学社会科学版），2004（3）：1–4.

[9] 徐复观. 两汉思想史（二）[M]. 北京：九州出版社，2014.

[10] 李泽厚. 中国思想史论（上）[M]. 合肥：安徽文艺出版社，1999.

[11] 黄裕生. 论华夏文化的本原性及其普遍主义精神[J]. 探索与争鸣，2016（1）：22–29.

[12] 王永祥. 董仲舒的天论再探[J]. 河北学刊，1995（4）：41–47.

[13] 周桂钿. 董仲舒研究[M]. 北京：人民出版社，2012.

[14] 余治平. 唯天为大：建基于信念本体的董仲舒哲学研究[M]. 北京：商务印书馆，2003.

[15] 楼宇烈. 中国文化的根本精神[M]. 北京：中华书局，2016.

[16] 钱穆. 中国学术思想史论丛（二）[M]. 北京：三联书店，2009.

[17] 《十三经注疏》整理委员会. 十三经注疏春秋公羊传注疏[M]. 北京：北京大学出版社，1999.

[18] 张祥龙. 拒秦兴汉和应对佛教的儒家哲学：从董仲舒到陆象山[M]. 桂林：广西师范大学出版社，2012.

[19] 汤因比，池田大作. 展望二十一世纪——汤因比与池田大作对话录[M]. 荀春生，朱继征，陈国梁，译. 北京：国际文化出版公司，1985.

[20]李泽厚. 美学三书[M]. 合肥：安徽文艺出版社，1999.

[21]胡义成. 董仲舒"天人感应论"的现代确立——论钱学森院士对中国古代"天人感应论"的证明[J]. 衡水学院学报，2016（5）：29－39.

[22]苏舆. 春秋繁露义证[M]. 北京：中华书局，2015.

[23]姚君喜. 董仲舒"天人感应"说的美学意义[J]. 甘肃社会科学，1999（5）：9－13.

[24]王素芳. 世俗教化视域下的孔子人道精神探析[J]. 扬州教育学院学报，2018（3）：7－10.

[25]林存光. 董仲舒的天人之学及其政治含义再解读[J]. 政治思想史，2012（3）：34－56.

[26]张鸣岐.董仲舒教育思想研究[M].北京：人民教育出版社，2000：2.

[27]司马迁.史记[M].长沙：岳麓书社，2001：311.

[28]班固.汉书[M].上海：中华书局，2007：78.

[29]李军.培养世界一流教师的中国追求——国家战略和制度转型的一个理性模式[J].教师教育学报，2014（1）：13－22.

[30]袁自煌.培养大批优秀教师大力提倡教育家办学[J].天津师范大学学报：基础教育版，2007（2）：25－29.

[31]詹丽峰.教师职业道德教育的平易近人与取法乎上——以新任教师师德培训为例[J].教育评论，2014（4）：66－68.

[32]赵敏.师德建设的伦理学困境与出路[J].教育研究与实验，2013（2）：39－43.

[33]任蜜林.论董仲舒春秋公羊学的思想渊源[J].现代哲学，2018（2）：123－131.

[34]严耕望.秦汉地方行政制度：中国地方行政制度史甲部[M].北京：北京联合出版公司，2020：14.

[35]王鸣盛.十七史商榷：上[M].上海：上海古籍出版社，2013：155.

[36]方达."成圣"即"王道"——荀子思想的还原与建构[J].管子学刊，2021（2）：9－24.

[37]高一品."天心"即"爱人"——论董仲舒的仁说[J].衡水学院学报，2022（3）：27－34，54.

[38]李浩然.从朱熹的华夷观念看中国哲学的归统与建统[J].中国哲学史，2022（3）：44－50.

[39]张茂泽.董仲舒的儒教思想[J].衡水学院学报，2019（6）：12－22.

[40]陈来.汉代儒学对"仁"的理解及其贡献[J].船山学刊，2014（3）：86－95.

[41]李家纬.董仲舒仁义观及其当代价值[J].德州学院学报，2021（1）：67－70.

[42]杨济襄.儒家道德思想的实践——董仲舒"仁义法"的人我内外之别[J].衡水学院学报，2018（6）：6－15.

[43] 刘佳，仲泓宇，张彩虹.董仲舒教化思想对高校思想政治教育的启示[J].时代教育，2018（11）：16-17.

[44] 遆张梅.董仲舒的德育思想对高校思想政治教育的启示[J].法制博览，2019（25）：279-280.

[45] 张战.浅谈董仲舒与中国封建社会大学教育[J].教书育人，2005（26）：9-10.

[46] 余治平.《董仲舒与儒学研究》专栏特约主持人按语[J].衡水学院学报，2020（6）：10-11.

[47] 余治平.《董仲舒与儒学研究》专栏特约主持人按语[J].衡水学院学报，2016（2）：1.

[48] 谢书楠.我国高校思想政治教育生态系统的结构、现状及路径分析[J].重庆工商大学学报（社会科学版），2022：1-14.

[49] 张静.谈如何提高辅导员思想政治教育实效性[J].才智，2017（15）：128.

[50] 杨洁.优化接受视角下的大学生思想政治教育[J].贵州广播电视大学学报，2014（1）：53-55.